러셀, 마음을 파헤치다

The Analysis of Mind

러셀, 마음을 파헤치다

버트런드 러셀 지음

박정환 옮김

북하이브
BookHive

차례

서문

이 책은 심리학과 물리학이라는 두 가지 다른 학적 경향을 조화시키려는 시도에서 태어났다. 언뜻 보면 닮은 구석이 없어 보이는 분야임에도 (두 분야가 서로) 공감할 수 있는 바를 발견했기 때문이다. 많은 심리학자들, 특히 행동주의 학파에 속한 학자들은 본래 형이상학적 이유까지는 아니더라도, 방법론적으로 유물론적인 입장을 택하는 경향이 있기 때문에 심리학을 점점 더 생리학과 외부적 관찰에 의지하도록 만들고 있다. 그리고 이러한 경향은 물질을 마음보다 더 견고하고 의심할 여지없는 분명한 어떤 것으로 간주하게끔 만든다. 한편 아인슈타인Albert Einstein을 위시한 상대성이론의 대표적 학자들은 오히려 물질의 중요성을 점점 줄이는 방향으로 학문적 논의를 개진해왔다. 즉 물리학자들의 세계는 '사건'으로 구성되어 있으며 '물질'은 그 '사건'들로부터 파생된 논리적 구성물에 지나지 않는다. 예를 들어 에딩턴Stanley Eddington 교수의 〈공간, 시간, 중력Space, Time and Gravitation, 1920〉을 읽은 사람이라면 누구나 구시대적 유물론이 현대 물리학에 의해 지지받기 힘들다는 사실을 알 수 있을 것이다. (그러나 아이러니하게도) 행동주의 심리학자들의 견해 중 영구적 가치로 여겨지고 있는 생각, 즉 '물리학이야말로 현존하는 가장 근본적인 과학'이라는 입장은 상기한 물리학자들의 논의에 비추어 보듯이 물질의 존재를 가정하지 않는다는 측면에서 유물론적이라고 할 수 없다.

내가 보기에, 심리학의 유물론적인 경향과 물리학의 반유물론적 경향을 조화시키려는 관점은 윌리엄 제임스William James와 미국의 신실재론자들로부터 나왔고, 그 관점에 따르면 세계의 '존재하는 어떤 것'은 정신적인 것도, 물질적인 것도 아닌 '중립적으로 구성된 것'이다. 나는 이 저작에서 이러한 학문적 현상을 고려하여 이 견해를 좀 더 구체적으로 발전시키기 위해 노력했다.

초고를 읽고 많은 조언을 해준 존 B. 왓슨John B. Watson 교수와 T. P. 넌T. P. Nunn 박사에게 감사를 드리며, 중요한 문헌을 접할 수 있도록 유용한 정보를 주신 A. 볼게무트A. Wohlgemuth 씨에게도 감사를 드린다. 또한 유익한 제안을 해준 이 '철학문고'의 편집자 뮤어헤드Muirhead 교수의 도움도 빼놓을 수 없겠다.

이 책은 런던과 베이징, 두 곳에서 강의의 형태로 제공되었고, '욕망' 장에 관한 부분은 철학잡지 〈아테네움Athenaeum〉에 간행되었다. 이 책에

러셀, 마음을 파헤치다

는 중국에 관한 간접적 언급이 있는데, 그것은 내가 실제로 중국에 체류하기 전에 쓴 것으로, 지리적으로 정확한 중국을 가리키도록 의도한 것이 아니다. 단지 친숙하지 않은 것들에 대해 표현하고 싶을 때, '중국'은 '먼 나라'의 동의어 정도로 사용했음을 밝힌다.

1921년 1월 베이징에서

I

의식에 관한
최근 비판

우리가 흔히 '심적$_{mental}$'이라고 부르는 특정한 사건들이 있다. 그러한 것들 중에 우리가 전형적으로 취할 수 있는 것들은 아마 '믿음'과 '욕망'이라는 사태일 것이다. 강의가 진행되면서 '심적'이라는 말의 정확한 정의가 드러나겠지만, 일반적으로 심적이라고 불리는 그 어떠한 것들이라도 상관없이 일단 수용해보자.[1]

이 강의에서 나는, 우리가 '믿거나 욕망할 때' 실제로 일어나는 일이 무엇인지에 관해 할 수 있는 한 충분히 분석하고자 한다. 먼저 널리 받아

---

1 mental을 '정신적'이라고 번역하면 철학사적으로 독일철학에서 사용한 다른 뜻이 되어버리기에 '심적'이라고 번역하였다. 또한 '심리적'이라고 하기에는 후술되는 저자의 심리학적 방법론에서 강조하는 뉘앙스로 오해받을 수 있기에 어색하지만 굳이 '심적'이라고 번역하였다. 다만 논의 중반부에 '물리적'이나 '육체적'인 대상물과 비교할 때는 대비점을 강조하여 '정신적'이라는 용어를 썼다. (옮긴이)

들여지거나 굳건히 믿고 있었던 어느 이론을 반박하는데 집중할 것이다. 이 이론은 사물과의 관계라든지 심지어 심적현상에 만연한 특질적인 것이라든지 하는 모든 심적인 것들의 본질이 '의식'이라는 입장을 가진다.

내가 이 이론에 반대하는 이유들은 대부분 이전의 저명한 학자들로부터 연유한 것이며, 이 강의에서는 크게 두 부분으로 나누어 이유를 설명하고자 한다.

(1) (분석의 어려움으로 말미암은) 직접적인 이유
(2) 동물(비교심리학)이나 정신이상, 신경증(정신분석)에 대한 관찰에서 비롯되는 간접적인 이유

대중적인 철학에서 마음과 물질의 구별만큼 확고하게 자리 잡은 개념도 없을 것이다. 전문적인 형이상학자가 아닌 사람들은 마음이 실제로 무엇인지 또는 물질이 어떻게 구성되어 있는지 알지 못한다고 기꺼이 고백하지만, 여전히 둘 사이에 건널 수 없는 강이 있으며 양자 모두 실재한다고 확신하고 있다. 반면에 철학자들은 종종 물질이 마음에 의해 상상된 단순한 허구이거나 때로는 (반대로) 그 마음이 어떤 특정 종류의 물질로서 단순한 속성을 갖고 있다고 주장한다. 마음이 실재이고 물질이 허구임을 주장하는 사람들을 '관념론자(유심론자)'라고 부르는데, 이것은 일상적인 용례와는 다른, 철학적 의미의 단어임을 유념해두자. 반대로 물질

이 실재이고 마음이야말로 단지 세포원형질의 특성이라고 주장하는 이들을 일컬어 '유물론자'라고 한다. 이들은 철학자들 사이에서 드물지만 특정한 시대의 과학자들 사이에서는 흔했다. 관념론자, 유물론자, 그리고 평범한 사람들은 적어도 한 가지 점에 있어서만큼은 공통점을 지녔는데, 그것은 그들이 지적인 토론을 하는 데 사용할 만큼 충분히 '마음'이나 '물질'이라는 단어의 의미를 알고 있다고 나름대로 생각했다는 점이다. 그러나 내가 보기에 바로 이점이 모두가 가진 오류이다.

내 생각에 우리의 경험세계를 구성하는 것들은 마음도 아니고 물질도 아닌, 보다 더 원형적인 어떠한 것이다. 마음과 물질은 모두 합성적인 것이며, 마치 공통조상처럼 그 둘 사이에서, 그리고 그 둘의 상위에서 일어나는 합성으로 말미암은 것들로 보인다. 이 문제와 관련해서는 이미 이유를 제시했으므로 다시 반복하지는 않을 것이다.[2] 그러나 마음에 관한 질문은 어려운 문제로, 이 강의에서 바로 이 질문을 다룰 것이다. 내가 말하고자 하는 내용 중 상당수는 독창적이지 않지만 실제로 최근 다양한 분야의 많은 연구가 내가 옹호할 이론의 필요성을 보여주는 경향이 있다. 따라서 이번 강의에서는 우리의 탐구로 수행될 아이디어들의 체계에 대한 개략적인 설명을 하고자 한다.

---

2 "Our Knowledge of the External World"(Allen & Unwin), Chapters III and IV. Also "Mysticism and Logic," Essays VII and VIII.

대중적인 견해에서 마음을 특징 짓도록 말할 수 있는 한 가지가 있다면 그것은 '의식consciousness'일 것이다. 우리는 우리가 보고 듣고 기억하는 것, 우리 자신의 생각과 감정을 '의식'한다고 말하지만, 탁자나 의자가 의식적이라고 믿지는 않는다. 우리는 의자에 앉을 때, 우리가 의자에 앉는다는 것을 알고 있지만, 의자는 (우리가 앉는 것을) 알아채지 못한다고 생각한다. 바로 이 점에서 우리와 의자 사이에 존재하는 '얼마간의' 차이가 의심할 바 없이 존재한다는 믿음이 있고, 상당수가 그러한 관점을 사실로서, 또는 우리의 탐색을 위한 단초로서 받아들이고 있다. 하지만 정확히 그 차이가 무엇인지 말하려고 시도하는 순간, 우리는 당황한다. '의식'은 궁극적이면서도 단순한 것인가? 순전하게 수용되어 숙고되는 것인가? 아니면 복잡한 것이어서 사물들의 현존사이에서 행해지는 인간의 구성방식으로 보아야하는가? 아니면 우리가 소위 '관념들'이라고 부르는, 사물들과 맺는 특정한 관계(상징적 기호로 그들을 표상하는) 안에서의 구성방식인가? 그러한 질문들은 대답하기 쉽지 않다. 그러나 그 질문들에 대한 대답을 듣기 전까지는 우리가 '의식'을 가지고 있다고 말함으로써, 우리가 그 의미하는 바를 안다고 공언할 수 없다.

최근 이론을 고찰하기 전에 먼저 관습적 심리학의 관점에서 의식을 살펴보도록 하자. 이것은 우리가 이 주제에 대해 성찰하기 시작할 때 자연스럽게 발생하는 관점을 보여준다. 그리고 이를 위해 예비적으로, '의식적으로 되기'의 여러 방법들을 고려해볼 것이다.

첫째, '지각perception'을 통한 방법이다. 우리는 테이블과 의자, 말과 개, 친구, 거리의 교통상황 등 감각sensation을 통해 인식하는 모든 것을 '지각' 한다. 지금 이 순간의 (상기한 것들을 인식한 순간) 순수한 감각이 의식의 한 형태로 간주되어야하는지에 대한 질문은 일단 남겨놓자. 다시 강조하지만, 내가 지금 말하고 있는 것은 지각이다. 관습적 심리학에 따르면, 우리는 감각을 넘어서 표상representation하는 '어떤 것'으로 감각대상을 인식한다. 예를 들어, 우리는 당나귀가 우는 소리를 들을 때 그 소리가 들릴 뿐만 아니라 그것이 당나귀에게서 나온다는 것을 깨닫는다. 테이블을 보면 색깔이 있는 표면이 보일뿐만 아니라 그것이 딱딱하다는 것을 알게 된다. 있는 그대로의 '감각'을 넘어서는 이러한 요소의 추가가 '지각'을 구성한다고 설명되는 것이다. 현재로서는 사물에 대한 지각이 "의식"이라고 불리는 가장 분명한 예 중 하나라는 점에 관심이 있으니 나중에 이것에 대해 더 많이 말할 기회가 있을 것이다. 여하간 우리는 지각하는 모든 것을 '의식'한다고 할 수 있을 것이다.

다음으로 기억memory의 방법을 들 수 있다. 만약 내가 오늘 아침에 했던 일을 회상하기 위해 시도한다면, 그것은 과거에 관한 것이기 때문에 위에서 언급했던 '지각'과는 다른 의식의 한 형태다. 여기서도 우리가 더 이상 존재하지 않는 것을 어떻게 지금 의식할 수 있는지에 관한 다양한 문제가 있다. 이것들은 추후 우리가 '기억'에 대해 분석할 때 부수적으로 다루어 질 예정이다.

'기억'으로부터 시작하여 다음 단계로 가는 가장 쉬운 방법은 관념idea이라고 불리는 것일 텐데, 이는 플라톤적인 의미라기보다는 '인상'에 대척점에 서있는 로크Locke, 버클리Berkeley 그리고 흄Hume이 사용했던 방식의 '관념'으로 불리는 쉬운 단계다.[3] 예를 들어, 친구를 보거나 '생각thought' 함으로써 우리는 친구를 의식할 수 있다. 그리고 '생각'을 통해 인종이나 생리학과 같이 구체적으로 볼 수 없는 추상적 대상까지도 의식할 수 있다. 좁은 의미에서 '생각'은 인상이나 단순한 기억이 아닌 '관념'들로 구성된 의식의 형태이다.

마지막으로 '믿음belief'이다. '믿음'은 우리의 의식 대상이 참 또는 거짓일 수 있음을 의식하는 방식을 의미한다. 가령, 우리는 어떤 남자가 '(자기가) 바보처럼 보이는 것을 의식한다'고 말할 수 있다. 이 때 그는 자기가 어리석은 것처럼 보인다고 믿으며, 이 '믿음' 자체는 착각의 대상이 될 수 없다. 이것은 위에서 언급했던 의식들과는 또 다른 형태의 의식이다. 엄격한 의미에서 이 형태는 '지식knowledge'을 제공하는 형식이며 오류도 있을 수 있다. 그것은 적어도 위에서 우리가 채워나간 의식의 목록대상들 보다 명백히 더 복잡한 형태다. 그럼에도 이 '믿음'들은 의식과 분리될 수 없다는 것을 알게 될 것이다.

---

3 플라톤에서의 이데아는 철학적 측면에서의 이데아를 뜻한다. 또한 나열된 영국 경험론자들의 철학 내에서 관념이 인상과 대척적인 이유는 인상이 주어진 사물이나 사태에 수동적으로 지각되는 것이라면 관념은 표상과 관련하여 능동적인 성격을 지니기 때문이다. (옮긴이)

러셀, 마음을 파헤치다

이외에도 욕망, 쾌락 및 고통과 같이 일반적으로 '심적'이라고 불리는 다른 의식적(이라고 간주되는) 활동들이 있다. 이것들은 그들 나름의 문제를 일으키는데, 이것은 강의 III에서 다룰 것이다. 그러나 가장 어려운 문제는 '의식'하는 방법과 관련하여 발생하는 문제다. 위에서 언급한 방식을 통틀어 마음의 '인지적cognitive' 요소라고 하며, 이러한 주제는 다음 강의에서 많은 부분을 차지하게 될 것이다.

이와 같이 의식의 여러 방법들 사이에서 분명히 공통적으로 '보이는' 한 가지 요소가 있는데, 그것은 모든 형태의 의식이 '객체object', 즉 어떤 대상물을 '지향'한다는 것이다. 다시 말해 우리는 '무엇인가를' 의식한다. 의식은 '무엇인가를 의식하고 있는 무엇'인 것이다. 우리가 우리 자신의 마음 밖의 대상을 결코 의식할 수 없다는 관점을 받아들이지 않는 한, 의식은 심적이어야 하지만 의식의 대상은 심적일 필요가 없다고 말해야한다(이는 내 자신의 견해가 아니며 관습적인 학설이 그렇다라고 말하고 있는 것이다). 대상을 향한 이러한 방향성은 일반적으로 모든 형태의 인지, 때로는 일상인 심적 활동의 전형으로 간주된다. 우리는 전통적 심리학에서 두 가지 다른 경향을 구별 할 수 있다. 심적 현상을 물리적 현상과 동일선상에 놓고 보는, 다소 단순하게 받아들이는 학자들이 있는데, 이 심리학파[4]는 의식 대상을 강조하지 않는 경향이 있다. 다른 한편으로, '우리가 인식하는 주변의 세

---

4 J.B.Watson, B.F.Skinner로 대표되는 행동주의 심리학자들을 말한다. (옮긴이)

계에 관한 '지식'이 존재한다'는 명백한 사실에 주된 관심을 가진 학파도 존재한다. 이 학파는 마음이 맺고 있는 세상과의 관계, 즉 지식에 관심이 있다고 할 수 있는데, 그들에게는 이것 자체가 설명할 수 없는 것이기 때문이다. 심리학에 대한 이들의 관심은 자연스럽게 의식과 그 대상, 적절한 표현으로 지식론에 속하는 문제의 관계에 집중되기 마련이다. 오스트리아 심리학자 브렌타노Brentano가 이 학파의 최고이자 가장 전형적인 대표자라고 할 수 있다. 1874년에 출판되었지만 여전히 영향력 있고 이 흥미로운 주제의 시발점이었던 저작에서 그는 다음과 같이 말한다.

"중세의학자들은 모든 심적인 현상에 대한 지향적 객체가 (물리적으로) 존재하지 않는다고 했던 것이 특징이다. 예를 들어 명백한 표현은 아니지만, 내용에 대한 관계, (실재한다고 이해되는 것이 아닌) 객체에 대한 지향 또는 내재적 객관성과 같은 '대상'들 말이다. 이와 같은 심적 현상들은, 같은 방식은 아니지만 각각은 그 자체로 무엇인가를 '대상'으로 포함한다. 제시되는 상황에서 '무엇인가' 제시되고, 판단에서 '무엇인가' 인정되거나 거부되고, 사랑하는 상황에서 무엇인가 사랑 받고, 증오나 욕망하는 상황 또한 마찬가지다."

"이 지향적인 객체의 부재는 전적으로 심리적 현상에 국한되어 존재한다. 어떤 물리적 현상도 비슷한 것을 보여주지 않는다. 그래서 우리는 심리적 현상이란 지향적으로 '그 자체에 대상을 포함하는 현상'이라고 정의 할 수 있다."

여기에 표현된 관점, 즉 '대상과의 관계'가 심적 현상에서 궁극적으로 (물리적) 환원을 할 수 없는 특성이라는 견해야말로 내가 관심을 두어야 할 부분이다. 나는 브렌타노처럼 지식론의 문제 같은 주제가 아닌 심리학 자체에 관심이 있다. 나는 아주 최근까지 그가 그랬던 것처럼 '정신 현상은 쾌락과 고통 같은 감각적인 경우를 제외하고, 대상에 대한 본질적인 참조 관계[5]를 가지고 있다'고 생각한다 믿었다. 그러나 이제 나는 더 이상 그것을 (심지어 지식의 경우에도) 믿지 않는데, 이는 강의를 진행하면서 기각에 대한 나의 이유를 분명히 밝히려고 노력할 것이다. 언뜻 보기에는 이런 기각으로 인해 지식에 대한 분석이 더 어려워질 것으로 보일 수 있지만, 내가 착각하지 않았다면 오히려 다수의 사실에 대한 조사나 정신 분석 및 동물 심리학의 여러 사실에 반하는, 브렌타노의 지식에 대한 관점의 명백한 단순성(오류)을 발견 할 수 있을 것이다. 나는 문제를 최소화하고 싶지는 않으며 다만 우리가 앞으로 해나갈 작업을 완화하기 위해, 오류 섞인 단순함만큼 치명적인 것은 없다고 생각한다. 마음에 대한 분석은 그 자체로 즐거운 일이라는 것을 직시하고, 정신적인 것이든 물리적인 것이든 지적인 탐구는 기쁜 일이며 적어도 정신적인 주제는 여전히 불완전하게 탐구된 광대한 영역들이 있음을 아는 것이 좋겠다.

브렌타노가 표명한 견해는 매우 광범위하게 유지되었으며 많은 저자

---

5 물리적으로 존재할 필요 없이 정신적 현상 내에서 그 대상이 설정되는 관계를 말한다. (옮긴이)

들이 그의 견해를 발전시켰다. 그중에서 우리는 그의 후계자인 오스트리아 철학자 마이농Alexius Meinong을 예로 들 수 있다.[6] 그에 따르면 사물에 대한 생각에는 행위, 내용 및 대상이라고 부르는 세 가지 요소가 있다. 여기서 행위는 같은 종류의 의식상태가 서로 다른 두 가지 경우에서 동일한 특성을 가지는 현상을 관찰할 수 있는 영역이다. 예를 들어 스미스를 생각하거나 브라운을 생각하는 행위는 그 자체로 두 경우가 유사하다. 그러나 내 생각의 내용, 내 마음에서 일어나는 특정한 사건은 내가 스미스를 생각할 때와 브라운을 생각할 때가 다르다. 마이농은 내용이 대상과 혼동되어서는 안 된다고 주장한다. 내용은 내가 대상에 대해서 생각하는 그 순간 그 대상이 '내 마음 속에' 존재하는 것이기 때문이다. 나는 생각을 가지고 있지만 대상은 그럴 필요가 없다. 대상은 과거 또는 미래일 수 있고, 또한 정신적인 것이 아니라 물질적일 수 있다. 예를 들어 평등과 같은 추상적인 것일 수도 있으며 황금으로 만들어진 산과 같은 상상의 무언가일 수도 있다. 심지어 '둥근 사각형'과 같이 자기 모순적인 것일 수도 있다. 그러나 이 모든 경우에 있어서조차, 마이농은 (대상에 대해) 생각하는 행위에 비로소 그 내용이 존재하며, 그 내용은 '발생'되는 것으로서 또 다른 대상에 대해 생각하는 다른 생각(행위)과는 구별되는 것이라

---

6 그의 언급 중 "Ueber Gegenstande hoherer Ordnung und deren Verhaltniss zur innerenWahrnehm ung."(《Zeitschrift fur Psychologie and Physiologie derSinnesorgane》, vol. xxi, pp.182-272 (1899), 특히 pp. 185-8)을 주의깊게 읽어보라.

러셀, 마음을 파헤치다

고 주장한다.

이 이론을 구체적으로 만들기 위해, 당신이 '세인트 폴 대성당'를 생각하고 있다고 가정해 보자. 마이농에 따르면, 우리는 하나의 생각을 구성할 때 반드시 결합되는 세 가지 요소를 구별해야한다. 첫째, 무엇을 생각하던지 간에 사고하는 '행위'가 있다. 그리고 다른 생각과 대조되는 생각의 특징을 만드는 것이 있다. 이것이 '내용'이다. 그리고 마지막으로 당신의 생각의 '대상'인 세인트 폴 대성당이 있다. 생각의 내용과 대상 사이에는 차이가 있을 것이다. 생각은 지금 여기에 있는 반면 대상은 그렇지 않을 수 있기 때문이다. 따라서 생각이 세인트 폴 대성당(대상)과 동일하지 않다는 것은 분명하다. 이것이야말로 우리가 내용과 대상을 구별해야 함을 보여준다. 그러나 마이농이 옳다면 대상 없이는 생각이 있을 수 없다. 둘의 연결은 필수불가결하다. 대상은 생각 없이 존재할 수 있지만 대상없는 생각은 존재할 수 없다. 그러므로 사고의 세 요소인 행위, 내용, 대상은 '세인트 폴 대성당에 대한 생각'이라 지칭되는 단일한 발생사건을 이루는데 전부 요구된다고 할 수 있을 것이다.

내 견해로는 생각에 대한 마이농의 분석이 착각이라고 판단되지만 다른 이론을 표현할 수 있는 스키마[7]를 제공하는 데 매우 유용하다고 본다.

---

7 원래 인지심리학의 용어로 장 피아제가 발전시킨 개념이다. 보통 지식을 표상하는 구조로 번역되는데 우리가 어떤 경험을 할 때 백지상태에서 받아들이는 것이 아니라 각자의 '틀'을 가지고 받아들이는 데 그 '틀'이 스키마로 현재는 '프레임'이라는 말로도 많이 번역된다. (옮긴이)

이 강의의 나머지 부분에서는 내가 옹호하는 견해를 개괄적으로 설명하고, 마이농의 세 요소 이론(행위, 내용 및 대상)을 수정한 나의 견해가 어떻게 발전되었는지 보여줄 것이다.

첫 번째 비판은 '행위'가 불필요할 뿐더러 허구인 것처럼 보인다는 것이다. 마이농에 따르면 (생각의) '내용의 발생'은 '생각의 발생'을 구성하는 셈인데, 경험적으로 나는 이러한 생각 '행위'의 근본적인 가정에 해당하는 것을 발견할 수 없고, 이론적으로도 행위가 필수적이라는 것도 알 수 없다. 우리가 "저는 그렇게 생각합니다"라고 말할 때, '저'는 그 생각이 그 사람의 행위임을 암시한다. 그에 반해 마이농의 '행위'는 (그의 주장에서 삭제된) 주체의 유령이거나 한때 (생각의 발생이라는 인과 고리에서 자유로운) 순수한 영혼이었던 것 같다. 그러나 생각은 그냥 오고가는 것이 아니라 생각할 사람(주체)을 필요로 한다. 물론, 생각이 앞서 말한 요소들의 묶음으로 모아질 수 있음은 사실인 것으로 보인다. 그래서 한 묶음은 나의 생각이고, 다른 묶음은 당신의 생각이고, 세 번째는 (가상의 인물인) 존스 씨의 생각이라고 할 수 있을지도 모른다. 하지만 내 생각엔 (사고하는 주체인) 사람은 단일한 사고의 요소가 아니다. 사람은 오히려 생각과 (생각을 하는) 육체의 관계에 의해 구성되는데 이것은 우리가 당장은 신경 쓰지 않아도 될 큰 질문이다. 현재 내가 집중하는 것은 '나는 생각한다 I think', '당신은 생각한다 You think', '존스씨가 생각한다 Mr. Jones thinks'와 같은 문법적 형태가 단일한 생각의 분석을 나타내는 것으로 간주되면 오해의 소지가 있다는 것이다. 단지 마

러셀, 마음을 파헤치다

이농식을 따르자면 '여기 비가 온다_{it rains here}'와 같이 '내 안에 생각한다_{it thinks in me}'고 말하는 것이 더 맞거나 '내 안에 생각이 있다_{there is a thought in me}'고 말하는 것이 더 나을 것이다. 이것이야말로 마이농이 '생각하는 행위'라고 부르는 것을 우리가 관찰하여 경험적으로 발견할 수 없거나 논리적으로도 추론할 수 없다는 근거다.

　다음 비판은 내용과 대상의 관계에 관한 것이다. 사물에 대한 생각의 참조는 브렌타노와 마이농이 그것을 '존재'로 표상하는 것처럼, 단순하고도 직접적인 '본질'이 아니다. 나에게 그것은 (본질이 아니라 오히려) '파생된' 어떤 것으로 보이는 데, 즉 생각을 구성하는 요소들이 대상을 구성하는 다른 요소들과 연결되어 있다는 '믿음'에서 나온 것 같다. 예를 들어, 세인트 폴 대성당의 이미지 또는 단순히 '세인트 폴 대성당'이라는 단어가 머릿속에 있다고 가정해보라. 당신은 모호하게도 이것이 당신이 세인트 폴 대성당에 갔을 때 보게 될 여러 가지 것들이나 혹은 그 벽을 만졌을 때에 느끼는 것과 관련이 있다고 믿겠지만, 그것은 다른 사람들이 보고 느끼는 것들, 예를 들어 그곳에서 드리는 예배나 주임사제, 대성당 참사회, (성당 건축가인) 크리스토퍼 렌 경과 더 관련이 있다. 이러한 것들은 순전히 당신만의 생각이 아니지만 당신이 어느 정도 인식하고 있는 것들과 관련되어 있다. 이 관계에 대한 인식은 또 다른 생각이며 원래의 생각이 '대상'을 가지고 있다는 느낌을 구성한다. 그러나 순수한 상상 속에서도 당신은 이러한 수반되는 믿음 없이도 매우 유사한 생각을 얻을 수 있다.

그리고 당신의 생각에는 (대상이 되는) 객체가 없거나 있을 수 있다. 따라서 대상 없이 내용이 있는 것이다. 반대로 (생각만이 아닌 실제로) 우리가 무엇인가를 보거나 들을 때에는 내용이 없는 대상이 있다고 말하는 것이 오히려 오해의 소지가 적을 것이다. 당신이 보거나 듣는 것은 실제로 물리적 세계의 일부이기 때문이다. 대상에 대한 심적 사건의 관계와 얽힌 모든 문제는 매우 복잡하기에 대상에 대한 참조를 생각의 본질로 간주하여 해결할 수 없다. 지금까지 논증한 모두는 예비적 논의일 뿐이며 나중에 확장될 것이다.

대중적인 비철학적 용어로 말하자면, 우리는 생각을 생각할 때 생각의 내용은 머릿속에 있는 것으로 가정하는 반면, 대상은 일반적으로 외부 세계에 있는 것이라고 말할 수 있다. 외부 세계에 대한 지식은 대상과의 관계로 구성되는 반면, '지식이 아는 것과 다르다'는 사실은 (머릿속에 있는 생각의) 내용을 통해 알게 되기 때문이다. 우리는 내용과 대상의 이러한 대립적 측면에서 실재론과 관념론의 차이를 설명할 수 있다. 대략적으로 말하면 관념론은 대상을 억압하는 경향이 있는 반면에, 실재론은 내용을 억압하는 경향이 있다고 말할 수 있다. 따라서 관념론은 생각 외에는 아무것도 알 수 없으며 우리가 아는 모든 실재는 심적인 것이라고 말한다. 실재론은 우리가 물체를 직접적이고 감각적으로, 그리고 기억과 생각으로 '알고 있다'는 주장을 고수한다. 그렇다고 관념론이 현재의 생각을 넘어서는 어떤 것도 알 수 없다고 말하지는 않지만, 우리가 세인트 폴

러셀, 마음을 파헤치다

대성당에 대한 생각과 관련하여 언급한 막연한 믿음의 맥락은 당신을 다른 생각으로 전이시킬 수 있고 이는 근본적으로 다른 종류의 생각은 결코 아닐 것이다. 이 관점의 난망함은 우리가 마치 외부 세계와 직접 접촉한 것처럼 보이게 만드는 감각과 관련이 있다. 그러나 이 어려움에 대처하는 버클리주의 방식[8]은 너무나도 익숙해서 지금 더 자세히 살펴볼 필요가 없다. 나는 추후 강의에서 그것으로 돌아갈 것이며, 현재로서는 우리가 물리적 세계의 일부가 아닌 것을 보고 들을 수 있다는 관념론적 주장에 대해 '유효한 근거가 없는 것 같다'라고만 언급하고자 한다.

반면에 실재론자들은 원칙적으로 내용을 억누르고 생각이 행위와 사물만으로 구성되거나 혹은 사물만으로 구성된다고 주장한다. 나는 과거에 실재론자였고 감각에 관해서는 여전히 실재론자이지만, 기억이나 생각에 대해서는 그렇지 않다. 내가 생각하는 다양한 실재론에 대한 근거와 그 반대 주장까지 설명하도록 해보겠다.

현대 실재론은 그 지식과 관련하여 결코 현대 사조나 현대 사상가에만 국한되지 않는다고 공언한다. 실제로, 그것은 세상이 너무 유기적이고, 잘 맞물려 있어서 마치 멸종된 동물의 완전한 골격이 단 하나의 뼈에서 추론될 수 있는 것처럼, 어느 한 부분에서 전체가 추론될 수 있다고

---

8 조지 버클리(George Berkeley). 영국 관념론의 대표적인 철학자다. "존재는 곧 지각이다"라는 관념론적 언명을 남겼다. (옮긴이)

주장한다. 그러나 이러한 가정된 세계의 유기적 성격이 증명되는 명목상의 논리가 나에게는 잘못된 것으로 보인다. 그들은 만약 우리가 물리적 세계를 직접적으로 알 수 없다면, 우리 자신의 마음 밖에 있는 어떤 것도 알 수 없다고 주장한다. 세계의 나머지는 단지 우리의 꿈일 수 있다는 것이다. 이것은 음울한 견해이며, 그들은 거기서 벗어나는 방법을 모색해 왔다. 따라서 그들은 지식에서, 우리가 우리 자신의 마음 밖에 있을 수 있고[9] 일반적으로 존재하는 대상과 '직접' 접촉하고 있다고 주장한다. 의심할 여지없이 그들은 그들 자신이 외부 세계의 존재를 알 수 있다고 생각하려는 욕구에 의해 이러한 편견을 갖게 되었다. 그러나 우리는 그들이 그 편견을 욕망하게 만든 이유가 아니라 그들의 주장하는 바가 과연 유효한지 따져보아야 할 것이다.

우리가 생각을 행위와 대상으로 구성하거나 혹은 대상만으로 구성할 때, 두 가지 종류의 실재론이 있다. 각각의 난점은 다르지만 어느 쪽도 완전히 반론에 견딜 수 있는 것처럼 보이지 않는다. 명확성을 위해 과거 사건을 기억해보자. 기억은 '지금' 일어나므로 반드시 '과거' 사건과 동일하지 않다. 우리가 기억을 떠올리는 행동을 유지하는 한, 이것은 별다른 난점을 초래하지 않는다. 기억하는 행위는 지금 일어나고, 기억하는 과거 사건과 어떤 본질적인 관계를 가지고 있다. 이 이론에 대한 '논리

---

9 "우리의 심적 상태에 대해서 객관적 관찰이 가능하다"라는 뜻이다. (옮긴이)

적' 이의는 없지만, 앞서 언급했듯이 이 행위가 ('지금' 증거가 없다는 측면에서) 신화적이며 관찰에 의해 발견되지 않는다는 이의가 있을 수 있다. 하지만 (기억하는) 행위 없이 기억을 구성하려고 한다면 과거에 일어난 사건과는 달리 '지금' 일어나야하는 무언가를 가져야하기 때문에 '내용'에 몰두하게 된다. 따라서 우리가 생각하는 행위를 거부할 때만이 실재론에 더 가까운 기억 이론으로 이동하게 된다.[10] 그러나 이러한 주장은 감각에는 적용되지 않는다. 내 생각에 오로지 (행위마저 배제하고) 대상만으로 생각을 구성하는 실재론자들이 생각하는 것이야말로 감각이다.[11] 주로 미국에서 지지되는 그들의 견해는 윌리엄 제임스[12]로부터 파생된 것이며 그가 옹호한 혁명적 학설로 더 나아가기 전에 잠깐 숙고해보는 것이 좋을 것 같다. 나는 이 학설이 중요한 새로운 진리를 담고 있다고 믿으며 그로부터 상당 부분의 영감을 받았다고 말해야 할 것 같다.

윌리엄 제임스의 견해는 〈'의식'은 존재하는가?〉라는 에세이에서 처음 제시되었다.[13] 이 에세이에서 그는 영혼이었던 것이 어떻게 점차 '초

---

10 지금 기억하는 행위로 재구성되는 과거보다는 현재에 남겨진 증거물들로 유추하는 과거가 더욱 실재론적인 것일 텐데, 그것이야말로 내용에 충실한 것으로서, 행위나 대상만으로 생각을 구성한다는 실재론의 기본 입장과 상충한다. (옮긴이)

11 이것은 현재 논의와 관련하여 근본적으로 중요한 저작인 마흐Mach의 "Analysis of Sensations"에서 명백하게 밝혀진 바 있다. (Translation of fifth German edition, Open Court Co., 1914. First Germanedition, 1886.)

12 미국의 실용주의 철학자이자 심리학자다. (옮긴이)

13 "Journal of Philosophy, Psychology and Scientific Methods," vol. i, 1904. Reprinted in "Essays in

월적 자아'로 정제되었는지 설명한다. 그에 의하면, "경험의 '내용'이란 알려진 사실의 이름일 뿐"이다.

"그것이 개인적인 형태와 활동, 즉 내용으로 넘어가는 행위들을 잃어버리면, 의식Bewusstheit 또는 일반 의식Bewusstsein uberhaupt이 되는 것이다. 그리고 그 자체로는 아무 말도 할 수 없는 것이다. 나는 이렇게 '의식'이 일단 순수한 환각으로 증발해 버리고나면, 완전히 사라질 지경에 이른다고 믿는다. 그것은 비실체의 이름이며, 제1원칙 중의 한 곳에 들어갈 어떠한 권리도 없다. 아직도 그것에 매달리는 사람들은 사라져가는 '영혼'이 남긴 희미한 소문이자 단순한 메아리에 매달려 있는 꼴이다."

그는 이러한 주장이 종래의 입장에서 과격하게 변한 것은 아니라고 설명한다. 그는 "지난 20년 동안 나는 실체로서의 '의식'을 불신해왔고, 특히 과거 7, 8년 동안에는 의식이 존재하지 않는다고 학생들에게 가르쳤으나, 다만 경험의 현실적 측면들에서 그들에게 의식의 실용적 동등성을 부여하려고 노력했다. 내가 보기에 이제 그것은 공공연하게 그리고 보편적으로 폐기될 때가 무르익은 것 같다"고 말한다.

그는 다음으로 이런 논의를 둘러싼 역설적 분위기를 축출하는 것에 몰

Radical Empiricism" (Longmans, Green & Co., 1912), pp. 1-38.

러셀, 마음을 파헤치다

두했는데 이는 그가 고의로 이 견해가 역설적이길 원하지 않았기 때문이다. 그는 다음과 같이 말한다.

"부정할 수 없이 '생각'은 존재한다. 단지 생각이라는 단어가 실체를 나타내는 낱말이라는 것을 부정할 뿐, 모종의 기능을 나타내는 '실용적' 단어라는 것을 강하게 주장하는 것이다. 내 말은, 물질적 대상이 만들어지고 그것에 대한 우리의 생각이 만들어지는 과정과 완전히 다른, 동떨어진 그러한 물건이나 생각은 없다는 것이다. 그러나 경험에는 생각이 수행하는 기능이 있으며, 그 수행을 위해 이러한 존재(생각)의 특성이 호출된다. 그 기능이 바로 '앎'이다."

제임스의 견해에 따르면, 세계가 만들어지는 원료는 물질과 정신의 두 종류가 아니라, 그 둘의 상호 관계에 의해 다른 패턴으로 배열된 것들이 있을 뿐이며, 어떤 배열은 정신적인 것이라고 '불릴 수도' 있고, 다른 것들은 물질적인 것으로 '불릴 수도' 있다는 것이다.

"나의 논제는, 만약 세상이 오직 하나의 원초적 것이나 혹은 모든 것이 구성되는 어떠한 것[14]이 있다는 가정으로 시작한다면, 그리고 그 물질을 '순수한 경험'이라고 부른다면 앎은 순수한 경험의 일부가 들어갈 수 있는, 특정한 종

---

14 "실체" (옮긴이)

류의 '관계'로 쉽게 설명될 수 있다는 것이다. 관계 자체는 순수한 경험의 일부로, 그 '용어'중 하나는 지식의 주체 또는 보유자가 되고 나머지 하나는 객체가 된다."

의식을 구성하는 주체와 객체(대상)의 이중성을 언급한 후, 그는 다음과 같이 강조한다.

"경험은, 내가 믿기로는 내면의 이중성 같은 것은 없다고 생각한다. 그리고 그것을 감산을 통해서가 아니라 가추를 통해서 의식과 내용으로 분리하는 것이다."

그는 물감이 물감 가게에서 보이는 것과 그림에서 보이는 것과 같은 유사성으로 의미를 설명한다. 가게에서는 물감이 단지 '판매 가능한 물질'일 뿐이고 후자에서는 (예술작품을 구성하는 요소로서) '영적 기능'을 수행한다.

"나는 단지, 연합된 하나의 맥락에서 주어진 경험의 분할되지 않은 부분을 유지하고자 하는 것이다. 앎을 획득하는 주체의 부분이자, 정신 상태의 일부분으로서 활동하는 '의식'의 측면(예술작품)과, 또 다른 맥락에서, 알려진 것 또는 객관적인 부분으로서 수행하는 '내용'(물감)에 대해서 말이다. 한 마디로 각자의 부분과 맥락에서 의식과 내용은 각기 다른 하나의 것으로 간주되고 있는 것이다."

그는 생각의 즉각적인 확실성을 믿지 않는데, 다음과 같이 말한다.

"나는 (강력히 내가 현상으로 인식하는) 생각의 흐름이란 마치 무심코 내 호흡의 흐름을 나타내는 부주의한 이름 같은 것일 뿐이라고 확신한다. 모든 대상과 동반될 수 있어야 했던 칸트Immanuel Kant의 '나는 생각한다'라는 언명이 나에는 그저 '나는 숨 쉰다'라는 언명정도로 족하다."

'의식'에 대한 동일한 관점이 다음 에세이인 〈순수한 경험의 세계A World of Pure Experience〉에 제시되어 있다. 두 에세이에서 그가 '순수 경험'이라는 말을 사용하는 것은 관념론의 여전한 영향을 나타낸다. '의식'과 같은 '경험'은 세계의 주요한 것의 일부가 아니라 산출물임에 틀림없다. 그런데 만약 제임스가 옳다면, 대략적으로 같거나 다르게 배열된 대상들이 '경험'이라고 불릴 수 있는, 어떤 것도 만들어내지 못할 가능성도 배제할 수 없을 것이다. 이 입장은 미국 실재론자들 중에서 특히 하버드 대학의 R. B. 페리R. B. Perry교수와 에드윈 B. 홀트Edwin B. Holt의 견해인데 이 학파의 관심사는 본래 심리학보다는 일반적인 철학과 과학철학에 있었다. 그들은 제임스에게서 강한 자극을 얻었지만, 그의 논리학과 수학, 그리고 철학의 추상적인 부분에 더 많은 관심을 가지고 있었다. 그들은 '중립적인'

실체가 마음과 물질 모두로 구성되는 어떤 것이라고 말한다. 그래서 에드윈 B. 홀트는 다음과 같이 말한다.

"논리학의 용어와 명제가 실체화되어야 한다면, 그것들은 모두 엄격히 하나의 실체이며, 가장 덜 위험한 이름은 아마도 '중립적인 것'일 것이다. 물질과 정신에 대한 '중립적인 것'의 관계에 대해 우리는 이제 상당한 기간 동안 숙고해야 한다."[15]

후속될 강의에 진술할 예정인 나의 입장은 제임스의 실체로서의 의식을 거부하는 주장에 동조한다는 것이고, 마음과 물질 모두가 심적이기만하거나 물질적이기만 하지 않은, 중립적인 것으로 구성된다는 점을 고려할 때 미국의 실용주의자들의 관점이 완전하게는 아니지만 부분적으로 옳다는 것이다. 나는 감각에 관한 다음과 같은 관점, 즉 듣거나 보는 것은 심리학이 물리학과 동등하게 속한다는 점을 인정한다. 그러나 이미지는 정신세계에만 속하며, 어떤 '경험'의 일부를 형성하지 않는 사건들은 오직 물리적 세계에만 속하는 것이라고 말해야 한다고 생각한다. 내가 보기엔, 의식이란 한쪽은 물리학과 다른 한쪽은 심리학과 관련된 다른 종류의 인과 법칙에 직면하는 것 같다. 예를 들어, 중력의 법칙은 물리학

---

15 "The Concept of Consciousness" (Geo. Allen & Co., 1914), p. 52.

의 법칙이고, 연합[16]의 법칙은 심리학의 법칙이다. 감각은 이 두 가지 종류의 법칙의 대상이며, 따라서 홀트의 의미에서는 정말로 '중립적'일 수 있다. 그러나 물리법칙이나 심리법칙의 적용대상이 되는 실체는 중립적이지 않으며, 각각 순수하게 물질적이고 순수한 심적인 실체라고 불릴 수도 있다. 그러나, 순전히 심적인 것들도 브렌타노가 그들에게 부여했던, 통상적으로 이해되는 "의식"의 본질을 구성하는 대상에 대한 본질적인 참조를 갖지 못할 것이다. 이제 '의식'에 적대적인 다른 현대적 사상의 조류로 옮겨갈 때가 된 것 같다.

'행동주의' 학파라고 불리는 심리학의 조류가 있는데, 그 주인공은 존스 홉킨스 대학의 존 B. 왓슨John B. Watson 교수다. 그 학파는 넓게는 제임스와 실러Schiller, 그리고 함께 실용주의의 세 창시자중 한 명이었던 존 듀이John Dewey까지 아우르고 있다. 이들 '행동주의자'의 견해는 외부 관찰을 제외하고는 그 어떤 것도 알 수 없다는 것이다. 그들은 '내성'[17]이라고 불리는 별개 지식의 원천이 있다는 것을 전면적으로 부인하고 있는데, 그것은 우리가 다른 사람들에 대한 관찰을 통해서만 (결코 객관적으로 관찰할 수 없는) 우리자신에 대한 것들을 알 수 있다는 것이다. 그렇다고 해서 그들이 결코 모든 종류의 일들이 우리 마음속에서 '일어날 수 있다'는 가능성을 부

---

16 기억이 형성될 때 대상과 신경이 맺는 경험적 관계로, 파블로프의개 실험이 대표적이다. 심리학에서 사용된다. (옮긴이)
17 관찰 주체가 스스로 객체가 되어 마음-내부를 살피는 행위를 말한다. (옮긴이)

인하는 것은 아니다. 다만 그런 일들이 일어난다면, 그러한 것들은 과학적인 관찰에 적합하지 않으며 과학으로서의 심리학과는 관련이 없다고 말할 뿐이다. 과학으로서의 심리학은 행동, 즉 우리가 실제로 하는 관찰 가능한 일에만 관심이 있다고 그들은 주장하며, 이것만으로도 충분히 정확할 수 있다고 말한다. 이러한 주장은 우리가 한편으로 어떤 것을 생각하든 그것을 알 수 없으리라고 말하는 것이다. 그들은 인간의 행동을 관찰하면서, 아직까지 '생각'의 증거는 찾지 못했다. 그러나 우리는 실제로 많은 이야기를 하고 상상도 한다. 하지만 행동주의자들은 그들이 듣는 이야기를 사람들이 생각한다고 가정하지 않고도 설명할 수 있다고 주장한다. 만약 당신이 (그들의 심리학 저서에서) '사고 과정'에 대한 내용을 기대한다면, 대신 '언어 습관'에 대한 내용을 보게 될 것이다. 이 가설이 얼마나 끔찍하고 적절하게 논증되었는지 알게 되는 것이 수치스러울 정도다.[18]

그러나 행동주의가 인간의 어리석음을 관찰하는 데서 생겨난 것은 아니다. 그 견해를 제시한 사례들은 대부분 동물들의 지혜다. 동물들이 '생각'하는지의 여부는 항상 대중적인 논의의 주제가 되어왔다. 이 주제에 대해 사람들은 동물들이 '생각'하는 것이 무엇을 의미하는지 전혀 알지 못한 채 그저 심정적으로 편을 들 준비가 되어 있었다. 그러한 질문을 탐

---

18 특별히 그의 저작 "Behavior: anIntroduction to Comparative Psychology", New York, 1914.을 참고하라.

구하기를 원하는 사람들은 동물들의 행동이 그들이 생각할 수 있는 능력을 가지기를 바라는, 경도된 한 줄기 희망의 빛을 던지기를 바라면서 동물의 행동을 관찰하도록 유도되었다. 첫눈에 이렇게 보일지도 모른다. 사람들은 개를 부를 때, 개가 와서 이름을 '알고' 주인이 없으면 슬퍼 보이기에 주인을 '기억하고' 밖에 있다가 돌아오면 꼬리를 흔들며 짖는다고 말한다. 개가 이런 식으로 행동한다는 것은 관찰의 문제이지만, 어떤 것이든 '알고 있다'거나 '기억하고 있다'는 것은 엄연히 추론이며, 사실 매우 의심스럽다. 더 많이 연구될수록 그런 추론들은 더욱 위태로운 것으로 보인다. 따라서 동물 행동에 대한 연구는 점차 동물이 사람처럼 생각할 수 있다는 정신적인 해석에 대한 모든 시도를 포기하도록 이끌어 왔다. 그리고 그 목적에 매우 잘 적응 된 복잡한 행동의 많은 경우에 그 목적에 대한 '예견'이 없다는 것은 의심 할 여지가 없다. 새가 처음 둥지를 지을 때, 우리는 새가 둥지에 알을 낳아서 어린 새들로 부화할 것이라는 것을 미리 알 것이라고 거의 추측할 수 없다. 그것은 '본능'이 그것의 행동의 결과를 예견하고 바라기 때문이 아니라, 단지 그것을 하고 싶은 충동을 주기 때문에 각 단계에서 해야 할 것을 하는 것이다.[19]

동물을 주의 깊게 관찰하는 학자들은 불안정한 추론을 피하길 원하며

---

[19] 처음 수행했을 때 동물의 본능적 행동이 어떤 예견을 포함하는지 여부에 대한 흥미로운 논의는 모호하게나마 로이드 모건Lloyd Morgan의 "Instinct and Experience"(Methuen, 1912), chap. ii.에서 참조할 수 있다.

우리가 '의식'이라고 부르는 것을 가정하지 않고 동물의 행동을 설명하는 방법을 점점 더 많이 발견했다. (더 나아가) 행동주의자들에게는 (동물에게 행했던 객관적 외부관찰과) 유사한 방법이 인간의 행동에 적용될 수 있는 것처럼 보였다. 비록 만들어낸 사람에게는 조잡한 수준이겠지만 행동주의의 대략적인 통찰력을 제공할 수 있는 예를 들어보자. 한 학교에서 두 명의 아이들이 "6 곱하기 9는 무엇인가?"라는 질문을 받는다고 가정해 보자. 한 명은 54, 다른 한 명은 56이라고 대답한다. 우리는 당연히 한 아이는 6 곱하기 9가 무엇인지 '알고 있다'고 말할 것이고 다른 아이는 그렇지 않다고 말할 것이다. 하지만 행동주의자들의 관점에서는 우리가 관찰할 수 있는 것은 특정한 '언어 습관' 뿐이다. 한 아이는 "6 곱하기 9는 54"라고 말하는 버릇이 생긴 것이지만, 다른 아이는 그렇지 않다. 그들 입장에서는 (위의 사례가) 마치 경주장을 내달렸던 말이 그의 익숙한 마구간으로 돌아갈 때 보다 더 많은 '생각'이 필요한 것이 아닌, 단지 더 많고 복잡한 '습관'들이 있을 뿐이다. 그럼에도 '알고 있다'고 불리는 관찰 가능한 사실이 분명히 있다고 믿는 사람들은 예컨대 받아쓰기 시험 같은 것이 그러한 사실을 발견하기 위한 실험이라고 주장할 수 있을 것이다. 하지만 행동주의자의 입장에서는 관찰되거나 발견된 모든 것은 그저 받아쓰는 단어 사용에 있어서 특정한 '습관'들이다. 수험자의 마음속에 있는 생각(만약 그런 것이 있다면)은 실험계획을 입안한 사람에게 아무런 관심도 없고, 실험계획을 입안한 관찰자 또한 아무리 작은 생각이라도 할 수 있는 가장 성공적인 수험자를 가정할 이유도 없는 것이다.

따라서 다른 사람들이 '알고 있는' 것을 확인할 수 있다는 의미에서 '알기'라고 하는 것은 말과 글을 포함한 신체적 '행동'에서 예시되는 현상이다. 왓슨은 그들의 지식이 행동에서 보이는 습관을 넘어선 것이라고 생각할 이유가 없다고 주장하는 것이다. 따라서 그들의 견해로는 '마음' 또는 '생각'이라고 하는 비 물리적 무언가를 갖는 것은 정당하지 않은 추론이다.

지금까지 행동주의자들의 결론에 있어서 우리의 편견을 특별히 반박하는 것은 없다. 우리 모두는 다른 사람들이 생각이 없을 수도 있다 것을 기꺼이 인정할 수도 있다. 하지만 우리 자신에 대해서라면, 우리는 우리 자신의 생각을 실제로 인식할 수 있다고 확신한다. '나는 생각한다. 그러므로 나는 존재한다Cogito, ergo sum.'[20]은 대부분의 사람들에 의해 진정한 전제를 가졌다고 여겨질 것이다. 그러나 행동주의자는 이를 부인한다. 그들은 우리 자신에 대한 지식이 다른 사람에 대한 지식과 조금도 다르지 않다고 주장한다. 왜냐하면 우리(자신)의 몸이 다른 사람들보다 더 관찰하기 쉽기 때문에 더 많은 것을 볼 수 있다고 해서 다른 사람들을 보는 것과는 달리 더 근본적으로 볼 수 있는 것은 아니기 때문이다. 내성은 그

---

20 르네 데카르트René Descartes가 그의 저작 『방법서설』(Discoursde la méthode, 1637)에서 한 말로 모든 것을 의심하는 방법적 회의를 인식의 기초로 사용하기위해 출발점으로 삼은 모토다. (옮긴이)

저 (과학적이라고는 할 수 없는) 별개의 지식의 원천으로서, 이 학파의 심리학자들에 의해 (과학적으로) 완전히 거부된다. 나는 이 문제를 나중에 상세히 논할 것이지만, 현재로선 이 문제가 결코 간단하지 않다는 것, 그리고 나는 행동주의자들이 그들의 주장을 다소 과장한다고 생각하지만 그들의 논쟁에는 중요한 요소가 있다는 정도만 말해두겠다. 왜냐하면 우리가 내성을 통해 발견할 수 있는 것들은 외부 관찰에 의해 발견한 것들과 근본적으로 다른 것 같지 않기 때문이다.

지금까지 우리는 주로 '아는 것'에 주안점을 두었다. 그러나 실은 '욕구'가 정말로 가장 중요한 마음의 특징이라고 주장할 수 있을 것이다. 인간은 성공에 기쁨을 느끼고 실패에 고통을 느끼는 어떤 목적을 달성하기 위해 끊임없이 심적 현상에 관여하는 것으로 보인다. 순전히 물질적인 세계에서는 유쾌하고 불쾌하며, 좋고 나쁨, 무엇을 원하는지 혹은 두려워하는지에 대한 논의는 없을 것이라고 말할 수 있다. 사람의 행위는 목적에 의해 좌우된다. (예를 들어) 어떤 사람이, 어떤 장소로 가기로 결심하고, 정거장으로 가서, 그의 표를 가지고 기차 안으로 들어간다. 사고로 통행이 막히면 다른 길로 갈 것이다. 그가 하는 모든 것은 결국 그의 시야에 있는 것, 즉 뒤에 있는 것에 의해서가 아니라 그의 앞에 놓여 있는 것[21]에 의해서 결정되는 것이다. 무생물은 그렇지 않다. 언덕 꼭대기

---

21 "목적이나 계획" (옮긴이)

에 있는 돌은 이제 막 구르기 시작할지 모르지만, 그것이 바닥으로 내려가는 데에 어떠한 간섭이나 조정도 없이 무관심하다. 어떤 장해나 장애물이 그것을 막을 것이고, 이런 일이 일어나도 불평의 기미는 보이지 않는다. 양이나 소가 그렇듯 계곡의 쾌적함에 이끌리는 것이 아니라, 있는 곳의 언덕이 얼마나 험준한가에 의해 굴러가는 것이 지속된다. 이 모든 것에서 우리는 동물의 행동과 물질의 행동 사이에 특징적인 차이를 가질 수 있다.

욕구도 지식처럼 한 가지 의미에서 관찰할 수 있는 현상이다. 코끼리는 빵을 먹지만, 양고기는 먹지 않는다. 오리는 물속으로 들어갈 것이지만, 암탉은 그렇지 않다. 그러나 우리가 우리의 욕망을 생각할 때, 대부분의 사람들은 우리의 행동을 관찰하는 것에 의존하지 않고 즉각적인 자기 인식으로 욕망을 알 수 있다고 믿는다. 그러나 이것이 사실이라면, 사람들은 너무 자주 그들이 원하는 것에 대해 착각하는 것 같다. (정신분석에 따르면) '아무도 자신의 동기를 알 수 없다'거나 'A씨가 B씨를 부러워하고 악의가 있지만, 그런 사실을 전혀 의식하지 못한다'는 것이 일반적인 진단이다. 그러한 사람들은 자기-기만 환자라고 불리며, 명백할 수 있었던 욕구를 그들 자신으로부터 감추는 다소 정교한 과정을 겪어야 했어야 했다. 나는 우리 자신의 동기를 발견하는 것은 우리가 다른 사람들의 행동을 관찰하고 그들을 자극할 수 있는 욕망을 추론하는 과정을 발견하는 것과 같은 흐름을 통해서만 이루어질 수 있다고 믿는다. 욕망은 우리가 그것을 가지고 있다고 스스로에게 말했을 때 '의식적'이 된다. 배고픈 사람은 스스로 이렇게 말할지도 모른다. "오, 난 정말 점심을 먹고 싶어." 그러면 그의 욕망은 '의식적'이라는 것이다. 그러나 그것은 적절한 단어가 있다는 점에서 '무의식적' 욕망과 다를 뿐 근본적인 차이는 아닌 것 같다.

동기가 보통 의식적이라는 믿음은, 내가 인지하는 동기가 다른 사람의 것이라기보다 내 자신의 것으로 착각하기 쉽도록 만든다. 우리가 (사회적 관습에 의해) 부끄러워해야 할 어떤 욕망이 우리에게 귀속될 때, 우리는 자신에게 '그렇게 됐으면 좋겠다'는 의미에서 의식적으로 그것을 가져본 적이 없다는 것을 비로소 알아차린다. 따라서 우리는 우리의 행동에 대한 다른 해석을 찾기 마련이고, 그런 욕망에 대한 다른 사람들의 비방에 대해 가까운 사람들이 (나의 변명에 대해) 확신을 가져주지 않을 때 그들을 매우 부당하다고 여긴다. 도덕적 고려는 이 문제에 있어서 명확한 사고의 어려움을 크게 증가시킨다. 사람들은 무의식적인 동기들에 대한 책임이 아니라 의식적인 동기들에 대한 책임이 있다고 흔히 주장하기 때문이다. 그러므로, 그런 의미에서만 완전히 도덕적이 되기 위해서는 도덕적인 공식만 반복하면 된다. 우리는 이렇게 말한다. "저는 친구들에게 친절하고, 사업에 있어서 명예롭고, 가난한 사람들에 대해 박애주의적이고, 정치에 있어서 대중적인 사람이 되고 싶습니다." 그러나 우리는 집에서 가족 구성원을 괴롭히고, 도시 밖에서 음습해지며, 임금을 지불하는데 있어서 구두쇠가 되고, 공공적인 것을 다루면서 사익을 취할 수도 있다. 만약 의식적인 동기만이 도덕적인 가치 평가에 반영된다면, 우리는 여전히 모범적인인물로 남을 수 있을 것이다. 이것은 꽤나 너그러운 교리이고, 따라서 사람들이 그것을 버리려 하지 않는다는 것이 놀랍지는 않다. 그러나 (우리의 탐구에 있어서) 도덕적인 고려는 과학 정신의 가장 나쁜 적이고 우리가 진실에 도달하기를 원한다면 우리는 그것들을 마음에서 지워야 한다.

나중에 강의에서 논증하겠지만, 욕망이라는 것은 역학에 있어서의 힘처럼 작용하고, 동기는 행동의 법칙을 짧게 기술하기 위한 일종의 편리한 허구의 본질 같은 것이다. 배고픈 동물은 먹이를 찾을 때까지 안절부절 못하고 있다가 잠시 잠잠해진다. 안절부절 못하는 상태를 끝낼 수 있는 것을, 우리는 '원하는 것', '욕망'이라고 한다. 그러나 오직 경험만이 무엇이 진정효과를 가져올지 보여줄 수 있고, 또한 실수를 저지르기 쉽게 만들 수도 있다. 그리고 우리는 불만을 느끼고, 그 불만들이 곧 그것을 제거할 '동기'라고 생각한다. 그러나 (메타적으로) 이런 것을 생각하고 있는 것 자체는 특정 사실을 관찰하는 것이 아니라 이론화하고 있는 것이다. 우리의 이론화는 종종 잘못되고, 그것이 잘못되었을 때 우리가 바라는 것과 실제로 만족을 가져다 줄 것 사이에는 차이가 있을 것이다. 그리고 이는 그것을 제대로 설명하지 못하는 욕망 이론이 확실하게 틀릴 수밖에 없는 흔한 현상이라 할 수 있다.

'무의식적' 욕망이라고 불리는 것이 최근 몇 년간 정신분석을 통해 표면화되었다. 정신분석은 모든 사람들이 알고 있듯이, 주로 히스테리와 특정한 형태의 광기[22]를 이해하는 방법이지만, 일반 남성과 여성의 삶에는 정신분열의 망상과 굴욕적으로 닮은 것이 많다는 것이 밝혀졌다. 꿈, 비이성적인 믿음, 어리석은 행동과 무의식적인 바람의 연관성은 프로이트Freud와 융Jung, 그리고 그들의 추종자들에 의해 비록 다소 과장되긴 했지만 어느 정도 밝혀졌다. 이러한 무의식적인 소망의 본질에 관해, 내가 보기에는 (비록 아마추어로서 자신은 없지만) 많은 정신분석가들이 지나치게 틀이 좁은 것 같다. 그들이 강조하는 소망(성욕, 집단무의식, 열등감)은 존재하지만, 명예와 권력과 같은 여타 욕망들도 똑같이 작용하고 똑같이 감추기 쉽다. 그러나 이것은 이론 심리학 관점에서 그들의 일반적인 이론의 가치에 영향을 미치지 않으며, 결과가 중요한 것이다.[23]

내 생각에, 분명히 밝혀진 것은 인간의 행동과 믿음이 전적으로 완전히 무의식적이라는 분석이 당사자에게 제안되었을 때 (당사자는) 분개하며

---

22 정신분석 이론에 의존하지 않는 "무의식적" 현상들이 폭넓게 존재한다. 자동 기술과 같은 사건에 대해 모턴 프린스Morton Prince는 다음과 같이 말한다. "잠재의식에 대한 이러한 질문을 살펴보면, 우리의 의식적인 과정에 대한 인식과 그렇지 않은 것에 대한 구분에 너무 많은 무게가 주어지는 것 같다. 사실 우리는 완전히 동일한 현상, 즉 어떤 때는 이러한 의식 현상을 인지하고 어떤 때는 인식하지 못하는 모든 측면에서 이들이 동일하다는 것을 발견한다." (공저, 렙만Rebman, "Subconscious Phenomena" p.87) 모턴 프린스는 "인식" 없는 "의식"이 있을 수 있다고 생각한다. 하지만 이것은 어려운 관점이고 "의식"을 필수적으로 존재한다고 보게 만드는 관점이며 나는 의식과 의식을 분리하는 방법을 알지 못한다.

23 실제로 성욕에만 포커스를 맞춘 프로이트와 후일 집단무의식이라는 넓은 영역으로 분화해 나간 융이 대표적인 사례이며, 이후에도 아들러Adler의 '인정 욕구'같은 영역으로 점차 무의식의 욕망에 대한 대상이 확장되어 나아갔다. (옮긴이)

부인한다는 점이다. 이런 반응을 보일 정도의 욕망이라는 것은, 병적인 경우에서 환자가 나쁜 것으로 간주할 수 있는 종류의 것일 테다. 만약 그가 욕망이 있다는 것을 인정해야 한다면 그는 자신을 혐오할 것이지만, 그것은 너무 강해서 스스로 출구를 마련해야 한다. 그러므로 환자는 원하는 것의 본질을 감추기 위해, 잘못된 믿음의 전체 체계를 달랠 필요가 있다. 만약 히스테리 환자나 미치광이들이 자신에 대한 이런 사실을 직면하게 된다면, 결과적으로 망상은 매우 많은 경우에 사라진다. 이것의 결과는 많은 형태의 광기에 대한 치료가 예전보다 더 심리적이지만 덜 생리적으로 발전했다는 것이다. 망상을 치료하는 사람들은 뇌의 신체적 결함을 찾는 대신, 이러한 왜곡된 표현 방식으로 발견되는 억압된 욕망을 찾는다. 정신분석학 선구자들의 다소 혐오스럽고 다소 난해한 이론에 빠져들고 싶지 않은 사람들에게는 버나드 하트Bernard Hart가 쓴 〈광기의 심리학The Psychology of Insanity〉을 권한다.[24] 정신병의 원인에 대해 생리학적 연구와 대척점에 있는(정신적인) 문제에 대해 하트는 다음과 같이 말한다.

"심리학적 개념의 정신이상은 뇌에서 일어나는 것으로 추정되는 변화에 대한 언급 없이, 정신적인 과정을 직접 연구할 수 있으며, 따라서 정신병이 심리학의 관점에서 적절하게 대처될 수 있다는 견해에 기초하고 있다."

---

24 Cambridge, 1912; 2nd edition, 1914. 다음 참조는 제2판에 나온다.

이것은 내가 처음부터 분명히 하고 싶은 점을 보여준다. 내가 옹호할 것을 제안하는 현대적 견해를 유물론과 관념론의 오래된 관점에서 분류하려는 어떠한 시도도 오해의 소지가 있을 뿐이다. 어떤 면에서는, 내가 제시하는 견해가 유물론에 가깝겠지만, 어떤 면에서는 그 반대되는 견해에 가까울 것이다. 망상 연구에 대한 이 문제에 대해서 하트가 지적한 바에 따르면, 현대적 이론의 실질적인 효과야말로 물질주의적인 방법으로부터의 해방이라고 말한다. 반면 그가 지적한 것처럼[25] 정신박약과 치매는 여전히 생리적인 뇌 결함에 의한 것으로 간주해야 한다. 만약 우리가 생각하듯이, 마음과 물질이 현실에서 활동을 하는 어떠한 것이 아니라면, 주어진 현상에 관해서 물리적 또는 정신적 원인을 어떻게 찾는가에 대한 질문은, 단지 재판정에서 결정되는 것으로 볼 수밖에 없다. 그간 형이상학자들은 마음과 물질의 상호작용에 대해 끝없이 논쟁해 왔다. 데카르트Descartes의 추종자들은 마음과 물질이 너무 달라서 상호간의 어떤 영향을 끼치는 것이 불가능하다고 주장해왔다. 내가 팔을 움직이려고 할 때, 그들은 내 팔에 작용하는 것은 내 의지가 아니라, 내가 팔을 움직이고 싶을 때마다 (어김없이) 그의 전지전능함으로 내 팔을 움직이는 하느님이라고 말했다. 정신-물리학적 병행론의 현대 학설은 데카르트 학파의 이 이론과 크게 다르지 않다. 정신-물리적 병행론은 정신-물리적 사건들이

---

25 Ibid., pp.38~39

러셀, 마음을 파헤치다

각각 자기 영역에서 원인이 되지만, 뇌의 모든 상태가 정신의 확실한 상태와 공존하고 그 반대도 존재하기 때문에 나란히 진행된다는 이론이다. 정신과 물질의 상호 인과적 독립성에 대한 이러한 견해는 형이상학적 이론 외에는 아무런 근거가 없다.[26] 그러나 우리에게는 명백한 사실과 조화를 이루기가 어려운 그런 가정을 할 필요가 없다. 가령 나를 저녁식사에 초대하는 편지를 받았다고 해보자. 그 편지는 물리적인 사실이지만, 그 의미에 대한 나의 이해는 정신적인 것이다. 여기서 우리는 사물(편지)의 영향을 염두에 두고 있다. 그리고 편지의 의미를 이해한 결과, 나는 적당한 시간에 적당한 장소로 간다. 이 지점에서는 반대로 물질(초대받은 곳)에 마음의 영향을 준다. 이 강의의 과정에서 나는 여러분에게 이 문제가 일반적으로 생각되는 것처럼 그렇게 물질적이거나 정신적인, 일도양단의 성질의 것이 아니라는 것을 설득하려고 노력할 것이다. (아마 내 강의는) 물질에 대해 말할 때, 관념론으로 기울고 있는 것처럼 보일 것이고, 마음에 대해 말할 때 유물론에 기울고 있는 것처럼 보일 것이다. 이 역시 진실은 아니다. 우리의 세계는 미국의 실용주의자들이 "중립적인" 실체라고 부르는 것으로부터 구성되어야한다. 이것은 물질의 경도나 불멸성 같은 것도 고려할 필요가 없고, 마음을 특징 짓는 대상에 대한 언급도 없다.

---

26 그러나 하트는 그의 8가지 방법론중 하나로 이 이론을 받아들이는 것 같다. "Subconscious Phenomena", 특히 pp. 121-2에서 그의 공헌을 참조하라.

사실 한 가지 반대가 있을 수 있는데, 그것은 실제로 물질의 작용에 대한 것이 아니라 물질에 대한 정신 작용에 대한 것이다. 물리 법칙은, 비록 인간의 뇌 속에 있는 물질일지라도, 물질에 일어나는 모든 것을 설명하기에 적합하다. 그러나 이것은 가설일 뿐, 정설은 아니다. 생체의 움직임을 결정하는 법칙이 무생물인 물질에 적용되는 법칙과 정확히 동일하다고 가정할만한 뚜렷한 경험적 이유는 없다. 물론 때때로, 그들은 분명히 똑같다. 사람이 절벽에서 떨어지거나 오렌지 껍질 위에 미끄러지면, 그의 몸은 마치 생명이 없는 것처럼 행동한다. 이 사건들은 베르그송Bergson을 웃게 만드는 사건들이다.[27] 하지만 인간의 육체적 움직임이 우리가 '자발적'이라고 부르는 것일 때, 생명체가 없는 움직임과는 법칙이 매우 달라 보인다. 나는 그 차이를 줄일 수 없다고 독단적으로 말하고 싶지 않다. 오히려 아닐 가능성이 매우 높다고 생각한다. 나는 단지 우리가 알고 있는 현재 상태의 살아있는 육체의 행동에 대한 연구는 물리학과 구별된다고 말하고 있는 것이다. 기체에 대한 연구는 원래 고체의 연구와는 상당히 달랐고, 독립적으로 추진되지 않았다면 현재의 상태로 발전하지 못했을 것이다. 오늘날 기체와 고체 모두 보다 원시적이고 보편적

---

27 베르그송은 인간의 지각활동을 인간의 감각기관이라는 이미지와 물질이라는 이미지가 만나는 과정으로 설명한다. 그런데 사람이나 물질 대상이나 둘 다 이미지일 뿐이라면 지각 활동의 주체적 역할을 담당하는 사람의 능동성을 설명하기가 곤란해진다. 이 문제를 해결하기 위해서 신체를 다른 것과 다른 특권적 이미지로 설명한다. (옮긴이)

인 물질로 만들어진다. 마찬가지로 방법론의 문제로서, 생명체의 법칙은 우선, 물리 법칙에 종속시키기 위해 지나치게 서두르지 않고 연구되어야 한다. 보일의 법칙은 기체의 운동 이론이 가능하기 전에 발견되어야만 했지만, 심리학에서 우리는 아직 보일의 법칙의 단계에 있지 않다. 우리는 물리학의 보편적이고 확고한 정확성에 대한 시각에 사로잡힐 필요가 없다. 이것은 아직까지는 아무런 선입견 없이 경험적으로 시험되어야할 가설에 지나지 않는다. 사실일 수도 있고 아닐 수도 있다. 지금까지 우리가 말할 수 있는 것은 그뿐이다.

다시 우리의 주요 주제, '의식'에 대한 비판으로 돌아가자. 우리는 프로이트와 그의 추종자들이 우리의 행동과 신념을 결정하는 데 있어 '무의식적' 욕망의 엄청난 중요성을 논쟁의 여지가 없을 정도로 증명했지만, 우리에게 '무의식적' 욕망이 실제로 무엇인지 말해주는 작업은 시도하지 않았다는 것을 알 수 있다. 따라서 그들의 학설은 대중적 매력의 큰 부분을 형성하는 신비와 신화적 분위기에 경도되었던 것처럼 보인다. 그들은 항상 욕망이 의식적으로 되는 것이 더 정상적이고, 무의식적인 것에는 긍정적인 원인이 부여되어야 하는 것처럼 말한다. 그러므로 '무의식'은 지하 감옥의 죄수가 되고, 어두운 신음소리와 남성 혐오, 이상한 탐욕과 함께 우리의 낮과 빛을 향한 지향에 오랜 시간 음습하게 침입하는 것으로 본다. 평범한 독자는 거의 필연적으로 이 지하의 죄수를 다른 의식으로 생각하는데, 프로이트가 말하는 '검열자'가 그의 목소리를 막고 있는 것이다. 다만 그가 너무 큰 소리를 질러서 모든 사람이 그를 듣고 추문이 있는 경우를 제외하고는 말이다. 우리들 대부분은 우리 자신을 놓아주면 필사적으로 사악해질 수 있다는 생각을 긍정한다. 이러한 이유로 프로이트의 '무의식'은 조용하고 예의바른 대다수 사람에게 위로가 되었다.

그러나 나는 진실이 이렇게 그림 같다고 생각하지 않는다. 무의식적인 욕망은 단지우리의 행동의 인과 법칙이, 우리가 일시적인 평형을 이룰 때까지, 쉴 새 없이 활동한다고 생각한다.[28] 만약 우리가 현 상황이 어떤 상태인지 미리 안다면, 우리의 욕망은 의식이고, 그렇지 않다면 무의식인 것이다. 무의식적인 욕망은 실제로 존재하는 것이 아니라 단지 특정한 행동에 대한 경향일 뿐이다. 그것은 역학에서 힘과 정확히 같은 위상을 가지고 있으며 결코 신비스러운 것이 아니다. 그것은 욕망의 자연적이고 원시적인 형태이며, 의식적 욕망은 관찰하고 이론화하는 우리의 습관을 통해 발전되었을 뿐이다. 프로이트가 하는 것처럼 모든 무의식적인 소망이 한때는 의식적이었고, 그 당시에는 우리가 그것을 못마땅하게 생각했기 때문에 그의 용어처럼 '억제'되었다고 가정할 필요는 없다. 반대로 우리는 프로이트의 '억압'이 의심할 여지없이 일어나고 심지어 중요하기까지 하지만, 그것이 우리의 소망을 무의식적으로 만드는 일반적인

---

28 Hart, "The Psychology of Insanity", p. 19

러셀, 마음을 파헤치다

이유는 아니라고 가정해야 한다. 오히려 일반적인 이유는 욕망이란 처음부터 모두 무의식적인 것이고, 그것들이 적극적으로 알려졌을 때 비로소 드러나기 때문이다. 일반적으로 말하자면, 학문적 나태함으로 인해 (정신분석에서) 발견되는 인간 본성 이론을 쉽게 받아들이고, 이 이론이 기대하는 바가 무엇이든 자신에게 귀속하고 있는 형편인 것이다. 우리는 프로이트 이후부터 예언자 예레미야의 말처럼 "무엇보다 기만하고 필사적으로 악하게" 되었다. 이 두 견해는 관찰이 아니라 이론의 산물이다. 관찰에는 노력이 필요하지만 반복하는 구호는 그렇지 않다.

내가 주창해 온 무의식적인 욕망에 대한 해석은 왓슨에 의해 간략하게 제시되었다. 왓슨은 1916년 11월 사이언티픽 월간지에 실린 〈욕망 성취의 심리학The Psychology of Wish Fulfilment〉이라는 글에서 다음과 같이 말했다. 다음 두 가지 인용구가 그의 관점을 충분히 보여주는 역할을 할 것이다.

"프로이트주의자들은 검열관으로부터 '형이상학적 실체'를 어느 정도 만들어냈다고 말하고 있다. 그들은 욕망이 억압될 때 '무의식' 속으로 억압되고, 이 검열관은 의식과 무의식 사이에 놓여 있는 함정에 서 있다고 가정한다. 우리들 중 다수는 무의식의 세계를 믿지 않기 때문에(우리 중 몇몇은 의식이라는 용어의 유용성에 대해 심각한 의구심을 가지고 있다), 보통의 생물학적 선을 따라 이 검열관을 설명하려고 한다. 한 그룹의 습관은 다른 그룹의 습관(또는 본능)을 '다운'시킬 수 있다. 이 경우, 우리가 '진짜 자아'를 표현한다고 부르는 일반적인 습관 체계는 대부

분 과거에 속하는 습관과 본능적 경향을 억제(비활성 또는 부분적으로 비활성 상태로 유지)

한다.”

그는 문명화된 성인의 습관을 습득하면서 겪는 충동의 좌절에 대해 말

한 후, 다음과 같이 언급한다.

“이루지 못한 욕망의 생물학적 기초를 발견하게 하는 것은 이러한 좌절된 충

동들 중 하나다. 그러한 ‘욕망’은 결코 ‘의식적’이거나 프로이트의 무의식의

영역으로 억압된 적이 없다. 이러한 경향에 ‘욕망’이라는 용어를 적용할 특별

한 이유는 없다.”

다음 강의에서 우리가 관심을 가져야 할 마음의 분석의 장점 중 하나

는 정신분석가들이 밝혀낸 현상으로부터 신비성을 제거한다는 것이다.

신비는 즐겁지만 비과학적이다. 무지에 매달려 있기 때문이다. 인간은

동물로부터 진화했고, 인간과 아메바 사이에는 (생각보다) 심각한 격차가 없

다. 행동에 미치는 영향과 관련하여 지식, 욕망과 매우 유사한 것들이 동

물들 사이에도 존재한다. 심지어 우리가 ‘의식’이라고 부르는 것이 믿기

어려운 곳에서도 존재한다. ‘의식’의 흔적을 찾을 수 없는 경우에도 마찬

가지로 비슷한 것이 우리 자신에게 존재한다고 볼 수 있다. 그러므로 ‘의

식’의 올바른 정의가 생명이나 마음의 본질이 아니라고 가정하는 것은

러셀, 마음을 파헤치다

당연하다. 따라서, 다음 강의에서는 이 용어를 특별히 다룰 때까지 사용하지 않을 것이며, 이는 주로 사소하고 중요하지 않은 언어 습관의 결과로 설명하면서 다시 나타날 것이다.

II

본능과 습관

심적 현상이 복합적으로 구성되는 요소들을 이해하기 위해서는 원생 동물에서 인간에 이르기까지 구조나 행동에는 큰 차이가 없다는 것을 기억하는 것이 가장 중요하다. 이를 통해 개체 간 매우 큰 심적 격차 또한 존재하지 않는다는 추론은 매우 개연성이 높다고 할 수 있다. 물론, 진화에 있어 특정 단계에는 분석 관점에 따라 완전히 새로운 요소가 있을 수 있지만, 그 요소는 초기 형태에서는 행동에 거의 영향을 미치지 않고, 구조에 있어서도 매우 뚜렷한 상관관계가 없다. 그러나 정신적 발달의 연속성 가설은 이 가설을 뒤집을 수 있는 심리적 사실이 존재하지 않는 한 분명히 바람직하다. 만약 내가 틀리지 않았다면, 정신적 발달의 연속성 가설을 반박하는 어떤 사실도 없다. 이 가설은 마음의 본질에 대한 나의 이론에 관한 유용한 실험을 할 수 있는 단초를 제공한다.

유기적 진화 전반에 걸친 정신적 발달의 연속성 가설은 두 가지 다른 방법으로 사용될 수 있다. 우리는 동물의 정신보다 우리 자신의 정신에 대한 더 많은 지식을 가지고 있고, 이 지식을 이용하여 동물, 심지어 식물에서도 우리 자신의 정신 과정과 유사한 것의 존재를 추론할 수 있으며, 동물과 식물이 인간의 마음보다 더 쉽게 분석되는 단순한 현상을 나타낸다고 주장할 수 있다. 이러한 이유로 동물의 정신 과정에 관한 적절한 설명을 인간의 경우에 적용하는 것을 무시해서는 안 된다. 이 두 관점의 실제효과는 정반대로 볼 수 있는데, 첫 번째 관점은 우리 자신이 우리 자신의 지능에 대해 잘 알고 있다고 믿도록 만드는 것과 더불어 동물의 지능을 높이도록 유도하는 반면, 두 번째 관점은 동물에서 관찰 할 수 있는 것과는 거리가 멀게, 우리 자신의 지능을 너무 낮은 수준으로 낮추도록 유도하는 측면이 있다. 따라서 연속성의 원리를 적용할 때, 두 가지 방법의 상대적 정당성을 고려하는 것이 중요하다.

여기서 또 다른 질문이 생긴다. 우리가 가장 잘 알 수 있는 동물의 심리학 또는 인간의 심리학은 무엇인가? 만약 우리가 동물에 관해 가장 많이 알 수 있다면, 우리는 이 지식을 인간 이해 추론의 기초로 사용할 것이다. 반대로 만약 우리가 인간에 관해 가장 많이 알 수 있다면, 이를 동물 이해 추론의 기초로 사용할 것이다. 그리고 우리가 인간의 심리나 동물들의 심리에 대해 가장 잘 알 수 있는가에 관한 질문은 또 다른 문제, 즉 심리학의 내성introspection이나 외부관찰이 확실한 방법인가? 라는 문제에 직면한다. 그러나 이 질문은 내가 강의 6에서 상세히 논할 예정이므로 질문을 던지는 것으로 만족하자.

우리는 동물, 심지어 다른 사람에 관해서는 직접적으로 알 수 있는 것이 많지 않지만, 우리 자신에 관해서는 많은 것들을 알고 있다. 우리는 치통의 감각, 평소 우리가 하는 생각, 우리가 꾸는 꿈을 알고 있다. 반면 다른 사람들에 대해서는 그들이 우리에게 말해준 것만을 알고 있다. 그러므로 내부적인 분리된 사실들에 대한 지식에 관한 한, 내성법이 비교적 장점이 있다고 할 수 있다.

하지만 사실을 분석하거나 과학적 이해의 측면에서 자기-지식(내성)은 이점이 없다. 예를 들어, 우리는 욕망과 믿음을 가지고 있다는 것을 알고 있지만, 과연 무엇이 욕망이나 신념을 구성하는지 모른다. 그 현상들은 너무 익숙해서 우리가 그 현상들에 대해 거의 알지 못한다는 것을 깨닫는 것조차 어렵다. 우리는 동물에게서, 그리고 그보다는 조금 덜하지만 식물에게서도 우리 안에서 촉발되는 욕망과 믿음에 의해 유발되는 행동이 비슷하다는 것을 볼 수 있다. 또한 진화의 단계가 아래로 내려갈수록 행동이 더 단순해지고, 본능의 지배에 더 많은 영향을 받고, 과학적으로 더 분석 가능하고, 예측 가능하게 된다는 것을 알게 된다. 그리고 무엇보다 이런 특징이 주는 이질감은 우리가 그 행동을 해석하기 위해 더욱 주의를 기울이도록 만든다. 더욱이 정신분석이 증명한 바와 같이, 내성은 우리가 높은 확실성을 느끼는 경우에도 매우 잘못된 분석을 할 수 있다.

결론적으로 내성은 심리학에 확실하고 중요한 기여를 하지만, 이를 외부 관찰 실험이나 다른 동물의 행동에 적용하고자 한다면, 이론적으로 끊임없이 확인되고 통제되지 않는 한 큰 오해의 소지가 있다는 것이다. 그러므로 전체적으로는 아마도 동물심리학으로부터 인간심리학을 배울 수 있는 것이 반대의 경우보다 더 많다고 보는 것이 타당하다. 그러나 이 결론 또한 정도를 나타내는 수준이어야 한다. 선을 넘어서 강요가 되어서는 안 될 것이다.

동물에서 직접적으로 관찰될 수 있는 것은, 엄밀히 말하면 다른 인간에게서도 관찰될 수 있는 육체적 현상뿐이다. 우리는 그들의 움직임, 생리적 과정, 그리고 그들이 내뿜는 소리 같은 것들을 관찰할 수 있다. 그러나 욕망이나 신념 같이 내성으로 인식할 때 명백해 보이는 것들은 외부 관찰로는 직접 보이지 않는다. 따라서 만약 우리가 외부 관찰적 방법으로 심리학을 연구하기 시작한다면 욕망과 믿음과 같은 것을 가정하는 데서 연구를 시작해서는 안 되며, 동물의 움직임과 생리적인 과정의 특성 같은 외부관찰로 드러날 수 있는 것만으로 시작해야 될 것이다. 예를 들어, 어떤 동물들은 항상 빛으로부터 도망치고 어두운 곳에 몸을 숨긴다. 땅속에 옅게 박힌 이끼 낀 돌을 집어들면, 수많은 작은 동물들이 때 아닌 대낮을 피해 허둥대며 다시금 어둠을 찾아 헤매는 모습을 볼 수 있을 것이다. 그러한 동물들은 그 행동이 영향을 받을 정도로 빛에 민감하다. 하지만 그들이 어떤 방식으로든 우리와 비슷한 시각적 감각을 가지고 있다고 추론하는 것은 경솔하다. 관찰할 수 있는 사실을 넘어선 그러한 추론은 최대한 주의해서 피해야 한다.

인간의 움직임은 자발적, 반사적, 기계적 세 가지 등급으로 나누는 것이 관례다. 윌리엄 제임스의 〈심리학Psychology〉은 이 차이를 다음과 같이 설명한다.

"기차역에 들어서면서 차장이 '모두 탑승'을 외치는 소리가 들리면 우선 심장이 멎고, 두근거리면서 다리가 고막에 떨어지는 음파에 반응한다. 내가 뛰면서 비틀거리며 넘어지는 느낌은 넘어지는 방향을 향해 손을 움직이게 하는데, 그 효과는 너무 갑작스러운 충격으로부터 몸을 보호하는 것이다. 눈에 흙이 들어가면 눈꺼풀이 강제로 닫히고 눈물이 흘러내리는 것도 그런 반응이다."

"그러나 민감한 자극에 대한 이 세 가지 반응은 여러 면에서 다르다. 첫째, 눈을 감은 것과 눈물의 분비는 매우 무의식적인 것이고, 심장의 요동 또한 마찬가지다. 둘째로 우리가 '반사'라고 알고 있는 그러한 무의식적인 반응은 행동이다. 넘어지는 충격을 완화하기 위한 팔의 움직임을 반사라고 부르는 것은, 의도적이라기에는 너무 빨리 일어나는 특성 때문이다. 물론 그것이 본능적인 것인지 아니면 그것이 어린 시절의 보행 교육에서 비롯되는 것인지 의심스러울 수 있다. 어쨌든 눈을 감고 눈물을 흘리는 등의 이전 행위보다 덜 자동적인 것이다. 의식적인 노력으로 그것을 더 능숙하게 수행하거나 심지어 그것을 완전히 억제하는 것을 배울 수도 있다. 본능과 의지가 같은 조건에서 나타나는 이런 종류의 행동들은 '반-반사semi reflection'라고 불려왔다. 반면에 기차를 향해 달리는 행동은 본능적인 요소를 가지고 있지 않다. 그것은 순전히 교육의 결과이며, 달성되어야 할 목적에 대한 의식과 의지에 뚜렷이 선행된다. 이것은 '자발적인 행위'다. 따라서 동물의 반사 작용과 자발적인 수행은 자동적으로 일어날 수도 있지만 의식적인 지능에 의해 변형될 수도 있는 행동에 의해 연결되면서 점차 서로 수렴해간다."

"외부 관찰자는 수반되는 의식을 인식하지 못하는 경우, 자동적 행동과 의지적 행동을 구별하는데 어려움을 겪을 수 있다. 그러나 만약 정신의 존재 기준이 목적 달성을 위한 적절한 방법의 선택이라면, 모든 행동들은 모두 지능에 의해 영감을 받는 것처럼 보인다. 왜냐하면 '적절성'이 그들 모두를 똑같이 특징 짓기 때문이다."

제임스가 처음에 언급했던 것들 중에 후속적으로 분류되지 않는 한 가지 움직임이 걸림돌이 될 것 같다. 이것은 '기계적'이라고 불릴 수 있는 움직임의 종류인데, 반사적이거나 자발적인 움직임과는 분명히 다른 종류이며 무생물의 움직임과 더 유사하다. 동물의 움직임을 관찰할 때 보이는 무생물에게서만 발견할 수 있을 것 같은 움직임을 바로 '기계적 움직임'이라고 정의할 수 있다. 예를 들어, 절벽 위로 넘어지면 중력의 영향을 받아 움직이게 되는데, 무게중심은 마치 당신이 이미 죽은 것처럼 정확한 포물선을 묘사한다. 기계적 움직임은 우연이 아닌 한, 술에 취한 사람이 물에 빠져서 굻아떨어질 때와 같은 우연적 사고가 아니라면 항상 같은 방식으로 움직인다.

그러나 반사적이고 자발적인 움직임이 항상 적절한 것은 아니다. 램프에 날아드는 나방이 분별 있게 행동한다고 볼 수는 없다. 목적지가 어디인지 모르면서 표를 사지 못했다고 서두르는 것은 적절하지 못하다. 그러나 '적절성'은 복잡하고 대략적인 생각일 뿐이기 때문에, 이는 잠시 논의에서 제외시키도록 하겠다.

제임스가 언급했듯이 외부 관찰자의 관점에서 자발적 움직임과 반사적 움직임 사이에는 차이가 없다. 생리학자는 이 움직임이 모두 신경계에 의존한다는 것과, 자발적이라고 부르는 움직임이 반사적인 것보다 뇌의 상위 중심부에 의존한다는 것을 발견할 수 있다. 그러나 생리학자는 '의지'나 '의식'의 유무를 발견할 수는 없다. 왜냐하면 이러한 것들은 단지 내성으로만 볼 수 있기 때문이다. 그러나 현재 우리는 외부 관찰자의 입장에 단호히 서고자 하기에, 자발적인 움직임과 반사적인 움직임의 구분을 무시하고, 이 둘을 함께 묶어 '생체적 운동'이라고 부를 것이다. 그런 다음에야 중요한 두 움직임이 신경계의 특별한 원인에 따라 결정되는 반면, 기계적 움직임은 일반적으로 동물의 신체가 물질과 공유하는 성질에 의해서만 결정된다는 사실에 의해 '생체적 운동'과 '기계적 운동'을 구별할 수 있을 것이다.

기계적 운동과 생체적 운동을 정확하게 구별하기 위해서는 약간의 주의가 필요하다. 만약 우리가 동물의 신체에 대해 더 많이 안다면, 화학과 물리 법칙에서 그들의 모든 움직임을 추론할 수 있을 것이다. 화학이 물리학으로 어떻게 환원되는지, 즉 물리적인 구조의 차이로 인한 다른 화학 요소들 사이의 차이가 어떻게 설명될 수 있는지, 구조의 구성 요소들이 모든 종류의 물질에서 정확히 같은 전자$_{electrons}$가 되는지를 보는 것은 꽤 수월한 일이다. 우리는 생리학을 화학으로 바꾸는 방법을 부분적으로 알고 있지만, 그정도로도 과정을 설명하기에는 충분하다. 만약 그것이 영향을 미쳤다고 가정한다면, 생체적 운동과 기계적 운동의 차이는 어떻게 될 것인가?

이는 몇 가지 비유를 통해 차이점을 분명히 알 수 있다. 다이너마이트 덩어리에 가해지는 충격은 강철 덩어리에 가해지는 충격과 상당히 다른 결과를 보인다. 다이너마이트는 충격에 의해 엄청난 폭발을 발생시키지만, 강철 덩어리는 충격을 받는다 해도 눈에 보이는 변화가 거의 없다. 이와 유사하게, 산에 위태하게 놓인 어떤 바위는 슬쩍 만지기만 해도 계곡으로 떨어뜨릴 수 있지만 바로 근처에 있는 바위는 너무 단단해서 상당한 힘만이 그들을 이탈시킬 수 있다. 이 두 경우에서 다이너마이트와 위태하게 놓인 바위는 불안정한 평형상태에서 폭발할 준비가 된 거대한 에너지 저장소의 존재이고 약간의 동요가 더해져 격렬한 운동을 하게 되는 상황이다. 마찬가지로 "다 찾았어, 튀어!"라는 메시지를 적어 보내는 것은 아주 약간의 에너지 소비만이 필요하지만, 받는 이의 운동에너지를 발생시키는 놀라운 효과를 보인다. 인간의 몸은 다이너마이트 덩어리와 같이 불안정한 평형상태의 에너지를 저장하고 있으며, 위의 메시지와 같은 매우 작은 요동에 의해 어떠한 방향으로 유도될 준비가 되어 있다. 물리적 법칙에 대한 행동 감소는 작은 자극으로도 발생한다. 이는 우리가 상대적으로 큰 질량으로 일어나는 일만을 관찰한다면 알 수 없는 것이다. 물리학자들은 거시적 방정식과 미시적 방정식을 구별한다. 전자는 보통 큰 부분에서 일어나는 가시적 움직임을 결정하며, 후자는 가장 작은 부분에서 발생하는 단위다. 모든 종류의 물질에 대해 동일해야 하는 것은 미시적 방정식일 뿐이다. 거시적 방정식은 평균화 과정에서 발생하며, 경우에 따라 다를 수 있다. 따라서, 우리의 예에서 거시적인 현상의 법칙은 기계적 운동과 생체적 운동에서 다를 수 있지만 미시적인 현상의 법칙은 같을 수 있다는 것이다.

다이너마이트의 불꽃처럼, 신경계에 가해진 자극은 불안정한 평형 상태에서 저장된 에너지를 이용하여 움직임을 생성할 수 있다고 할 수 있다. 이러한 방법으로 생성된 움직임은 의식적으로 조절이 가능한 생체적 운동이기도 하면서 동시에 자동적으로 일어나는 기계적 운동이기도 하다. 다이너마이트도 자극이 가해지면 기계적으로 폭발하지만, (적절한 예방조치와 함께) 다른 광물처럼 안전하게 포장될 수도 있다는 것을 생각해보면 이해할 수 있다.

그러나 기계적인 운동은 심리학자에게 아무런 관심을 끌 수 없으며, 심리학자가 이를 정의하는 이유는, 기계적인 운동을 배제하기 위함이다. 심리학자가 행동을 연구할 때, 그가 관심 있는 것은 오직 생체적 운동일 뿐이다. 따라서 우리는 기계적 운동을 무시하고 나머지 특성만 연구할 것이다.

다음 포인트는 본능적인 움직임과 경험에 의해 얻어지는 움직임을 구별하는 것이다. 이 구별 또한 이미 어느 정도 있다. 로이드 모건Lloyd Morgan 은 '직관적 행동'의 정의를 다음과 같이 말했다.

"직관적 행동은 이전 경험과는 무관하게 개인의 안전과 종족의 보존에 도움이 되기 때문에 발생한다. 다소 제한적이긴 하지만 동일한 동물 그룹의 모든 구성원들에 의해 유사하게 수행된다. 이 행동은 경험에 의해 수정될 수 있다."[29]

이 정의는 생물학을 기반으로 하고 있기에 심리학의 요구에는 맞지 않는 부분이 있다. 이 정의는 동일한 동물 그룹을 관찰한 결론이기에 고립

---

29 "Instinct and Experience"(Methuen, 1912) p. 5.

러셀, 마음을 파헤치다

된 '개인'의 행동에서 본능적인 것을 판단할 수 없게 만든다. 게다가 '개인의 안전과 종족의 보존'은 본능이라고 불릴 수 있는 보편적 특징이 아니며, 오히려 본능은 안전과 보존이 아닌 해로운 예가 될 수도 있다. 우리는 이 정의의 본질적인 초점을 본능적인 움직임이 '이전의 경험과는 무관하다'는 것에 두어야 한다.

'본능적' 운동은 동물이 처음 새로운 상황에 처했을 때 수행할 수 있는 생체적 운동이라고 말할 수 있다.[30] 동물의 본능은 성장기간에 따라 다르며, 이 사실은 학습에 연유하지 않은 행동의 변화를 일으킬 수 있다. 성 본능의 성숙과 계절적 변동은 좋은 예를 제공한다. 성 본능이 처음으로 성숙할 때 짝 앞에서의 동물의 행동은 유사한 상황에서 이전의 행동과 다르지만, 짝이 이전에 존재하지 않았다 하더라도 동일할 것이기 때문에 학습되는 것은 아니라고 봐야 한다.

반면 운동은 이전의 비슷한 상황에 대한 경험에 의해 일어나는 '배움', 즉 '습관'을 구현한다. 만약 동물이 유사한 경험을 갖지 못했다면 운동은 일어나지 않을 것이다.

실제로 이 구별의 날카로움을 흐리게 하는 여러 가지 골칫거리가 있다. 결론부터 말하면, 미성숙한 기간 동안 동물들은 본능과 배움을 구별하기

---

30 이 문제는 해당 종의 다른 개체와의 비교에 의해서만 결정될 수 있기 때문에 로이드 모건의 정의에 반대하는 측면과도 비교를 해야 할 것이다.

어렵게 행동한다는 것이다. 제임스는 아이들이 본능에 의해 걷게 될 때, 첫 번째 시도에서 어색한 것은 본능이 아직 성숙하지 않았기 때문이라고 주장하면서, "몇 세대를 지켜볼 만큼 오래 생존한 과학자가 그의 자손들을 대상으로 이를 실험해볼 수 있게 되기를 희망한다"고 말했다. 그러나 이것은 주로 "새들은 나는 법을 배우는 것이 아니라, 그들이 적절한 나이가 되었을 때 본능에 의해 날아간다"는 것을 보여주기 위한 증거로 인용된다. 둘째로, 본능은 종종 해야 할 일의 대략적인 윤곽만 보여주는데, 학습이 본능에 의한 행동에 확실성과 정밀성을 제공한다는 것이다. 셋째, 말하기와 같이 학습의 가장 명확한 사례에서도 학습 과정을 설명하기 위해 본능이 요구된다는 것이다. 말하기의 경우, 관련된 주요 본능은 일반적으로 모방 본능으로 여겨지지만, 이것은 의심할만한 사례다.[31]

이러한 제한조건에도 불구하고, 본능과 습관의 넓은 구분은 부정할 수 없다. 극단적인 경우를 예로 들면 배울 기회가 생기기 전인 태어날 때의 모든 동물들은 본능에 의해 음식을 먹을 수 있다. 반면, 아무도 본능에 의해 자전거를 탈 수는 없다. 그러나 학습 후에 필요한 움직임은 마치 본능적이었던 것처럼 자동적으로 수행된다.

습관의 습득으로 이루어진 학습 과정은 다양한 동물에서 많이 연구되

---

31 Thorndike, "Animal Intelligence", p. 253 ff.

어 왔다.[32] 예를 들어, 배고픈 고양이를 빗장으로 여닫을 수 있는 문이 있는 우리에 넣고, 우리 바깥에 음식을 둔다면 고양이는 처음에 우리 주위를 돌면서 강제로 도망치려고 미친 듯이 애를 쓴다. 그러다 마침내 우연히 빗장이 걷히고 고양이가 음식 위에 접근하게 된다. 다음 날 실험을 반복하면 고양이는 여전히 무작위적인 움직임을 보이긴 하지만 처음보다 훨씬 더 빨리 빠져나가는 것을 볼 수 있다. 사흘째 되는 날, 고양이는 더 빨리 빠져나가고, 머지않아 빗장으로 곧장 가서 그것을 한 번에 들어올린다. 햄튼 코트 궁전에 있는 미로처럼 모형을 만들고, 쥐를 가운데에 놓아 음식 냄새로 자극하는 실험도 있다. 쥐는 통로를 달려 내려가기 시작하고 앞이 보이지 않는 골목에 끊임없이 멈춰 서지만, 마침내 끈질긴 시도에 의해 빠져나온다. 날마다 이 실험을 반복하며 쥐가 음식에 도달하는 데 걸리는 시간을 측정하면, 우리는 쥐가 빠르게 시간을 줄인다는 것을 발견할 수 있다. 그리고 얼마 후 쥐가 잘못된 방향으로 바꾸는 것을 멈추는 것까지도 발견할 수 있다. 우리가 말하는 것, 쓰는 것, 수학 또는 제국의 정부에 대해 배우는 것도 본질적으로 유사한 과정이다.

왓슨은 〈행동Behavior〉에서 무작위적인 움직임에서 습관이 생기는 방식에 관한 독창적 이론을 주장했다. 물론 그의 이론만으로는 충분하지 않지만, 이를 틀렸다고 볼 이유는 없다. 설명을 쉽게 하기 위해, 동물에 의

---

32 이 주제에 관한 연구의 효시는 손다이크의 "Animal Intelligence"(Macmillan, 1911)로 일컬어진다.

해 만들어 질 수 있는 임의의 움직임이 10개(예를 들어 10개의 경로)가 있고 이들 중 하나만 음식으로 이어진다고 가정해보자. 결과적으로 음식으로 이어지는 행동은 점점 자주 일어나게 되며, 다른 움직임은 줄어든다. 따라서 (의식의 개입 없이 쉽게 설명할 수 있는) 이전의 수행을 반복하려는 경향은 음식으로 이어지는 행동의 강화를 가져오고, 이후에는 이 행동만 남게 된다. 행동 개선을 관찰하기 위해서는 더 반복된 실험이 필요하다는 반론이 있지만, 이미 이 실험에서 실행한 두 번째 시도에서 동물은 첫 번째 실험보다 더 나은 수행을 한다는 것이 관찰되었다. 보상을 불러오는 행동 외에 발생하는 임의의 움직임을 설명하기 위해서는 다른 가설이 필요하겠지만, 이 행동이 '의식'과 관련이 있다고 생각할 이유는 없다.

손다이크Edward Thorndike는 다음과 같이 두 가지 '획득된 행동 또는 학습의 잠정적 법칙'을 구성한다.

"효과의 법칙은 다음과 같다. 동일한 상황에 대한 여러 반응 중 (다른 조건들이 같다면) 동물의 의지에 대한 만족을 동반하면, 그것에 밀접하게 따르는 반응이 이후에도 재발할 가능성이 더 커지게 되고, 반대로 불편함이 뒤따르는 반응들은 그 상황과의 연관성이 약해져서, 발생할 가능성이 줄어들게 된다. 만족이나 불편이 클수록 상황-반응의 강화나 약화가 커지는 것이다."

"훈련의 법칙은 다음과 같다. 상황에 대한 모든 반응은 상황과 연결된 횟수

러셀, 마음을 파헤치다

및 평균적인 활기와 지속 시간에 비례하여 상황과 더 강하게 연결된다."

'만족'과 '불편'의 의미에 대한 설명은 충분히 받아들일 수 있기에, 이 두 가지 법칙을 부정할 이유는 없다고 본다.

동물의 본능과 습관에 관한 연구 결과는 인간에게도 똑같이 적용된다. 그러나 우리가 진화적 규모로 더 높이 올라갈수록, 학습의 힘은 더 커진다. 성인들에게서 순수한 본능이 있는 그대로 드러나는 경우는 많지 않다. 본능을 있는 그대로 드러내지 않는다는 것이 인간 사회에서 중요하기 때문에, 어떤 이들은 인간의 삶에서 본능이 중요하지 않다고 생각했다. 그러나 이것은 실수다. 학습은 본능이 원동력을 제공해야 가능한 것이기 때문이다. 자신을 가둔 우리에서 빠져나가는 법을 배우는 동물들은 처음에는 순전히 본능적이고 무작위적인 움직임을 보인다. 이러한 무작위적인 움직임만이 반복되는 경우, 탈출을 위해 필요한 움직임을 경험하기 어렵다. (이것은 부분적으로 호브하우스Hobhouse의 질문이다.[33]) 이와 유사한 예로, 말하는 것을 배우는 아이들은 어느 날 우연히 올바른 소리가 날 때까지 모든 종류의 소리를 낸다. 전혀 학습되지 않는 임의의 소리를 만들어내는 행위는 본능적이라는 것이 분명하다. 이는 모든 본능적인 활동을 통해

---

33 "Mind in Evolution"(Macmillan, 1915), pp. 236-237.

우리가 습득한 모든 습관과 적성에 대해서도 똑같이 적용할 수 있다. 본능은 처음에는 다소 비효율적인 움직임을 유발하지만 점점 더 효과적인 방법들을 습득하도록 만드는 원동력을 제공한다. 배고픈 고양이는 생선 냄새를 맡고 식료품 저장고로 간다. 이는 그 저장고에 물고기가 있을 때는 대단히 효율적인 방법으로, 종종 성공적 결과로 이어진다. 그러나 나중에는 단지 저장고에 가는 것만으로 물고기를 얻을 수 없다는 것을 알게 되고, 일련의 무작위적인 움직임 후에 물고기를 얻기 위해서는 저장고의 주인이 아침에 나갔다가 저녁에 돌아와야 한다는 것을 알게 된다. 저장고 주인의 움직임으로 인해 물고기가 바다에서 자신의 저장고로 들어오게 될 것이라고 '선험적으로' 추측한 고양이는 없을 것이다. 그러나 고양이는 주인이 나갔다와야 물고기가 생긴다는 것을 경험적으로 알게 된다. 이는 우리 안에 갇힌 고양이가 걸쇠를 발견했을 때 계속해서 걸쇠를 들어 올리는 것과 같다. 물론 실제로 인간의 학습은 심리적으로 더 복잡하지만 언어를 통해 더 쉬워진다. 그러나 언어가 학습의 본질적인 특성이나 학습을 촉진하는 본능의 역할을 변경하지는 않는다. 언어에 관해서는 다음 강의에서 다루도록 하자.

본능은 일반적으로 수정 불가능 할뿐만 아니라 오류가 없고, 필요한 것으로 인식된다. 그러나 이런 이해가 오류를 만든다.[34] 이건 완전히 망

---

34 러셀 당시의 유행이었던 베르그송 류의 형이상학에서 생물적 본능이 높은 위상을 차지하고 있었다. (옮긴이)

러셀, 마음을 파헤치다

상이다. 본능은 일반적으로 매우 거칠고 (언제나 튀어나가도록) 준비가 되어 있으며, 보통의 상황에서는 그것의 결과를 달성할 수 있지만, 어떤 특이한 것에 의해 쉽게 현혹되기도 한다. 병아리는 본능적으로 어미를 따르지만, 특정한 시기에 그들은 어미와 비슷한 어떤 움직이는 물체, 심지어 인간도 따라간다. 베르그송[35]은 파브르Fabre[36]를 참조하여 다른 곤충의 애벌레에 알을 낳는 말벌 암모필라를 대상으로 실험한 적이 있다. 이 주제에 대해 드레버Drever는 〈인간의 본능Instinct in Man〉에서 아래와 같이 인용한다.[37]

"베르그송이 받아들인 파브르의 관찰에 따르면, 암모필라는 먹이의 신경 중추를 정확하게 찌른다. 그 결과 먹이가 되는 애벌레는 마비되지만 즉시 죽지 않는다. 그러고 난 뒤, 암모필라의 알이 부화되고 때가 되면 암모필라의 애벌레가 먹을 신선한 고기가 제공되는 것이다."

"패컴Peckham 부부는 파브르가 주장한 것처럼 말벌의 찌르는 행위가 항상 정확한 것은 아님을 보여준다. 패컴은 파브르가 말했듯이 말벌의 침이 일정하지 않고, 때로는 애벌레가 마비되지 않으며 때로는 완전히 죽는 등, 성공적

---

35 프랑스의 철학자로 유심론의 전통 아래 생명의 진화론적 존재론을 주창하였다. (옮긴이)
36 프랑스의 곤충학자로 곤충기로 유명하다. (옮긴이)
37 p. 92

인 애벌레를 만드는 본능적 행동이 생각보다 명백하지 않다는 것을 보여주었다."

이것은 말벌이 보여주는 놀라운 자식 사랑이 어떻게 파브르만큼 세심한 관찰자와 베르그송처럼 뛰어난 철학자를 오도시킬 수 있는지를 보여준다.

드레버가 쓴 책의 같은 장에는 본능이 저지른 실수에 대한 몇 가지 재미있는 예가 있는데 하나를 인용해보자.

"로메추사 딱정벌레의 애벌레는 그 둥지에 자리 잡은 개미들의 새끼를 잡아먹는다. 그럼에도 불구하고, 개미들은 로메추사 유충을 마치 그들의 새끼처럼 정성껏 돌본다. 뿐만 아니라, 그들은 자신의 유충에 맞는 먹이를 주는 방법이 손님(로메추사 딱정벌레의 애벌레)들에게 치명적일 것이라는 것을 명백히 알고, 그들의 전체 돌봄 체계를 바꾸기까지 한다."

세몬Semon은 〈기억Die Mneme〉에서 본능이 경험을 통해 점점 현명해지는 과정을 잘 보여준다. 그는 사냥꾼들이 수컷이든 암컷이든 다른 종의 소리를 흉내 내어 어떻게 수사슴을 유인하는지 이야기하는데, 나이든 수컷일수록 속이는 것이 더 어려워지고, 더 정교한 모방을 필요로 한다는 것을 알게 된다. 이외에도 본능을 설명할 수 있는 예는 얼마든지 있다. 본능에 관하여 반드시 강조되어야 하는 것은 다음과 같다.

(1) 본능은 그것이 봉사하는 개체의 생물학적 종말(죽음)을 예견할 필요가 없다.

(2) 본능은 해당 동물의 일반적인 상황에서만 목적을 달성하기 위해 적응되며, 성공을 위해 필요한 정도 이상의 정밀함이 없다.

(3) 본능에 의해 시작된 과정은 종종 경험 후에 더 잘 수행된다.

(4) 본능은 학습 과정에 필요한 실험적인 움직임에 자극을 제공한다.

(5) 초기 단계의 본능은 쉽게 수정할 수 있고, 다양한 종류의 객체에 착종될 수 있다.

위의 모든 특성은 본능이 예견을 필요로 하지 않다는 사실을 제외하고 순수하게 외부 관찰에 의해 확립될 수 있다. (1)의 요점 또한 관찰을 통해서는 증명되지는 않지만, 명백한 현상을 통해 설명할 수 있다. 갓 태어난 아기가 생명을 보존하기 위해 음식이 필요하다는 것을 알 수 있을까? 알을 낳는 곤충은 종족 보존을 염려하고 있을까? 이처럼 본능의 본질은 생물학적으로 유리한 방식으로 행동할 수 있는 메커니즘을 제공한다. 이러한 이유 때문에 동물과 인간의 행동을 유도하는 데 있어 본능의 근본적인 위치를 이해하는 것이 매우 중요한 것이다.

III

욕망과 느낌

욕망은 (내가 틀리지 않았다면) 성찰되지 않는 통상적인 의견을 거의 완전하게 뒤집어야 진정한 견해를 얻을 수 있는 주제이다. 본질적으로 욕망을 실제가 아니라 상상되는 '어떤 것'에 대한 태도로 간주하는 것은 당연하다. 이 어떤 것을 욕망의 끝 또는 목적이라고 하며 욕망에서 비롯되는 모든 행동의 목적이라고 한다. 우리는 욕망의 내용을 믿음의 내용과 똑같이 생각하는 반면, 그 내용에 대해 취하는 태도는 다르다. 이 이론에 따르면, 우리가 "비가 왔으면 좋겠다" 혹은 "비가 오기를 기대한다"라고 말할 때 첫 번째 경우에는 '욕망'을 표현하고 두 번째 경우에는 같은 내용, 즉 비의 이미지로 '믿음'을 표현한다. 이런 내용과 관련해서 믿음이 하나의 감정인 것처럼 욕망도 또 다른 종류의 감정이라고 말하기는 쉬울 것이다. 이 견해에 따르면 욕망에서 가장 먼저 오는 것은 그것과 관련된 특정한 감정, 즉 우리가 '욕망'이라고 부르는 특정한 감정을 가진, 상상된 감정이다. 만족스럽지 못한 욕망과 관련된 불편함, 그리고 욕망을 충족시키는 것을 목표로 하는 행동, 둘 다 욕망의 영향이다. 나는 이것이 상식에 반하지 않는 견해라고 생각한다. 그럼에도 나는 이것이 근본적으로 잘못되었다고 믿는다. 논리적으로 반박할 수는 없지만, 점차 단순하고 그럴듯하게 만드는 다양한 사실을 추가하면 완전히 다른 방식으로 문제를 보는 것이 더 쉬워질 것이다.

욕망에 대한 상식적인 관점에 반하여 첫 번째로 채택되는 사실들은 정신분석학으로 연구된 사실들이다. 모든 인간, 특히 히스테리와 특정한 형태의 광기로 고통 받는 사람들에게서 우리는 흔히 자기기만을 보여주는 것으로 여겨지는 '무의식적 욕망'이라고 불리는 것을 발견한다. 대부분의 정신분석가는 욕망의 분석, 즉 실제로 인간의 욕망을 구성하는 것을 발견하기보다는 관찰을 통해 인간이 무엇을 원하는지 발견하는 데 관심이 있다. 그렇기에 만약 일상적 믿음의 언어가 아닌 욕망의 행동주의 이론의 언어로 표현된다면 그들의 진단 내용이 낯설어지는 경우는 크게 줄어들 것이라 생각한다. 우리가 지금 다루는 문제와 관련된 현상에 대한 일반적인 설명은 다음과 같다. 어떤 사람은 자신의 욕망이 이러저러하고 그의 행동을 고무시키는 것은 이러저러한 욕망이라고 말한다. 그러나 외부 관찰자는 그의 행동이 그가 말한 것과는 상당히 다른 목적을 가지고 있다는 것을 알아내고, 이러한 목적이 그의 무의식적 욕망이라고 예상한다. 일반적으로 사람들은 자신이 겉으로 드러낸 욕망보다 덜 도덕적이며, 따라서 자신의 진짜 욕망을 있는 그대로 말하는 것을 불편해한다. 정신분석가가 환자에게 숨어있는 진짜 욕망을 드러내면 환자가 스스로에 대한 부정적 이미지를 가지게 될 수 있다. 이런 가정을 적용할 수 있는 많은 사례들이 의심할 여지없이 많다. 하지만 프로이트가 말했듯, 본능의 지하 영역을 더 깊이 파고 들수록, 의식적 욕망, 그와 유사한 욕망으로부터 멀어져 진짜 욕망을 알게 될 것이며, 오직 건강한 인간만이 일반적으로 삶에서 우리에게 혐오감을 주는 욕망들이 사실은 자신이 진정으로 원하는 것이라는 사실을 감추고자 하는 시도를 멈추게 될 것이다.

대부분 문제가 되는 경우는 외부 관찰자와 환자의 의식 사이에 갈등이 있다는 것이다. 내성의 방법에 따른 증언보다는 외부 관찰자를 신뢰하는 것이 정신분석의 전적인 경향이고 나는 이러한 방향이 전적으로 옳다고 믿는다. 그러나 욕망을 '구성'하는 부분에 있어서만큼은 재진술이 필요한데, 바로 우리 마음속에 욕망이 실제로 존재한다고 가정하는 것이 아니라, 이를 행동의 인과법칙으로 보여주기를 원하는 것이다.

하지만 먼저 현상의 본질적인 특성에 대한 더 명확한 진술을 해보도록 하자. 우리는 어떤 사람이 어떤 목적 A를 원하며 그것을 달성하기 위해 행동하고 있다고 말한다. 그러나 우리는 그의 행동이 상당히 다른 목적인 B를 달성할 가능성이 있고, B는 동물과 야만인들이 목표로 하는 것처럼 보이는 그런 종류의 목적이라는 것을 관찰한다. 우리는 때때로 환자에게서 그의 행동이 실제로 B를 위한 수단이지만, 마치 A를 위한 수단이라고 스스로 설득하는 것과 같은 종류의 전체적 거짓 신념을 발견하는 것이다. 예를 들어, 우리는 우리가 싫어하는 사람들에게 고통을 주고자 하는 충동을 가지고 있고 그들이 악하다고 믿으며 결국 형벌이 그들을 개선할 것이라고 믿는다. 이러한 믿음은 우리가 죄인을 회개하게 하고 싶은 욕망에 따라 행동한다고 믿으면서도 동시에 고통을 가하고 싶은 충동에 따라 행동할 수 있게 해준다. 다른 법보다 형법이 더 엄중했던 것도 이런 이유에서다. 이런 상황을 '자기기만'으로 설명하기는 간단해 보이지만, 이 설명은 종종 신화적이다. 대부분의 사람들은 형벌에 대해 생각할 때, 수학에서의 지수정리와 같은 자신의 지식을 숨기는 것보다 더 많은 앙심을 품은 충동을 자신으로부터 숨길 필요가 없다. 우리의 충동은 무심코 관찰하는 것이 아니라, 우리의 행동에 대한 과학적인 연구에 의해서만 발견되게 되는데, 그 과정에서 우리는 우리 자신을 행성의 움직임이나 새로운 원소의 화학 반응처럼 객관적으로 간주해야 한다.

동물에 대한 연구는 이러한 결론을 강화시키고, 여러 면에서 욕망 분석을 위한 최선의 예비적 연구로 기능한다. 동물 실험에서 우리는 윤리적 문제로 인해 크게 고민하지 않지만, 인간을 대할 때는 연구자의 관점이 암울하거나 냉소적이거나 비관적이라는 말을 듣는 것에 신경이 곤두서있다. 사실 지난 시절동안 우리는 인간의 지혜와 미덕과 같은 거대한 신화를 쌓아 올려왔기 때문에, 사실을 알고자하는 단순한 과학적 욕구가

러셀, 마음을 파헤치다

편안한 환상에 집착하는 사람들의 분개를 일으킨 것이다. 하지만 동물이 도덕적일 것이라는, 그들이 이성적이라는 망상에 사로잡혀 있는 사람은 없다. 게다가 우리는 그들이 그렇게 '의식'을 갖기를 기대하지 않으며, 그들의 본능이 성취하는 목적을 전혀 예견하지 않고도 유용한 행동을 촉진한다는 것을 인정할 준비가 되어 있다. 이러한 모든 이유들 때문에, 마음의 분석에는 인간의 관찰보다는 동물에 대한 연구가 더 유리한 면이 있다.

나는 우리가 동물의 행동을 관찰함으로써 원하는 것을 어느 정도 발견할 수 있다고 생각하며, 이를 위해 욕망이 행동에 나타날 수 있어야 한다는 데 전적으로 동의한다. 왜냐하면 우리가 관찰할 수 있는 것은 오직 동물의 행동이기 때문이다. 동물이 모든 종류의 일을 일으키는 마음을 가질 수도 있지만, 우리는 그들의 행동을 기반으로 한 추론을 제외하고는 그들의 마음에 대해 아무것도 알 수 없다. 그리고 그러한 추론이 더 많이 연구될수록, 그들이 의식적으로 어떤 것을 욕망한다는 것이 더 의심스러워질 것이다. 동물의 행동을 연구하다보면 동물의 욕망은 단지, 일반적으로 욕망에서 영감을 받은 것으로 간주되는 '행동들의 특징'에 불과하다는 결론에 쉽게 이를 수 있다. 그리고 이러한 관점이 동물의 욕망에 대한 만족스러운 설명을 제공한다는 것이 밝혀졌을 때, 동일한 설명이 인간의 욕망에 적용될 수 있다고 보는 것은 그다지 어렵지 않다.

우리는 익숙한 동물의 행동으로부터 쉽게 판단할 수 있다. 배고프거나 목이 마르거나, 기쁘거나 불쾌하거나, 혹은 호기심이 있거나, 겁에 질려 있거나. 검증이 가능한 한 우리의 판단의 검증은 동물의 즉각적인 성공적 행동에서 도출되어야 한다. 대부분의 사람들은 먼저 배고픔이나 목마름과 같은 동물들의 심리상태를 추론한 후, 이것이 이후의 행동에 대한 그들의 기대를 끌어낸다고 말할 것이다. 그러나 간단히 말해, 이런 추론 과정은 불필요하다. 그 동물의 행동은 소위 '배고픔'이라고 불리는 느낌에 의해 일어나는 것이며, 이미 먹이를 찾았거나 두려움과 같은 강한 충동에 의해 방해받지 않는 한 그 동물의 다음 행동은 비슷할 가능성이 있다. 배가 고픈 동물은 안절부절 못하고 먹이를 자주 찾는 곳으로 가거나, 코로 냄새를 맡거나, 눈으로 들여다보기도 하며, 감각기관의 민감도를 높인다. 그리고 감각 기관이 영향을 받을 수 있을 만큼 음식에 가까워지면 빠른 속도로 가서 음식으로 먹는다. 그 후에 음식의 양이 충분하면 그 전체적인 태도가 바뀌어 누워서 잠을 잘 수 있는 것이다. 이러한 것들이 배고픈 동물과 배고프지 않은 동물을 구별하는 관찰 가능한 현상이다. 우리가 굶주림을 나타내는 일련의 행동을 인식하는 특징적인 표식은, 우리가 관찰할 수없는 동물의 심리상태가 아니라 어떤 신체 행동인 것이다. '배고픔'이라는 개념은 육체적 행동에서 관찰 할 수 있는 특성이지, 신화적이고 확실히 알 수 없는 동물의 마음 상태가 아니다.

배고픔에 의해 일어나는 과정을 일반화해보면, 동물의 욕망이라고 부르는 것이 항상 꽤 잘 표시된 특성을 가진 '행동'의 순환임을 알 수 있다.

욕망은 단지 먼저 현재 상태에 어떤 결과를 가져올 가능성이 있는 움직임의 '자격'으로 구성된다. 이러한 움직임은 중단되지 않는 한 결과가 달성될 때까지 계속되며, 그 이후에는 일반적으로 정지 기간이 있다. 이런 종류의 행동 순환은 그것이 무생물의 움직임과 광범위하게 구별되는 흔적을 가지고 있다. 가장 주목할 만한 것은 (1) 특정 결과의 실현을 위한 조치의 적절성, (2) 그 결과가 달성될 때까지 조치의 지속성이다. 이것들 중 어느 것도 자기 영역을 넘어서는 추론을 허용할 수는 없다. (a) 욕망이 무생물에도 어느 정도 존재할 수 있고, (b) 식물에도 존재할 수 있는 것 아닌가 하는 의견이 있을 수 있다. (a)에 대해서는 거칠게 말하자면, 강은 (목적인) 바다나 오르막길을 만나지 않고는 그 흐름을 멈추지 않는다. 그래서 우리는 강이 바다를 '욕망한다'고 표현할 수 있지만 우리는 물리 법칙에 의해 물의 행동을 설명할 수 있기 때문에 그렇게 말하지 않는다. 그리고 만약 우리가 동물에 대해 더 많이 안다면, 똑같이 욕망을 그들의 행동에 대한 충분한 물리적, 화학적 반응을 발견할 수 있기 때문이다. (b)에 대해서 말하자면 일단 식물은 훨씬 더 희박한 형태의 행동만 보일 수 있어서 우리가 동물에게 주제를 돌릴 수밖에 없는 수준이라는 점과, 그나마 동물의 많은 움직임은 욕망을 상징하는 것 같은 주기의 특성을 나타내지 않는다는 점이다. 미끄러지거나 넘어지는 등의 '기계적'인 움직임은 보통의 물리적인 힘이 동물과 무생물에게 유사하게 작용하여 일어난다. 절벽 위로 떨어지는 동물은 공중에 떠 있는 동안 여러 차례 필사적인 몸부림을 칠 수도 있지만, 그 무게중심은 동물이 죽었을 때처럼 정확히 움직일 것이다. 이 경우 만약 그 동물이 추락사한다면, 우리는 언뜻 보기에 욕망을 형상화한 행동, 즉 땅에 닿을 때까지 안절부절 하는 움직임, 그리고 나서 숨이 끊어진 뒤 정지하는 행동을 보게 된다.

다른 이유들도 있겠지만 아직 말하고 싶지는 않다. 위에서 말한 기계적인 움직임 외에도 가장 좋은 완두콩을 먹기 위해 가는 새가 그것을 막고 있는 소년에게 겁을 먹었을 때와 같이 중단되는 움직임들이 있다. 이런 중단이 빈번한 경우 주기가 관찰되는 특성이 너무 흐려져 거의 인식할 수 없게 될 수 있다. 이러한 다양한 고려의 결과는 동물과 무생물 사이의 차이가 정도의 문제이고 매우 정밀하지는 않다는 것이다. 그리고 이런 이유로 공상적인 사람들이 땔감과 돌조차도 모호한 종류의 영혼을 가지고 있다고 주장하는 것이 가능했다. 동물에 영혼이 있다는 증거가 결정적이라고 가정하면 한 걸음 더 나아가 모든 문제에 대한 유추를 통해 논쟁을 확장할 수 있을 것이다. 애매하고 의심스러운 경우에도 불구하고, 동물들의 행동에서 '주기'의 존재는 일반적인 물질과 구별되는 원시적인 특징이며, 우리가 동물에게 욕망을 부여하게 하는 것이 바로 이러한 특징이라고 생각한다. 이 특징이 그들의 행동을 우리가 욕망으로부터 행동할 때와 비슷하게 만들기 때문이다.

동물의 행동에 관한 나의 정의는 다음과 같다.

◆ 행동 주기Behavior-cycle는 동물의 자발적 또는 반사적 움직임의 연속으로서 어떤 결과를 유발하려는 경향이 있으며, 사망, 사고 또는 새로운 행동 주기로 인해 중단되지 않는 한 결과가 발생할 때까지 계속된다. (여기서 '사고'는 기계적 움직임을 유발하는 순전히 물리적 법칙의 개입으로 정의될 수 있다.)

◆ 행동 주기의 '목적'은, (영구적) 중단이 없는 한 일반적으로 (만족에 의한) 일시적 정지 상태로 그것을 끝내는 것이다.

◆ 동물의 행동 주기가 진행되는 동안 행동 주기의 목적을 '욕망'한다고 정의한다.

나는 이러한 정의가 인간의 목적과 욕망에도 적합하다고 믿지만, 현재로선 동물과 외부 관찰 가능한 것에만 집중하려한다. 따라서 나는 위의 정의에 포함된 것 외에 '목적'과 '욕망'이라는 단어에 어떤 생각도 첨부되어서는 안 된다고 생각한다.

우리는 행동 주기에 대한 초기 자극의 본질이 무엇인지 아직 고려하지 않았다. 그러나 일반적인 욕망의 관점에 관한 가장 강력한 근거가 있다. 배고픈 동물은 먹이를 얻을 때까지 계속 움직인다. 그러므로 음식에 대한 생각이 과정 전체에 존재하고, 성취될 결과에 대한 생각이 모든 과정을 움직이게 한다고 가정하는 것은 자연스러운 것처럼 보인다. 그러나 그러한 견해는 특히 본능과 관련된 많은 경우에 명백하게 옹호될 수 없다. 생식과 양육을 예로 들어보자. 새들은 짝짓기를 하고, 둥지를 만들고, 그 안에 알을 낳고, 알 위에 앉아 새끼들에게 먹이를 주고, 그들이 완전히 자랄 때까지 그들을 돌본다. 그러나 하나의 행동 주기를 구성하는 일련의 행동들이 처음 수행될 때 어떤 식으로든 그들이 어떤 예견을 통해 행동의 영감을 받는다고 가정하는 것은 불가능하다.[38] 각 행동의 수행에 대한 자극은 미래의 예견된 부름이 아니라 태어나면서부터 가지게 된 본능의 자극이라고 가정해야 한다. 새는 각각의 단계에서 해야 하는 일을 할 뿐이며, 이는 특정한 행동에 대한 충동을 가지고 있기 때문이다. 새는 자신의 행동의 전체 순환이 종의 보존에 기여할 것이라고 생각하지 않는다. 다른 본능에도 같은 고려 사항이 적용된다. 배고픈 동물은 안절부절 못하고, 본능적인 충동에 이끌려 영양분을 공급하지만, 먹이를 찾는 행동은 동물의 '마음'에 음식에 대한 생각이 있기 때문에 일어나는 것이라는 충분한 증거가 될 수는 없다.

인간의 행동에 관하여 살펴보자. 동물들처럼 행동주기를 인간의 동작에 설정하는 것은 불가능하다는 것이 분명해 보인다. 배고픔의 경우를 예로 들어보자. 우리는 먼저 내면에 불편한 감정을 가지고, 가만히 앉아 있지 못하고, 음식 냄새에 민감해지며, 우리 이웃에 있을지도 모르는 어떤 음식에 대해 끌리게 된다. 이 과정에서 우리는 "배고파"라고 스스로에게 말하는 의미에서 배고프다는 것을 알게 될 수도 있지만, 한편으로

---

38 새가 둥지를 만드는 사례는 세몬, "Die Mneme", pp. 209, 210를 참고하라.

는 이 순간 이전부터 한동안 음식에 대해 언급하며 행동해 왔는지도 모른다. 또 이야기를 하거나 책을 읽는 동안, 우리는 완전히 무의식 속에서 식사를 할 수도 있다. 그러나 그런 상태에서조차 우리는 '의식하고 있을 때 먹어야 할 것처럼' 먹는 행동을 한다. 그리고 그것들은 우리의 배고픔이 가라앉을 때 멈춘다. 우리가 '의식'이라고 부르는 것은 이 과정의 관찰자와 같다. 의식이 행동을 명령한다고 해도, 그 명령은 강제성을 가진 것이 아니라, 자발적으로 행동하도록 하는 방식일 것이다. 이러한 견해는 처음에는 과장된 것처럼 보일지 모르지만 소위 우리의 의지와 그 원인을 더 많이 조사할수록 타당성을 가진다. 지금으로선 말로 나타내기에 복잡하고 혼란스러울 수 있으니 나중에 다시 다루도록 하자. 현재로선 인간에게 존재하는 원시적인 욕망이 동물 조상에 대한 가까움을 보여주는 형태로서 생각하고 있다고만 해두자.

'의식적인' 욕망은 부분적으로는 전체 욕망에 필수적이며, (또 다른) 부분적으로는 우리가 원하는 것에 대한 '믿음'으로 구성된다. 믿음으로 구성되어 있지 않은 부분에 대해서는 명확히 하는 것이 중요하다.

욕망에서 원시적인 비인지적 요소는 이상적인 것에 대한 끌림이라기보다는 실제로부터 멀어지는 추진력처럼 보인다. 특정한 감각과 정신적인 사건은 우리가 불편하다고 부르는 특성을 가지고 있다. 이것들은 중단이 가능한 신체적인 움직임을 야기한다. 불편함이 멈추거나 눈에 띄게 줄어들 때도 우리는 쾌락이라고 부르는 특성을 가진 감각을 여전히 가지고 있다. 쾌락적 감각은 어떤 행동도 자극하지 않거나, 기껏해야 오래 끌 가능성이 있는 행동을 자극한다. 나는 추후 불편함과 즐거움 그 자체가 무엇인지에 대한 논의를 할 예정이지만, 현재 우리가 관심을 갖는 것은 행동과 욕망과의 연관성이니 당분간은 여기에 집중해보자. 우리는 배고픈 동물들이 불편함을 수반하는 감각을 경험하고, 음식 앞으로 가도록 자극을 받는다고 추측할 수 있다. 그들이 음식에 도달하여 그것을 먹었을 때, 그들의 불편함은 멈추고 감각은 즐거워질 것이다. 마치 동물들이 이런 상황을 처음부터 염두에 두고 있었던 것 같은 착각을 일으킬 수 있지만, 사실 그들은 계속해서 불편함에 떠밀려온 것이다. 그리고 어떤 동물은 때때로 어떤 상황이 만족을 가져다줄지, 혹은 불편함이 그것을 완화시킬지 알게 되어 마치 사람처럼 전체적으로 마지막 상황을 염두에 두고 있었다고 생각하게 되기도 한다. 그럼에도 불구하고 (배고픔이라는) 불편함이 수반되는 감각은 여전히 원동력으로 남아 있다. 이것은 우리에게 불편함과 쾌락의 본질에 대한 질문을 불러일으킨다. 칸트 이래로 지식, 욕망, 느낌으로 대표되는 정신 현상의 세 가지 큰 범주를 인식하는 것은 관례였는데, 여기서 '느낌'은 즐거움과 불편함을 의미한다. '지식'은 너무 분명한 단어다. 이와 관련된 정신 상태는 '인지적'이라는 성격으로 분류되어 있고, 믿음뿐만 아니라 지각, 의심, 개념의 이해를 포용하는 것이다. '욕망'은 의도된 것보다 범위가 더 좁다. 예를 들어 의지는 이 범주에 포함되고, 실제로 기술적으로 '의욕'이라고 불리는 어떤 종류의 노력이나 '의욕'을 수반하는 모든 것을 포함한다. 나 자신은 이 세 갈래의 정신 내용에 어떤 가치도 없다고 생각한다. 나는 감각(이미지 포함)이 마음의 모든 '대상'을 공급하고, 그 밖의 모든 것은 다양한 방식으로 관련된 감각의 그룹, 그리고 그 특성으로 분석될 수 있다고 믿는다. 믿음에 관해서는 나중에 강의할 때 견해를 밝힐 것이고, 욕망에 관해서는 이 강의에서 이미 약간의 근거를 제시했다. 지금 우리가 고려해야할 대상은 '느낌' 즉, 즐거움과 불편함이다. 그리고 이것들에 관해서 대략 세 가지 이론이 있다. 우리는 느낌을 경험하는 사람들에게서 유추할 수 있는 기존의 견해로 간주하거나, 감각 및 기타 심적 사건의 내재적 특성으로 간주하거나, 불편하거나 유쾌한 사건의 인과적 특성에 대한 단순한 이름으로 간주할 수도 있다. 이 이론들 중 첫 번째, 즉 불편함과 즐거움을 경험하는 사람들의 사례를 통해 간주하는 이론을 지지하는 것은 어려워 보인다.[39] 이 이론은 주로 '고통'이라는 단어의 모호함을 기반으로 하는데, 이는 주관적 관념론을 주장했던 버클리 등의 많은 사람을 현혹시켰다. 우리는 '즐거움'의 반대말로 '통증'을 사용할 수 있지만, '통증'은 어떤 종류의 감각으로 이해할 수도 있다. 심리학 문헌에서는 이 단어를 후자의 의미로 사용

---

39 A. 볼게무트A. Wohlgemuth는 "On the feelings andtheir neural correlate, with an examination of the nature of pain"(British Journal of Psychology, viii, 4. 1917)에서 이에 찬성하는 다양한 주장을 했다. 그러나 이러한 주장은 대체로 내가 옹호하고 있는 이론이 포함되지 않은 다른 이론에 대한 축소 및 부조리한 반박을 담고 있기에 논쟁을 확립할 정도라고 생각하지 않는다.

하는 것이 일반적이며, 이제는 더 이상 '쾌락'의 반대어로 사용되지 않는다. H.헤드H. Head 박사는 최근 출판물에서 다음과 같이 이 차이를 언급하였다.[40]

"'불편함'과 '통증'을 명확히 구분하는 것이 필요하다. 통증은 뜨거움과 차가움에 해당하는 뚜렷한 감각적 특성으로 자극에 소모되는 힘에 따라 강도의 등급을 매길 수 있다. 반면에 불편함은 쾌락과 직접적으로 반대되는 느낌이다. 그것은 발바닥을 간지럽힘으로써 생기는 것과 같이, 본질적으로는 고통스럽지 않은 감각들을 동반할 수 있다. 반복적인 따끔거림에 의해 생성된 반응은 이 두 가지 요소를 모두 포함하고 있다. 그것은 고통으로 알려진 감각을 유발하고, 우리는 이것을 불쾌감이라고 부른다. 반면 일부 신경줄기에 직접 가해지는 경우를 제외하고 과도한 압박은 통증보다 불편함을 더 자극하는 경향이 있다."

불편함과 고통 사이의 혼란은 사람들이 불편함을 고통보다 더 실질적인 것으로 여기게 만들었고, 즐거움의 관점에 대응하는 것으로 생각하게끔 했다. 왜냐하면 불편함과 즐거움은 분명히 하나의 그룹에 있기 때문

---

40 "Sensation and the Cerebral Cortex", "Brain", vol. xli, part ii (September, 1918), p. 90.Cf. also Wohlgemuth, loc. cit. pp. 437, 450.

이다.[41] 불편함이 고통의 감각과 확연히 구분되는 순간, 불편함과 즐거움을 별개의 정신적 사건으로 여기기보다는 심적 발생의 양면적 속성으로 보는 것이 더 자연스럽다. 그러므로 나는 그것들이 별개의 심적 발생이라는 견해를 일축하고, 각각 불편하거나 즐거운 경험의 속성으로 간주할 것이다.

다음으로 그것들이 그러한 발생의 실제적인 특질인지 아니면 단지 인과적 특성에 관한 차이인지 검토해야 한다. 이 문제를 결정할 방법은 알기 어렵지만, 어느 쪽이든 똑같이 사실을 설명할 수 있는 것처럼 보인다. 만약 이것이 사실이라면, 그것들이 심적 발생에서 본질적인 특성이 있다는 가정을 피하고, 부정할 수 없는 인과적 차이만을 가정하는 것이 더 안전하다. 본질적인 이론을 비난하지 않고, 우리는 불편함과 즐거움이 인과적 특성에 포함되는 것으로 정의할 수 있으며, 두 이론 중 어느 하나에 어떤 것이 적용될 것인지만 말하면 된다. 이 논리에 따라서 우리는 다음과 같이 말할 수 있을 것이다.

'불편함'은 감각이나 다른 심적인 사건의 특성으로서, 문제의 사건이 발생 중지를 수반하는, 어느 정도 확실한 변화를 일으키는 경향이 있는 자발적 또는

---

41 우리가 간지러운 부분을 긁을 때를 상기해보면 이해가 쉬워진다. 간지러운 부분을 긁는 것은 자극으로 불편함을 야기하는 일이지만 쾌락 또한 동반된다. (옮긴이)

반사적 움직임을 자극한다는 사실로 구성된다.

'즐거움'은 감각이나 다른 심적인 발생의 특성으로, 문제의 발생이 자발적이거나 반사적인 움직임을 자극하지 않거나, 만약 자극이 된다면 문제의 발생을 연장시키는 경향이 있다는 사실로 구성된다.[42]

우리가 지금부터 고려할 '의식적' 욕망은 지금까지 논의해 온 의미에서의 욕망, 그 '목적'에 대한 참된 믿음, 즉 불편함의 중단과 함께 행동의 정지를 가져올 상태에 대한 믿음으로 이루어진다. 욕망에 대한 우리의 이론이 정확하다면, 그것의 목적에 대한 믿음은 매우 잘못될 수 있는데, 왜냐하면 경험만이 무엇이 불편함을 멈추게 하는지 보여줄 수 있기 때문이다. 배고픔의 경우와 같이 필요한 경험이 흔하고 단순할 때, 실수는 별로 일어나지 않는다. 그러나 다른 경우, 예를 들어 만족한 경험이 거의, 혹은 전혀 없는 사람들의 성적 욕망 같은 경우에는 실수의 발생이 예상되고, 실제로 매우 자주 발생한다. 문명화된 삶에 필요한 충동을 억제하는 실천은 욕망이 이끄는 행동의 경험을 막고, 억제된 충동 자체가 눈에 띄지 않게 하거나 빠르게 잊혀지게 함으로써 실수를 더 쉽게 만든다. 그러므로 완벽할 정도로 자연스러운 실수는 부분적으로는 자기기만이라고

42　Thorndike, op. cit., p. 243를 참조하라.

불리는 것의 많은 부분을 구성하고, 이것이 프로이트가 '검열자'라고 부른 것이 된다.

그러나 더 강조할 필요가 있는 점은, 어떤 것을 바라는 믿음이 종종 믿는 것 자체만으로 욕망을 야기하는 경향이 있다는 것이다. 이 사실이야말로 욕망에 대한 '의식'의 효과를 매우 복잡하게 만든다.

우리가 어떤 상황을 원한다고 믿을 때, 그 믿음이 종종 그것에 대한 진정한 욕망을 불러일으키는 경향이 있다. 이것은 말이 부분적으로 우리의 감정에 미치는 수사학적인 영향이며, 다른 부분으로는 불편함이라는 느낌이 보통 우리가 소유하지 않은 것을 원한다는 믿음의 일부라는 일반적인 사실에 기인한다.[43] 그러나 내가 보기에, 이 과정으로 인해 욕망의 대상이 어떤 당위를 획득하는 것 같다. 이는 2차적인 종속적 욕망을 발생시키지만, 그럼에도 불구하고 이는 현실이 된다. 당신이 당신의 허영심을 고치려고 (당신 자신을) 스스로 내치는 행위를 했다고 상상해보자. (아마도 여기서) 당신의 자연스러운 충동적 욕망은 존 던John Donne[44]의 시에서 표현되는 것과 같을 것이다.

---

43 지금 현재 나에게 없는 것을 소유하고 싶은 욕구로 인한 불편한 감정을 상상해보라. (옮긴이)

44 16~17세기 영국의 시인 겸 성직자. 후술될 예시의 시는 〈The Apparition〉이라는 시로, 멸시하는 여인에게 버림을 받고 죽은 남자가 유령이 되어 여인이 다른 남자의 품에 안겨서 누워있는 잠자리에 나타나서 그녀를 저주한다는 내용이다. 그러나 실제로 그렇다는 것이 아니라 여인이 자기를 버린다면 유령이 되어 저주하겠다는 일종의 협박이다.

나의 경멸로 말미암아, 오 살인자여, 나는 죽었습니다,

When by thy scorn, O Murderess, I am dead,

시에서 남자는 유령으로 나타나서 불쌍한 여인을 괴롭히고, 그 여인이 평화를 누리지 못하게 하는 방법을 설명하고 있다. 하지만 우리는 두 가지 사실로 인해 시에서처럼 우리를 자연스럽게 표현하기 어렵다. 하나는 우리가 어떤 부적 감정을 경험했음을 인정하지 않는 허영심이며, 다른 하나는 자신이 문명화되고 인도적인 사람이라는 확신이다. 우리는 문명화되고 인도적인, 부적 감정을 경험하지 않은 사람이 복수처럼 조잡한 욕망을 품을 수는 없는 일이라고 생각한다. 그리고 처음에는 목적도 없어 보였지만 직업도 바꾸고 세상을 돌아다니며 자신의 정체성을 숨기고 퍼트니에 살고자 했던 아널드 베넷Arnold Bennett 작품 속의 영웅처럼 자신도 자신이 의식적 욕망을 마주하여 스스로 해결할 수 있다고 생각할 것이다. 비록 이러한 욕망에 대한 원인 파악은 무의식적인 욕망에 대한 잘못된 판단이지만, 새로운 의식적인 욕망은 그 자체의 파생적 진정성을 가지고 있으며, 우리를 외부세계로 보낼 정도로 행동에 영향을 미칠 수 있다. 그러나 욕망에 관한 편견이 불러온 실수는 두 가지 종류의 효과를 가져 올 것이다. 첫째, 졸음이나 음주나 환각의 영향을 받아 통제되지 않는 순간에, 감추고 싶었던 원래의 욕망을 말해버릴 수도 있으며, 둘째로 언젠가 민중들을 억압하는 악한들이 사라지지 않는다는 것, 여행은 실망스

럽고 동양은 당신이 기대했던 것보다 덜 매력적이라는 것을 알게 될 것이다. 이렇게 되면 당신은 진심으로 연민을 느낀다고 믿겠지만, 갑자기 열대 섬의 아름다움이나 중국 예술의 경이로움에 훨씬 더 기뻐하게 될 것이다.[45] 물론 1차적 욕망에 대한 잘못된 판단에서 파생된 2차적 욕망은 행동에 영향을 미치는 그 자체의 힘을 가지고 있기 때문에, 그것이 진정한 욕망이라 할 수 있을지도 모른다. 그러나 (위에서 언급했듯이) 그것은 실현될 때 완전한 만족을 가져다주는 1차적 욕망과 같은 힘을 가지고 있지 않다. 1차적 욕망이 충족되지 않는 한 2차적 욕망이 성공한다 해도 불안은 계속될 것이며, 인간의 소망이 허무하다는 믿음이 생겨난다. 헛된 소망은 부차적인 것이지만 잘못된 믿음은 그것이 부차적인 소원이라는 것을 깨닫지 못하게 하는 것이다.

어느 정도 타당성이 있다면, 자기기만이라고 불릴 수 있는 상황은 믿음에 대한 욕망의 작용을 통해 생겨난다. 우리는 성취할 수 없는 많은 것들을 원한다. 우리는 보편적으로 인기를 얻고, 존경을 받아야하며, 우리의 일이 시대의 경이로움이 되어야하고, 우리의 적들이 고통으로 회개하고 정화되기 전까지는 우주가 질서정연해야 한다고 생각한다. 그런 욕망은 너무 커서 우리 자신의 노력으로 이룰 수 없다. 그러나 만약 그것들이

---

45 러셀의 비유가 도리어 이해를 주는데 있어 혼란스러움을 가중하는 하는 것처럼 보이지만, 대략의 의도는 1차적 원인과 2차적 원인의 구분 없이, 2차적 원인을 1차적 원인으로 착각하는 사례들을 예시한 것이다. (옮긴이)

실현된다면 우리에게 가져다 줄 '만족'의 상당 부분은 그것들이 실현되거나 실현될 것이라고 '믿는' 훨씬 쉬운 '조작'에 의해 달성되는 것으로 밝혀졌다. 실제 사실에 대한 욕망과는 달리, 믿음에 대한 욕망은 이차적 욕망의 특별한 경우이며, 모든 이차적 욕망과 마찬가지로 그 만족이 초기에 느낀 불편함의 중단으로 이어지지 않는다. 그럼에도 불구하고, 사실에 대한 욕망과 반대로 믿음에 대한 욕망은 개인적이고 사회적으로 매우 강력하다. 원하는 믿음의 형태에 따라 그것은 허영심, 낙관주의 또는 종교라고 불린다. 충분한 권력을 가진 사람들은 대개 자신의 탁월함이나 우주의 완전성에 대한 믿음을 흔들고자 하는 사람들을 투옥하거나 사형에 처한다. 이러한 이유로 선동적인 명예훼손과 신성모독은 항상 그리고 여전히 범죄행위다.

욕망의 원초적 본성이 그토록 감추어진 것은 이러한 믿음에 대한 욕망을 통해서이며, 그 과정에서 의식에 의해 행해지는 부분이 너무나 혼란스럽고 크게 과장되어있다.

욕망과 느낌에 대한 분석을 요약해보자. 어떤 종류의 감정, 이미지, 신념 등의 심적 발생은 일련의 행동의 원인일 수 있고, 중단되지 않는 한 어느 정도 명확한 상황이 실현될 때까지 계속된다. 그러한 일련의 행동들을 우리는 '행동 주기'라고 부른다. 주기의 정도는 크게 다를 수 있다. 예를 들어 배고픔은 일반적으로 음식만을 필요로 하는 반면, 특정한 음식을 보는 것은 그 음식 조각을 먹어야만 한다는 욕구를 불러일으킨다.

이러한 행동 주기를 유발하는 속성을 '불편'이라고 하며, 행동 주기가 끝나는 정신적 발생의 속성을 '즐거움'이라고 한다. 또한 행동 주기를 구성하는 작용은 기계적인 것만으로는 불가능하다. 즉, 신경 조직의 특수성이 관여하는 생체적 운동이어야 한다는 것이다. 주기는 정지 상태로 만들거나 현상 유지만을 위한 행동으로 끝난다. 이러한 중지 상태가 이루어지는 것을 주기의 '목적'이라고 하며, 불편과 관련된 초기 정신적 발생의 정지를 가져오는 상태를 '욕망'이라고 한다. 욕망은 이와 같은 정지상태를 가져올 상황에 대한 참된 믿음과 동반될 때 '의식'이라 불리고, 그렇지 않으면 '무의식'이라고 불린다. 모든 원시적인 욕망은 무의식적인 것이고, 욕망의 목적에 대한 믿음은 종종 착각을 유발한다. 이와 같은 그릇된 믿음은 동물의 욕망과 공유하는 특성을 근본적으로 바꾸지 않으면서, 인간의 욕망에 관한 심리학의 다양한 오독만을 생성할 뿐이다.

IV

현존하는 유기체에
과거가 미치는 영향

이 강의에서 우리는 살아있는 유기체의 행동과 무생물의 행동을 광범위하게 구별하는 일반적인 특징을 살펴볼 것이다. 특징은 다음과 같다.

주어진 자극에 대한 유기체의 반응은 종종 그 유기체의 과거 역사에 의존하며, 단지 자극과 발견되어 인정될만한 현재 상태에만 의존하지 않는다.

이런 특징은 '화상을 입어본 아이가 불을 무서워한다'는 말로 설명할 수 있다. 화상은 가시적인 흔적을 남기지 않았을 수도 있지만, 화재 발생 시 나타나는 아이의 반응에는 영향을 미칠 수 있다. 이런 경우 과거는 직접적이라기보다는 뇌의 구조를 수정하는 방식으로 작동한다고 보는 것이 관례다. 나는 이 가설이 거짓이라고 말하고 싶지 않다. 단지 그것이

가설이라는 것을 지적하고 싶을 뿐이다. 본 강의 후반부에서 이것이 가설이라는 것을 설명하도록 하겠다. 실제로 관찰된 사실에 국한하여, 과거 발생한 특정한 사건에 대한 유기체의 현재 자극과 같은 논의를 '반응의 인과관계'라고 하도록 하겠다.

이 특성은 전적으로 살아있는 유기체에 국한된 것만은 아니다. 예를 들어 자력이 생긴 강철magnetized steel은 다른 강철과 똑같아 보이지만, 둘은 다르다. 그러나 유기체에 비해 무생물에게 이런 현상은 덜 빈번하게 일어나고 덜 중요하며, 무생물에게 일어난 과거 사건의 영향을 설명하는 것은 훨씬 쉽다. 살아있는 유기체의 경우, 실질적으로 그들의 육체적 행동과 정신적인 반응 모두에 나타나는 특징은 과거에 있었던 사건의 '지속적인' 영향과 관련이 있다. 더군다나 일반적으로 보면, 반응의 변화는 대개 생물학적으로 유기체에 유리한 종류다.

세몬의 제안[46]에 따라, 우리는 유기체의 역사에서 과거 발생한 사건을 현재 반응의 원인의 일부로 포함시킴으로써 인과 법칙으로 판명된 유기체의 반응들에게 "기억 현상"이라는 이름을 붙일 것이다. 이는 과거의 사건이 현재의 사건으로 이어지는 원인 중 일부라는 것을 '항상' 긍정하는 것은 아니다. 다만 현재 사건의 근접 원인을 진술하기 위해선 우리가

---

46 "Die Mneme", Leipzig,1904; 2nd edition, 1908, English translation, Allen & Unwin, 1921; ⟨Die mnemischen Empfindungen⟩, Leipzig, 1909.

뇌 구조의 망상적 수정에 노출되지 않는 한, 반드시 일부 과거 사건이 포함되어야 한다는 것이다.[47] 예를 들어 석탄 연기 냄새를 맡으면, 전에 석탄 연기 냄새를 맡았던 때를 기억할 수 있다. 지금까지 관찰 가능한 현상에 비추어 보면, 기억의 원인은 석탄 연기(현재의 자극)와 이전의 경험으로 구성되어 있다. 비록 이전의 경험이 뇌의 구조에 관찰 가능한 흔적을 남기지 않았지만, 같은 종류의 경험이 없는 사람이라면 같은 자극일지라도 당신과 같은 기억을 만들어내지는 않을 것이다. '동일한 원인, 동일한 효과'라는 말에 따르면, 방금 제시한 예시에는 (동일한 원인임에도) 동일한 효과가 없기 때문에, 우리는 (현재 자극인) 석탄 연기만을 기억의 원인으로 간주할 수 없다. 당신의 기억의 원인은 석탄 연기와 과거사건 둘 다에 있는 것이다. 따라서 이런 기억은 우리가 '기억 현상'이라고 부르기로 한 것의 한 예다.

더 나아가기 전에, 다양한 종류의 기억 현상들에 대한 예화를 들어보겠다.

(a) 습득된 습관 - 강의 II에서 우리는 동물들이 우리나 미로 밖으로 나가는 방법을 '경험'함으로써 학습하는 것과 같이 본능만으로는 설명할 수 없는 다른 행동을 하는 방법을 보았다. 우리에 갇힌 경험이 있는 고양

---

47 예를 들어 기억조작. (옮긴이)

이는 처음의 행동 방식과는 다르게 행동한다. 이에 따라 우리는 '과거'의 경험에 의해 조정된 뇌의 연결이 (과거와는) 다른 '현재'의 반응을 일으키는 원인일 가능성이 높다는 가설을 쉽게 생각할 수 있을 것이다. 그러나 관찰할 수 있는 사실은 '현재'의 자극이 반복과 함께 다른 결과를 만들어 낸다는 것뿐이다. 현재 관점에서 이 문제는 고양이의 행동이 '지식'이라고 불리는 어떤 정신적인 사실 때문인지 아니면 단지 육체적인 습관을 보여주는 것인지에 대한 질문과는 무관하며, 우리의 습관적인 지식이 항상 마음속에 있는 것은 아니지만, 적절한 자극에 의해 상기된다는 것을 말하고자 하는 것이다. 예를 들면, "프랑스의 수도가 어디냐"는 질문을 받으면 우리는 과거의 경험 때문에 "파리"라고 대답한다. 이처럼 과거의 경험은 우리가 내놓는 응답을 구성하는 요소 중 현재의 질문만큼이나 필수적이다. 따라서 우리의 모든 습관적인 지식은 습득된 습관으로 구성되며, '기억 현상'에 종속되어 있다.

(b) 이미지 – 차후 강의에서 이미지에 관한 이야기를 많이 하게 될 것이다. 그러니 지금은 먼저 이미지란 과거에 느꼈던 감각의 '복사본'이라는 것에 관심을 가지도록 하자. 뉴욕에 대한 이야기를 들으면 아마도 당신의 마음에는 (당신이 거기에 있었다면) 장소 자체 또는 그것의 그림 같은 어떤 이미지가 떠오를 것이다. 그 이미지는 여러분의 과거 경험 때문이기도 하고, '뉴욕'이라는 단어의 현재 자극 때문이기도 하다. 마찬가지로 여러분

러셀, 마음을 파헤치다

이 꿈에서 가지고 있는 이미지들은 모두 여러분의 과거 경험과 꿈이라는 현재의 자극에 의존한다. 일반적으로 단순한 부분에서 모든 이미지는 감각의 복사라고 여겨지는데 만약 그렇다면, 이미지는 상징적인 성격임이 분명하다. 이것은 매우 중요한데, 이미지는 그 자체뿐만 아니라 소위 '생각'이라고 불리는 것에 필수적인 역할을 하기 때문이다.

(c) 연합 – 심리적 측면에서, 연합은 일반적으로 우리가 이전에 경험했던 어떤 것을 경험할 때 그 이전의 경험의 맥락을 불러오는 경향을 말한다. 앞에서 언급했던 석탄 연기 냄새를 생각해보자. 이것은 명백한 '기억 현상'이다. 또한 육체적 습관과 구별할 수 없는 더 순수한 연합도 있는데 이것은 손다이크가 동물 연구에서 보여준 것으로, 어떤 자극이 어떤 행동과 직접적으로 매개 없이 연관되어 있다. 예를 들어, 이것은 군사훈련에서 초보병사들에게 가르쳐지는 종류의 것이다. 이런 경우에는 정신적인 것이 아니라 단지 육체적 습관이 있어야 한다. 이렇게 본다면 연합과 습관 사이에는 본질적인 구분이 없으며, 우리가 습관에 대해 '기억 현상'으로서 주목한 관찰은 연합에 동등하게 적용된다.[48]

---

48 연합은 심리학 용어로, 기억에 있어 하나의 사항 일부분으로부터 전체 또는 다른 사항이 연상적으로 상기되는 현상. 인간의 뇌에서는 단일 기억사항에서 그것을 구성하는 요인 몇 가지 사항을 기억하는 경우에는 기억사항들을 서로 연관시켜 연합적으로 기억한다고 한다. (옮긴이)

(d) 지각에 있어 비감각적 요소 - 우리가 익숙한 종류의 어떤 대상을 지각할 때, 주관적으로 즉시 보이는 많은 것들은 실제로 과거의 경험에서 비롯된다. 예를 들어 우리가 페니(영국의 주화)를 본다고 한다면, 우리는 그것의 '실제' 모양을 알고 있는 것처럼 보인다. 우리는 타원형이 아닌 원형으로 된 무언가의 인상을 가지고 있는 것이다. 그림을 배우는데 있어서는 사물을 '지각'에 따라 표현하는 기술이 아니라 '감각'에 따라 표현하는 기술을 습득하는 것이 필요하다.[49] 그리고 시각적 외관은 물체를 만지고 싶은 느낌 등으로 채워진다. 이 '실제' 모양을 채우고 공급하는 것은 우리의 지각에서부터 감각 중심부까지의 가장 일반적인 상관관계로 구성된다. 예를 들면, 우리가 보고 있는 것이 타일처럼 보이도록 만들어진 카펫이라면, 타일과 카펫이라는 특이한 상관관계가 존재하게 된다. 만약 그렇다면 우리의 인식에서 비감각적인 부분은 단지 환상일 것이다. 즉, 비감각적인 부분이 대상이 '실제로 가지지 못한' 특성을 제공한다는 것이다. 그러나 일반적으로 개체는 인식에 의해 추가된, 실제일 것으로 예상되는 특성을 가지고 있는데 이는 일반적인 경험이 추가의 원인이기 때문이다. 만약 우리의 과거 경험이 다르다면, (획득된 것이 아니라 본능적인 것을 제외한다면) 같은 방식으로 감각을 채워서는 안 될 것이다. 하지만 인간은 시

---

49 예를 들어 정물화를 생각해보라. 우리는 그리고 있는 대상의 보이지 않는 면을 알 수는 있지만 그리진 않는다. (옮긴이)

러셀, 마음을 파헤치다

각과 촉각의 상관관계를 포함하여 공간지각을 구성하는 모든 것을 거의 완전히 습득했다고 볼 수 있다. 이 경우 우리가 개체를 다루는 방법에는 공통 인식의 큰 부분을 차지하는 기억 요소가 있을 것이다. 만약 갑자기 우리가 고양이가 우는 소리나 개 짖는 소리를 듣는다면, 우리가 얼마나 놀랄지 상상해 보라. 그 때 드는 감정은 과거의 경험에 따라 달라지며, 이것은 (내가 언급한) 정의에 따른 '기억 현상'에 의한 것이다.

(e) 지식으로서의 기억 - 현재 내가 논의하고 있는 기억의 종류는 과거의 어떤 사건에 대한 확실한 경험이다. 때때로 우리는 현재의 어떤 상황이 우리에게 일어났던 일들을 과거를 상기시키는 경험을 한다. 만약 우리의 과거 경험이 달랐다면 현재의 사실이 같은 기억을 떠올리지 않을 것이다. 그래서 우리의 기억은, 다음 두 가지로 야기된다.

(1) 현재의 자극
(2) 과거의 발생사건

그러므로 그것은 우리의 정의에 따른 '기억 현상'으로 볼 수 있다. 기억을 포함하지 않고 '기억 현상'을 정의하는 것은 바람직해 보이지 않는다. 정의의 요점은 그것이 기억을 포함한다는 것이 아니라, 심리학의 주제에서 특징적인 모든 것을 포용하는 현상들 중 하나로 그것을 포함한다는 것이다.

(f) 경험 – 경험이라는 단어는 종종 매우 모호하게 사용된다. 우리가 본 것처럼, 윌리엄 제임스는 세상의 모든 기본적인 것들을 다루는데 그것을 사용하지만, 순전히 물리적인세계에서는 어떠한 '경험' 없이도 일이 일어날 수 있기 때문에 이의를 제기할 수 있는 입장처럼 보인다. 경험을 구체화하는 것은 단지 '기억현상'일 뿐이다. 우리는 경험이 동물의 후속 행동을 변화시킬 때, 즉 어떤 것이 미래에 일어날 사건의 발생 원인의 기억 부분일 때, 동물이 '경험'한다고 말할 수 있다. 화상을 입어 불을 무서워하는 아이는 불을 '경험'한 반면, 불에 던져졌다가 꺼내진 막대기는 불에 대해 저항하지 않기 때문에 '경험'한 것이 없다. '경험'의 본질은 경험된 것에 의해 생성되는 '행동의 수정'이다. 사실 우리는 하나의 연쇄 경험이나 일대기를 기억 인과에 의해 연결된 일련의 사건으로 정의할 수 있다. 나는 이것이야말로 살아있는 유기체를 다루는 과학과 물리학을 구별하는 것이 무엇보다 특징이라고 생각한다. 여기서 '기억 현상'에 관한 최고의 저술가인 리처드 세몬의 이론을 요약해보고 논의를 이어가보자.

동물이나 식물 중 어느 한 유기체가 어떤 흥분 상태를 만들어내면서 자극을 받을 때, 자극의 제거는 그것이 평형 상태로 되돌아오도록 한다. 그러나 새로운 평형 상태는 변화된 반응 능력에서 볼 수 있듯이, 예전과는 다르다. 자극 이전의 평형 상태는 '1차 무관심 상태'라고 불릴 수 있으며, 자극이 중단된 후는 '2차 무관심 상태'라고 불린다. 우리는 자극의 '엔그래픽 효과engraphic effect'를 1차 및 2차 무관심 상태 간에 차이를 만드는 효과로 정의하며, 이 차이 자체는 자극에 의한 '엔그램engram'으로 정의한다. '기억 현상'도 인간에만 국한되지 않고, 동물 전체에서 (신경계와 관련 있겠지만) 엔그램으로 정의된다고 본다.

두 가지 자극이 함께 발생하면 그 중 하나가 나중에 발생하여 다른 하나에 대한 반응을 불러일으킬 수 있다. 우리는 이것을 '엑포릭 영향ekphoric influence'이라고 부르는데, 이런 성격을 가진 자극은 '엑포릭 자극ekphoric stimuli'이라고 불린다. 그리고 우리는 두 자극의 엔그램을 '연합'이라고 부른다. 동시에 생성된 모든 엔그램은 연합된다. 연속적으로 각성된 엔그램간의 연합도 있지만 동시 연합의 경우도 있다. 사실 엔그램을 남기는 것은 고립된 자극이 아니라 어떤 순간의 자극들의 전체다. 결과적으로 이 전체성의 어떤 일부분이라도 그것이 재발한다면, 이전에 일어났던 전체 반응을 불러일으키는 경향이 있다. 세몬은 사무엘 버틀러Samuel Butler를 참조하여, 엔그램이 유전될 수 있고, 동물의 선천적인 습관은 조상의 경험 때문일 수 있다고 주장한다.

세몬은 두 가지 '기억 원리'를 공식화한다. 첫째 '엔그래피의 법칙Law of Engraphy'은 다음과 같다.

"생물체의 모든 동시 흥분은 연결된 흥분 복합체를 형성하며, 이는 엔그래픽적으로 작용한다. 즉, 연결된 엔그램 복합체를 남겨둔다." (<다양한 감정의 교차 Diememischen Empindungen>, p.146)

두 번째 기억 원리인 '엑포리의 법칙Law of Ekphory'은 다음과 같다.

"과거 엔그래픽으로 작용했던 에너지 상황의 부분적인 복귀는 엔그램 복합체에서 엑포리칼하게 작동한다." (ib. p.173)

이 두 법칙은 부분적으로 가설(엔그램)과 부분적으로 관측 가능한 사실을 나타내는 것 같다. 확실히 관찰할 수 있는 사실은, 어떤 자극의 복합체가 특정한 복합 반응을 일으켰을 때, 자극의 일부의 재발은 전체 반응의 재발을 야기하는 경향이 있다는 것이다.

세몬이 그의 기초적 아이디어를 다양한 방향으로 응용한 것은 흥미롭고 기발하다. 그들 중 일부는 나중에 우리를 고민에 빠뜨릴 수 있겠지만, 현재로선 우리가 다루고 있는 주제의 근본적인 특성이라고 볼 수 있다.

엔그램의 성격에 대해, 세몬은 그것이 유기체의 신체에서 물질적인 변화로 구성되어야 한다는 것 이상을 말하는 것은 불가능하다고 고백한

러셀, 마음을 파헤치다

다.[50] 사실 그것은 이론적인 사용을 위해 발동된 가상의 것이지 직접적인 관찰의 결과는 아니다. 물론 의심할 여지 없이 생리학적으로 뇌의 병변을 통한 기억의 장애는 이 가설의 근거를 제공한다. 그럼에도 불구하고, 그것은 여전히 가설로 남아 있다. 그 타당성은 이 강의의 마지막에 논의될 것이다.

나는 현재 생리학의 상태로서는 엔그램의 도입이 기억 현상의 설명을 단순화하는 데 도움이 되지 않는다고 생각한다. 그보다는 내가 '기억 인과'라고 부르는 것을 전적으로 관찰할 수 있는 사실의 관점에서 공식화하기에 충분하다고 생각한다. 이 말은 내가 이 강의의 시작 부분에서 말한 인과 관계, 즉 가까운 원인이 단순히 현재 사건뿐만 아니라 과거의 사건과 함께 이 사건에 대응하는 인과관계를 의미하는 것이다. 나는 이러한 형태의 인과관계가 궁극적인 것이라고 까지는 말하고 싶지 않지만, 현재 우리가 알고 있는 상태에서는 유용하게 단순화를 할 수 있고, 그렇지는 않더라도 조금이라도 덜 가상적인 관점에서 행동의 법칙을 진술할 수 있도록 하고 싶은 것이다.

내 말의 가장 분명한 예는 과거 사건에 대한 기억이다. 우리가 관찰하는 것은 현재의 어떤 자극들이 어떤 사건들을 기억하도록 유도하는 것이지만, 우리가 그 사건들을 기억하지 못할 때에는 우리의 마음속에 그

---

50 "Dinemmischen Empindungen", p.376.

들에 대한 기억이라고 할 수 있는 어떠한 발견 가능한 것이 없다. 기억은 상시가 아니라 때때로 발생하는 정신적인 사실로서, '잠재적인' 경우에는 어떤 형태로든 관찰 가능한 상태로 존재하지 않는다. 우리가 기억을 '잠재적'이라고 말할 때, 우리는 단지 그것들이 특정한 상황에서 존재할 것이라는 것을 의미한다. 그렇다면 어떤 사실을 기억할 수 있는 사람과 기억할 수 없는 사람 사이에 차이가 있다면, 그 차이는 정신적인 것이 아니라 뇌에 있어야 한다. 뇌에 그런 차이가 있을 가능성은 꽤 있지만 그 본질은 알려져 있지 않고 가상으로 남아 있다. 지금까지 이 의문에 대해 관찰되어온 모든 내용은 다음과 같이 진술할 수 있을 뿐이다. 어떤 감각의 복합체가 사람에게 일어났을 때 복합체의 일부분이 재발하는 것은 전체의 기억을 불러일으키는 경향이 있고, 마찬가지로 세몬의 두 법칙에서 검증할 수 있었던 것만을 포함하는 단일 법칙에 따라, 살아있는 유기체의 모든 기억 현상을 수집할 수 있다. 이 단일 법칙은 다음과 같다.

복잡한 자극 A가 조직에서 복잡한 반응 B를 일으킨 경우, 미래에 A의 일부가 발생하면 전체 반응 B를 일으키는 경향이 있다.

이 법칙은 빈도 등의 영향에 대한 설명으로 보완될 필요가 있을 것이다. 그러나 그것은 어떤 가상적인 것의 혼합 없이 '기억 현상'의 본질적인 특성을 포함하고 있는 것처럼 보인다.

러셀, 마음을 파헤치다

우리가 실제로 유기체의 현재 구조에 관련된 어떤 차이를 탐지할 수 없는 경우, 유기체에 대한 자극에서 비롯되는 영향이 그 유기체의 과거 역사에 따라 다를 때마다 우리는 과거의 영향을 구체화하는 법칙을 발견하고, '기억 인과'를 말할 수 있을 것이다. 보통의 물리적 인과관계에서는 상식적으로 볼 때 '번개는 천둥에 뒤따른다', '술에 취하고 난 뒤엔 두통이 따른다' 등 대략적인 순차성을 가진다. 불변하는 물리적 법칙을 얻기 위해서는 유한구간의 적분방식이 아닌 매 순간 변화의 방향을 보여주는 미분 방정식을 진행해야 하고, 일상생활의 목적상 순서는 모든 사람에게 영향을 미치며 불변하는 성향이 있다. 하지만 인간의 행동은 결코 그렇지 않다. 영국인에게 '코에 얼룩이 있다'라고 영어로 말하면 그는 제거를 진행하지만 영어를 모르는 프랑스인에게 같은 말을 하면 그런 효과는 없을 것이다. 말이 듣는 사람에게 미치는 영향은 '기억 현상'이다. 왜냐하면 그것은 말을 이해하게 해준 과거의 경험에 달려 있기 때문이다. 뇌와 신체의 나머지를 고려하지 않고 순수하게 '심리적인 인과 법칙'이 존재하려면, '현재 X가 지금 Y를 야기한다'와 같은 형태가 아니라 '과거의 A, B, C 등이 현재 X와 함께, 지금 Y를 야기한다'와 같은 형태여야 할 것이다. 왜냐하면 우리가 특정 단어를 생각하지 않을 때, 그 단어에 대한 우리의 이해가 실제로 존재하는 마음의 내용이라는 주장은 성공적으로 유지할 수 없기 때문이다. 그것은 단지 '성향'이라고 불릴 수 있는데 그것은 우리가 그 단어를 듣거나 우연히 그것을 생각할 때마다 자극으로 흥분될 수 있다. '성향'은 실제적인 것이 아니라, 단지 기억 인과 법칙의 일부일 뿐이다.

심리학-물리학 병렬주의의 신봉자들은 심리학이 이론적으로 생리학이나 물리학에 대한 모든 의존으로부터 완전히 해방될 수 있다고 주장한다. 즉, 그들은 모든 심리적 사건에는 심리적 원인과 물리적 동반자가 함께 있다고 믿는다. 병렬화가 되려면 물리학과 심리학의 인과관계가 동일해야 한다는 것은 수학적 논리로 입증하기 쉽고, 물리학이 아닌 심리학에만 '기억 인과관계'라는 것이 존재해야 한다는 것은 증명불가능하다. 그러나 만약 심리학이 생리학으로부터 독립하고, 생리학이 물리학으로 환원될 수 있다면, 그것은 심리학에서 기억인과가 필수적인 것처럼 보일 것이다. 그렇지 않으면 우리는 우리의 모든 지식, 이미지, 기억의 저장고, 우리의 모든 정신적 습관은 어떤 잠재된 정신 형태로 항상 존재하며, 단지 그들의 출현으로 이어지는 자극에 의해서만 영향 받는 것이 아니라고 믿어야 할 것이다. 이것은 매우 난해한 가설이다. 내가 보기에 만약 우리가 형이상학적 위상보다는, 방법의 문제로서 심리학의 독립성을 실질적으로 주장하기 원한다면, 우리는 심리학 원리에서 기억의 인과를 받아들이고 병렬주의를 배척해야할 것이다. 왜냐하면 물리학에는 기억의 인과를 인정할만한 좋은 근거가 없기 때문이다.

기억 인과관계가 베르그송이 정신적인 영역에는 인과가 없다는 견해를 가지게 만든 이유라는 것을 알아야 할 필요가 있을 것이다. 그는 정말

러셀, 마음을 파헤치다

같은 자극이 반복되면 같은 결과를 초래하지 않는다고 지적하고, 심리학적 영역에서는 인과관계가 '콩 심은데 콩나고 팥 심은데 팥난다'라는 격언에 어긋난다고 주장한다. 그러나 그 격언과 심리적 인과법칙의 가능성을 다시 정립하기 위해서는 과거의 발생사실을 감안하여 그 원인과 함께 포함시키기만 하면 된다. 우리의 인과에 대한 형이상학적 개념은 우리가 원인과 결과 사이의 연관성을 느낄 수 있기를 원하고, 그 원인을 '작동'으로 상상할 수 있기를 원하는 우리의 관점이 만들어낸 것이다. 이런 태도가 바로 우리로 하여금 인과 법칙을 단지 관찰된 순차성으로 간주하기를 꺼리게 만드는 이유다. 그러나 또한 이것이 과학이 제공해야 하는 모든 것이다. 이와 같은 종류의 순서가 발생하는 이유에 대해 묻는 것은 무의미한 질문이거나, 오히려 문제의 순서를 포함하는 더 상위적 개념의 순서에 대해 요구하는 것이다. 가장 일반적인 경험적 순서의 법칙은 나중에 더 넓은 법칙에 의해 대체된다는 의미에서 '설명'될 수 있을 뿐이지만, 이러한 더 넓은 법칙은 그것들이 차례로 대체될 때까지 일부 내재적 합리성이 아닌 관찰에만 의존하면서, 계속하여 잔인한 사실로 남을 것이다.[51]

따라서 원인의 일부가 존재하지 않는 인과법칙에 대해 (논리적으로) 선험적 이의를 가질 수는 없다. 과거의 것이 지금 작동할 수 없다는 이유로 그러한 법칙에 반대하는 것은 과학이 이미 그 자리를 찾을 수 없는 원인

---

51 비유하자면 논리적인 측면에서 무한소급과 비슷한 상황으로 진행될 것이라는 의미다. (옮긴이)

에 대해 낡은 형이상학적 개념을 도입하는 것과 같기 때문이다. 사실, 기억 인과가 타당하게 주장될 수 있는 유일한 이유는 모든 현상들이 형이상학적 개념 도입이 없이 설명될 수 있기 때문일 것이다. 이것은 세몬의 '엔그램'이나 경험의 결과를 뇌와 신경의 수정으로 구현한 것으로 간주하는 어떤 이론에 의해서도 설명되지 않는다. 그러나 경험의 잠재 효과를 물리적인 영향이라기보다는 심리적 영향이라고 간주하는 어떤 이론에 의해서도 설명되지 않는다. 최대한 생리학과 무관한 심리학을 만들고 싶어 하는 사람들이야말로 기억 인과 이론을 채택한다면 유용할 것 같지만 나는 그러한 욕망이 없으며, 따라서 '엔그램'과 같은 견해에 찬성하는 이유를 말하려고 노력할 것이다.

가장 먼저 살펴봐야할 사항은 '기억 현상'이 심리학에서와 마찬가지로 생리학에서도 발견될 수 있다는 것이다. 이는 프랜시스 다윈Francis Darwin이 지적한대로 식물에서도 발견된다.[52] 습관은 적어도 마음만큼이나 육체의 특징이다. 그러므로 우리는 만약 조금이라도 인정된다면, 비심리적 영역에서도 기억의 인과관계를 허용해야한다. 그러나 사람들은 그것이 단지 일반적인 물리적 종류의 인과관계처럼 되어야 한다고 느낀다. 사실 심리학과 물리학에서 보이는 차이가 심리학이나 생리학에 공통적으로 적용된다. 경험의 영향에 대한 모든 질문이 그 좋은 예다. 물론 생리학이 이

---

[52] Semon, "Die Mneme", 2nd edition, p. 28

러셀, 마음을 파헤치다

론적으로 물리학과 화학으로 환원될 수 없다고 주장하는 J. S. 홀데인J. S. Haldane의 관점을 취하는 것도 가능하다.[53]* 그러나 생리학자들 사이의 주류적 의견은 그에게 불리해 보인다; 그리고 우리는 생물과 무생물 사이의 그러한 연속성 위반을 인정하기 전에 반드시 그것에 대한 매우 강력한 증거를 요구해야 한다. 따라서 생리학에서 '기억 현상'이 존재한다는 주장은 '기억 현상'이 (물리학과 화학으로 환원 가능할 것이라는 뜻에서의) 궁극적이라는 가설에 반하는 일정한 가중치를 허용해야 한다.

뇌 병변과 기억력 감퇴의 연관성에서 나온 주장은 겉보기처럼 강하지 않지만, 또한 어느 정도 일리가 있다. 우리가 알고 있는 것은 기억, 그리고 일반적으로 '기억 현상'은 뇌의 변화에 의해 방해되거나 파괴될 수 있다는 것이다. 이것은 확실히 뇌가 기억의 인과관계에 필수적인 역할을 한다는 것을 증명하지만, 뇌의 특정 상태가 기억의 존재에 대한 충분한 조건이라는 것은 증명하지 못한다. 그러나 증명되어야 할 것은 엔그램의 이론, 또는 이와 유사한 이론이 적절한 상태의 몸과 뇌가 주어진다면, 어떤 추가적인 조건 없이 어떤 기억력을 가질 것이라는 것을 유지해야 한다는 점이다. 그러나 알려진 것은 몸과 뇌가 적절한 상태가 아니면 기억

---

[53] 그의 "The New Physiology and Other Addresses"(Griffin, 1919)과, 심포지엄에서 발표한 "Are Physical, Biological and Psychological Categories Irreducible?"를 참조하라. 아리스토텔레스 학회Aristotelian Society를 위해 편집된 "Life and Finite Individuality"(H. Wildon Carr, Williams & Norgate, 1918)도 함께 참조하라.

을 갖지 못할 것이라는 것뿐이다. 즉, 몸과 뇌의 적절한 상태는 기억력에 필요한 것으로 입증은 되지만 충분하지는 않다. 그러므로 현재로선 기억이 뇌의 현재 상태뿐만 아니라 과거의 발생의 원인에도 요구될 수 있다고 보아야 할 것이다.

어떤 생리적인 조건이 충족될 때마다 '기억 현상'이 발생한다는 것을 결정적으로 증명하기 위해서 우리는 실제로 영어를 말하는 사람의 뇌와 불어를 말하는 사람의 뇌, 뉴욕을 보고 그것을 떠올릴 수 있는 사람의 뇌, 그리고 본 적이 없는 사람의 뇌 사이의 차이를 실제로 볼 수 있어야 한다. 이것이 가능할 때가 올지도 모르지만, 현재 우리는 그것으로부터 멀리 떨어져 있다.[54] 현재 내가 아는 한, A가 가지고 있는 지식과 B가 가지고 있는 지식의 모든 차이가 그들의 두뇌의 어떤 차이와 일치한다는 좋은 증거는 없다. 우리는 이것이 사실이라고 믿을지도 모르지만, 만약 그렇다면 우리의 믿음은 상세한 관찰의 기초가 아니라 유비추론과 일반적인 과학적 격언에 기초하는 셈이다. 나는 작업가설로서 문제에 대한 믿음을 채택하고, 과거의 경험이 생리학적 구조의 수정을 통해서만 현재의 행동에 영향을 미친다는 생각을 하지만 그 증거가 아주 결정적인 것은 아니어서, 다른 가설들을 잊거나 아니면 기억 인과가 기억 현상에 대한 궁극적인 설명일 수도 있다는 가능성을 완전히 배제해야 한다고 생각하

---

54 현대 뇌 과학은 이것의 차이를 fMRI 등을 통해 간접적으로 알 수 있다. (옮긴이)

러셀, 마음을 파헤치다

지는 않는다. 나는 기억의 인과가 궁극적인 것이기 때문이 아니라 단지 가능하다고 생각하기 때문이다. 그리고 종종 과학의 진보에 있어서 전에는 불가능해 보였던 가설을 기억하는 것이 중요하기 때문이기도 하다.

V

심리적 인과와
물리적 인과법칙

원인과 결과의 전통적인 개념은 현대 과학이 근본적으로 잘못되었고, 전혀 다른 개념인 '변화의 법칙'으로 대체되어야 한다는 것을 보여준다. 전통적인 개념에서는 사건 A가 사건 B를 야기하여 B가 발생하는 경우, 그것과 관련이 있는 일부인 이전 사건 A를 발견할 수 있다는 것을 암시했다.

(1) A가 발생할 때마다 B가 그 뒤를 이었다.

(2) 이 순서에서 A가 처음 발생하고 B가 발생한 것이 아니라, '필요조건'의 문제이다.

두 번째 요점은 낮이 밤을 일으킨다고 말할 수 있는가에 대한 오래된 논의로 설명되며, 종래의 대답은 지구의 자전이 멈춘다면 밤이 뒤따르지 않을 것이고, 아니면 완전히 한 바퀴 도는 데 1년이 걸릴 정도로 느리게 가지 않을 것이기 때문에 낮이 밤의 원인이라고 부를 수 없다는 것이었다. (이처럼) 원인은 어떠한 경우에도 그 효과가 따라갈 수 있도록 굳건해야 하는 것이다.

기독교도들이 추구했던 전통적인 인과관계의 형태는 지금까지 자연에서 발견되지 않았다. 자연의 모든 것은 분명히 지속적인 변화의 상태에 있다.[55] 그래서 우리가 하나의 '사건'이라고 부르는 것은 실제로 하나의 '과정'으로 밝혀지게 되었다. 이 사건이 다른 사건을 발생시키려면 두 사건이 시간 내에서 연속되어야 한다. 두 사건 사이에 간격이 있는 경우, 그 동안 예상 효과를 막는 어떤 일이라도 발생할 수 있다. 따라서 원인과 결과는 일시적으로 연속적인 과정이어야 한다. 어떤 속도로든 물리적 법칙과 관련하여 원인이 되는 과정의 후반 부분이 변하지 않는 한, 원인이 되는 과정의 초기 부분이 효과에 어떤 차이를 만들 수 있다고 믿기는 어렵다. 예를 들어 한 남자가 비소 중독으로 죽었다고 가정하자. 우리는 그가 비소를 복용한 것이 사망의 원인이었다고 말할 것이다. 여기서 분명히 그가 비소를 획득한 과정, 즉 그가 비소를 삼키기 전에 일어났던 모든

---

55 양자이론theory of quanta은 연속성이 명백하다는 것을 암시한다. 그렇다면 이론적으로 '과정'이 아닌 '사건'에 도달할 수 있을 것이지만 직접적으로 관찰할 수 있는 것은 여전히 명백한 연속성이 있으며, 이것은 (결과에 영향을 주는) 방해요소들에 대한 위의 발언을 정당화한다.

일은 무시될 수 있다. 왜냐하면 비소는 복용하는 순간에 그의 상태를 바꾸는 것 외에는 이 일의 결과를 바꿀 수 없기 때문이다. 더 나아가서 비소를 삼키는 것이 사망의 직접적 원인이 아닌 경우도 있다. 약을 복용한 직후에 머리에 총을 맞았을 수도 있고, 그렇게 되면 비소 때문에 사망한 것이 아니기 때문이다. 비소는 어떤 생리적인 변화를 일으키는데, 그것은 죽음으로 끝나기 전에 유한한 시간이 걸린다. 이러한 변화의 초기 부분은 비소가 획득되는 과정을 배제할 수 있는 것과 같은 방법으로 배제할 수 있다. 이런 식으로 진행하면 우리는 원인이라고 부르는 과정을 점점 더 단축시킬 수 있고, 마찬가지로 우리는 그 효과(결과) 또한 줄여야 할 것이다. 가령 그 남자가 죽은 직후 그의 몸이 폭탄에 의해 산산조각 났다고 해보자. 그러면 우리는 단지 비소 중독의 결과로 그가 죽었다는 것을 아는 것만으로 그가 죽은 후에 무슨 일이 일어날지 말할 수 없다. 따라서 원인을 하나의 사건으로 받아들이고 결과를 다른 사건으로 받아들이려면 둘 다 무한정 단축되어야 한다. 그 결과 우리에게 인과 법칙의 구현은 단지 '매순간 변화의 특정한 방향'을 가지는 것일 뿐이다. 따라서 우리는 인과 법칙을 구현하는 미분 방정식을 사용한다. 물리적 법칙은 'A는 B에 이어 발생할 것이다'라고 말하지 않고, 주어진 상황에서 입자가 어떤 가속도를 가질 것인지, 즉, 그것은 입자의 운동이 어떤 미래 순간에 어디에 있을지가 아니라 매 순간 어떻게 변화하고 있는지를 말해준다.

미분 방정식으로 구현된 법칙은 정확할 수 있지만, 사실 그렇게 해서 알 수 있는 것은 없다. 우리가 경험적으로 알 수 있는 모든 것은 근사치이며 예외에 대한 것에는 입증의 노력이 필요하다. (양자)물리학에서 가정되는 법칙은 진실에 가깝다고 알려져 있는 것일 뿐, 그대로 사실인 것은 아니다.[56] 실제로 우리가 경험적으로 알고 있는 전통적인 인과 법칙의 형태는 보편적이거나 필요한 것으로 간주되지 않는 셈이다. '비소를 먹으면 죽는다'는 좋은 경험적 일반화다. 물론 예외가 있을 수 있지만 드물 것이다. 엄밀히 말하면 (미분 방정식으로) 정확한 물리 법칙과 반대로 그러한 경험적 일반화는 관찰 가능한 현상을 다룰 수 있는 장점을 가지고 있다. 우리는 시간이든 공간이든 무한히 관찰할 수 없다. 우리는 시간과 공간이 무한히 분리될 수 있는지조차 알지 못한다. 그러므로 거친 경험적 일반화는 보편적인 것이 정확하지 않음에도 불구하고 과학에서 확실한 위치를 가지고 있다. 그것들은 더 정확한 법칙에 대한 자료가 되며, 그것들이 보통 진실이라고 믿는 근거는 더 정확한 상위의 법칙이 항상 진실이라고 믿는 근거보다 더 강하다.

그러므로 과학은 'A는 보통 B 다음에 온다'라는 형태의 일반화로부터 시작된다. 이것은 전통적인 종류의 인과 법칙에 가장 가까운 접근법이다. A가 B 다음에 오는 것은 어떤 특정한 경우에 일어날 수 있지만, 그 경우를 확실히 알 수 없다. 왜냐하면 우리는 이 순서를 실패하게 할 수

---

56 양자물리학은 고전물리학과 달리 통계적 진리치를 가진다. (옮긴이)

러셀, 마음을 파헤치다

있는 모든 가능한 상황을 예측할 수 없기 때문이며, 그들 중 어느 것도 실제로 일어나지 않을 것이라는 것도 알 수 없다. 그러나 만약 우리가 A가 B 다음에 오는 매우 많은 경우를 알고 있고, 그 순서가 실패하는 경우가 거의 또는 전혀 없다면 우리가 실제에서 'A가 B를 초래한다'라고 말하는 것이 정당화될 것이다. 단어에 대해 모인 형이상학적 미신 중 어떤 개념에도 '원인'이라는 낱말을 붙이지 않는다면 말이다.

보편성과 필요성의 결여 외에 (위의 의미에서의) 원인에 대해 깨닫는 것이 중요한 하나의 이유가 '고유성의 결여'다. 우리는 일반적으로 어떤 사건이 주어졌을 때, 사건의 원인인 어떤 현상이 먼저 있다고 가정한다. 이것은 단순한 실수라 할 수 있다. 여기서 원인은 단 하나에서 실질적으로 적용될 수 있는 감각, 즉 '불변하는 선행요인'을 의미한다. 고려하지 않은 무언가가 예상 결과를 막을 수 있기 때문에 실제로 우리는 변하지 않는 선례를 얻을 수 없다. 왜냐하면 이것은 우주 전체를 고려해야 하기 때문이다. 우리는 거의 불변하는 선행들 중에서 하나는 원인이고 다른 하나는 단지 구성 요소라고 구별할 수 없다. 이것을 하려는 시도는 단순화하려는 의지에서 파생된 조잡한 '원인'의 개념에 달려 있다고 생각하겠지만, 우리가 나중에 볼 수 있듯이 일반적으로 그렇게 생각해야만 하는 것은 전혀 아니다. 물리적인 세계에도 이와 비슷한 것이 있는데, 만약 우리가 단 하나의 선례라도 찾을 수 있다면, 우리는 그것을 의지에 대한 잘못된 생각에서 유래한 어떤 개념도 도입하지 않고 그것을 원인이라고 부를 수 있다. 그러나 사실 우리는 우리가 불변하다고 알고 있는 어떤 선행요인도 찾을 수 없을 것이다. 예를 들어 어떤 공장 노동자들은 12시에 사이렌이 울리면 식사를 하기 위해 공장을 떠난다. 당신은 그들이 떠나는 원인이 사이렌 소리라고 말할 수 있을 것이다. 그러나 12시에 다른 공장에서 들리는 수많은 사이렌들도 그 원인이 될 수 있다. 따라서 모든 사건에 불변하는 선행조건, 즉 그 원인이라고 할 수 있는 조건은 충분히 많다.

물질이나 전기의 움직임을 다루는 형태의 전통적인 물리학 법칙은 그들이 주장하는 것의 경험적 특성을 감추는 명백한 단순성을 가지고 있다. 경험적으로 알려진 한 가지 물질은 현존하는 '단일 사물'이 아니라 현존하는 사물의 '체계'다. 여러 사람이 동시에 같은 탁자를 볼 때, 그들은 모두 다른 것을 보게 된다. 따라서 그들이 모두 볼 수 있는 탁자는 가설이거나 구성일 것이다. 탁자는 다른 관찰자들 사이에서 중립적이 되어야 한다. 그것은 다른 사람이 보는 것을 희생하여 한 사람이 보는 측면만을 선호하지 않는다. 비록 내 마음속의 '진짜' 탁자가, 서로 다른 관찰자들도 동시에 보고 있는 외관의 공통적인 원인으로 간주되는 것이 당연하다고 생각하겠지만, 왜 우리는 이러한 모든 외관의 공통적인 원인이 있다고 가정해야 하는가? 방금 본 것처럼 '원인'이라는 개념은 본질적으로 관찰할 수 없는 무언가의 존재를 추론할 수 있을 만큼 신뢰할 수 없다.

공정한 출처를 찾는 대신, 모든 당사자를 대리하는 것을 통해 중립성을 확보할 수도 있다. 탁자를 보고 있는 사람들의 다른 감각 뒤에 '진짜'

탁자라는 알 수 없는 원인이 있다고 가정하는 대신, 우리는 이러한 '감각의 전체 집합'이 실제로 '탁자가 되는 것'으로 받아들일 수 있다는 것이다. 즉, 서로 다른 관찰자(현실태이든, 가능태이든) 간에 중립적인 탁자는 다른 관점에서 탁자의 '양상'이라고 당연히 부를 수 있는 모든 세부 사항들의 집합이다. (이것은 첫 번째 근사치로써 나중에 얼마든지 수정가능하다.)

그렇다면 다음과 같이 물을 수도 있을 것이다. 이러한 모든 '양상'의 근원이 되는 단일 존재가 존재하지 않는다면, '탁자'들은 어떻게 탁자라는 범주로 묶이는가? 답은 간단하다. 만약 양상이 단 하나라도 존재한다면 관계집합은 존재할 것이다. 그 외관의 기초가 되는 '실제' 탁자는 어떠한 경우에도 그 자체가 인식되지 않고 유추되어 있는 것이며, 그러한 '실제' 탁자가 존재한다는 특정이 이 탁자의 '측면'인지의 여부는 해당 측면과 탁자가 정의된 하나 이상의 세부 사항의 연결에 의해서만 해결되어야 한다. 즉, 우리가 '실제' 탁자를 가정하더라도 그것의 양상인 세부 사항들은 그것으로부터 유추된 것이기 때문에, 그것으로부터가 아니라 서로에 대한 '관계'에 의해 함께 수집되어야만 한다. 따라서 우리는 그들이 어떻게 함께 수집되는지 알 수 있을 뿐이고, 우리는 그 수집과 구별되는 어떤 '진짜' 탁자를 가정하지 않고도 그 수집을 유지할 수 있다. 서로 다른 사람들이 같은 탁자를 볼 때 그들은 관점의 차이 때문에 정확히 동일하지는 않지만 큰 정확성이나 세밀함이 추구되지 않는 한, 같은 단어로 설명될 수 있을 만큼 충분히 비슷한 것들을 볼 수 있다. 이와 밀접하게 세부

사항들은 주로 '유사성'에 의해 같은 범주로 묶이며, 보다 정확하게는 원근법칙, 반사 및 빛의 회절에 따라 서로 관련이 있다는 사실에 의해 범주화된다. 결국 인식되지는 않았지만 상관관계가 있을법한 다른 세부사항들과 함께 첫 번째 근사치로서의 탁자가 존재한다고 볼 수 있기에, 유사한 정의를 모든 물리적 물체에 적용하는 것도 가능하다고 본다.[57]

부적절한 심리적 암시를 유발하는 우리의 지각에 대한 언급을 제거하기 위해, 천체 사진을 찍는 행위로 예를 들어 부연해 보겠다. 맑은 밤에 노출되는 사진 건판[58]은 사용 중인 망원경의 성능에 따라 별의 모습을 담아내어 해당 하늘 부분의 외관을 재현한다. 사진이 찍히는 각각의 별은 우리가 직접 하늘을 볼 때 우리 자신에게 미치는 것과 같이 카메라에 별도의 효과를 만들어낸다. 만약 우리가 과학이 보통 하는 것처럼 물리적인 과정의 연속성을 가정한다면, 우리는 카메라가 있는 장소와 그것이 촬영하는 별 사이의 모든 장소에서 그 별과 특별히 연결된 무언가가 일어나고 있다는 결론을 내릴 수밖에 없다. '에테르'[59]에 대한 의심이 적었

---

57 "Our Knowledge of the External World"(Allen & Unwin), chaps. iii and iv를 참조하라.

58 사진필름이 나오기 전에 사진을 인화하기 위해 사용되던 도구이며 20세기 초반까지 사용되었다. 은이 빛에 민감하다는 성질을 이용하여 사진을 인화하는 판에 사용하였다. 하지만, 천문 사진을 찍기 위하여 1990년대까지도 사용되기도 했다. (옮긴이)

59 빛을 파동으로 생각했을 때 이 파동을 전파하는 매질로 생각되었던 가상적인 물질이다. A. A. 마이컬슨A. A. Michelson과 E. W. 몰리E. W. Morley에 의해 수행된 간섭계 실험을 통해 에테르의 존재는 완전히 부정되었다. (옮긴이)

러셀, 마음을 파헤치다

던 시절에 우리는 '에테르'에 어떤 종류의 횡단적인 진동이 일어나고 있다고 말했어야 했다. 그러나 그렇게 노골적으로 말하는 것은 불필요하거나 바람직하지 않다. 우리가 말할 필요가 있는 것은 문제의 별과 특별히 연결된 어떤 일이 일어난다는 것이다. 왜냐하면 그 별은 카메라에 특별한 영향을 주었기 때문이다. 그것이 무엇이든 간에 일정 속도로 빛이 카메라로 전달된다는 사실을 부분적으로 설명하기 위해, 연속성의 일반적인 토대 위에서 별에서 시작하여 바깥으로 발산하는 과정이어야 한다. 따라서 우리는 어떤 별이 특정 장소에서 보이거나, 그 장소에서 충분히 민감한 카메라에 의해 촬영될 수 있다면, 그 별과 특별히 연결된 어떤 일이 그곳에서 일어나고 있다는 결론에 도달할 수 있다. 그러므로 모든 장소에서는 항상 수많은 일들이 일어나야 한다. 즉, 그 장소에서 보이거나 사진을 찍을 수 있는 모든 물리적 물체에 대해 적어도 하나는 어떤 일이 일어나야 한다는 것이다. 이러한 사건은 다음 두 가지 원칙 중 하나에 따라 분류할 수 있을 것이다.

(1) 우리는 사진 촬영에서와 같이 빛에 관한 모든 사건을 한 곳에 모을 수 있다.

(2) (어떤 물체에 대한) 우리의 공통 감각을, 하나의 물체에서 나오는 양상들로 간주하는 방식처럼 우리는 서로 다른 장소에서 일어나는 모든 일들을 함께 모을 수 있다.

따라서 별들로 돌아가서 말하자면, 우리는 다음과 같이 두 가지 측면을 함께 모을 수 있다.

(1) 주어진 장소에서 나타난 서로 다른 별들의 모습
(2) 다른 장소에 나타나는 주어진 별의 모든 모습

하지만 내가 '모습'이라고 말할 때는 단지 간결함을 위해서만 그렇게 말하는 것이지 누군가에게 반드시 나타나야 하는 어떤 것을 의미하는 것은 아니다. 오래된 정통 이론에 따르면, 해당 장소에 주어진 물리적 대상은 에테르의 횡적 진동이라고 여겨졌었다. 다수의 동시 관찰자에게 탁자가 다르게 나타나는 것처럼, 하나의 물리적 대상에 속하는 서로 다른 세부 사항은 그 자체로 불필요한 형이상학적인 미지의 존재와의 인과적 연결이 아닌, 연속성과 내재된 상관 법칙에 의해 함께 수집되는 것이다. 내가 제안하는 정의에 따르면, 첫 번째 근사치[60]로서 한 가지 물질은 다른 장소에서 일반적으로 그 외관이나 결과로 간주되는 모든 상관된 세부 사항의 집합이다. 몇 가지 더 자세한 설명은 당분간 무시할 테지만 이 강의가 끝나면 다시 설명할 기회가 있을 것이다.

내가 제안하는 견해에 따르면, 물리적인 물체나 물질의 조각은 공통

---

60 구성물로서의 물질의 정확한 정의는 나중에 제시될 것이다.

러셀, 마음을 파헤치다

감각에 의해 다른 장소에서의 효과나 외관으로 간주되는 모든 상관된 세부 사항들의 집합이다. 다른 한편으로 주어진 장소에서 일어나는 모든 일은 그 장소에서 볼 때 여러 다른 물체의 모습으로 간주되는 공통 감각을 나타낸다. 한 곳에서 일어나는 모든 일들은 그 곳에서 바라보는 '세계관'으로 볼 수 있다. 나는 주어진 장소에서의 세계관을 "관점"이라고 부를 것이다. 바로 사진은 관점을 나타낸다. 반면에 만약 별의 사진이 우주 전체의 모든 지점에서 찍히고, 그러한 모든 사진들에서 어떤 별, 즉 시리우스가 나타날 때마다 선택되었다면, 함께 찍은 시리우스의 모든 다른 모습들은 시리우스를 대표할 것이다. 이에 비견하여 심리학 및 물리학의 차이를 이해하기 위해서는 다음과 같은 두 가지 세부 분류 방법을 이해하는 것이 필수적이다.

(1) 발생장소에 따라
(2) 그들이 속한 각기 다른 장소의 상관된 세부사항의 체계에 따라

물리적 객체인 특정 체계가 주어지면 주어진 장소(있는 경우)에 있는 시스템 중 하나를 '그 장소에서 보는 해당 객체의 모양'으로 정의한다.

만약 주어진 장소에서 물체의 모양이 바뀌면 두 가지 중 하나 또는 다른 것이 발생하는 것으로 확인될 것이다. 두 가지 가능성은 예를 들어 설명할 수 있다. 여러분이 한 남자와 함께 방에 있다고 가정해보자. 여러분

이 눈을 감거나, 그가 방에서 나가는 것으로 여러분은 그를 보는 것을 멈출 수 있다. 첫 번째 경우, 그의 모습은 변하지 않고, 두 번째 경우, 그의 외모는 모든 곳에서 바뀐다. 또한 첫 번째 경우에는 그가 변한 것이 아니라 여러분의 눈이 변한 것이라고 말할 것이고, 두 번째 경우에는 그가 변했다고 말할 것이다. 이를 일반화하며 우리는 다음 두 가지를 구분한다.

(1) 물체의 특정 모습만 변하되, 특히 물체에 매우 가까운 장소에서의 모습은 변하지 않는 경우

(2) 물체의 모습 전부 또는 거의 모든 것이 변화를 겪는 경우

첫 번째 경우에는 개체와 장소 사이의 매체에 의해 변경되고, 두 번째 경우에는 개체 자체에 의해 변경되는 것이다.[61][62]

물리적 물체를 하나의 것으로 취급하고 그것이 특정한 시스템이라는 사실을 간과하는 착각을 만드는 주범은 (2)번, 즉 후자의 종류의 변화와 그 빈도이고, 그것은 외형의 동시적 변화를 지배하는 법칙이 비교적 단순한 까닭에서 비롯된다. 극장에서 많은 사람들이 배우를 볼 때, 그들에

---

61 이러한 구별을 운동에 적용하면 상대성 이론으로 인해 여러 문제점이 발생하지만, 현재의 목적을 위해 이러한 문제를 무시하도록 하자.

62 특수상대성 이론은 광속이 모든 관성계의 관찰자에 대해 동일하다는 원칙에 근거해서 시간과 공간 사이의 관계를 기술하는 이론이다. 위의 구별은 물체의 모습이 변하는 원인이 운동인 경우, 그것이 절대 좌표계에 근거한 것이므로 특수상대성 이론과는 맞지 않는다. (옮긴이)

러셀, 마음을 파헤치다

대한 카메라의 관점의 변화는 매우 유사하고 밀접하게 서로 연관되어 있기 때문에, 모든 것이 일반적으로 배우 자신의 변화와 동일하다고 여겨진다. 신체의 모든 외관의 변화가 상관관계가 있는 한, 외관의 체계를 해체하거나 신체가 실제로 하나의 것이 아니라 일련의 상관관계로 이루어져있다는 것을 깨닫기 위해 압박할 필요가 없는 것이다. 물리학이 다루는 것은 주로 그러한 변화다. 즉, 모든 모습이 동일한 법칙에 따라 동시에 변경되기 때문에 물리적 객체의 단일성을 분해할 필요가 없는 과정을 주로 다룬다. 왜냐하면 물리적인 물체의 모든 외관이 같은 법칙에 따라 동시에 변하거나, 아니면 모든 것은 아니라 하더라도 우리가 그 대상에 접함에 따라 (변화의) 정확성을 증가시키기 때문이다.

⑴번, 즉 간섭 매체의 변화로 인한 물체의 외관 변화는 물체에 가까운 장소의 외관에 영향을 미치지 않거나 아주 약간만 영향을 미칠 것이다. 충분히 인접한 장소의 외관이 완전히 변하지 않거나 한계점 0을 갖는 축소된 범위로 변경된다면, 그 변화는 보통 문제의 대상과 그것의 외관이 현저하게 변화된 장소 사이에 있는 객체(간섭 매체)의 변화에 의해 설명될 수 있다. 그러므로 물리학은 물리적인 물체의 변화에 대처하는 대부분의 변화 법칙을 줄일 수 있고 물질적인 측면에서 그것의 기본적인 법칙의 대부분을 진술할 수 있다. 단지 문제를 구성하는 외관체계의 통일성이 깨져야 하는 경우에, 어떤 일이 일어나고 있는지에 대한 진술이 물질적인 면에서만 이루어질 수 없다는 것이다. 심리학의 전체는 그러한 경

우에 포함되며, 이런 목적을 위해 심리학이 중요하다.

우리는 이제 물리학과 심리학 사이의 근본적인 차이점 중 하나를 이해하기 시작했다. 물리학은 물질의 외관의 전체 시스템을 하나의 단위로 취급하는 반면, 심리학은 이러한 외관 그 자체에 관심을 가지고 있다. 순간적으로 우리 자신을 지각의 심리학에 국한시키면서도, 우리는 지각이 물리적인 물체의 외관을 확신하도록 만든다는 것을 관찰할 수 있다. 우리가 지금까지 채택해 온 관점에서, 우리는 그것들을 감각 기관과 신경계의 적절한 부분들이 개입하여, 매체의 일부를 형성하는 장소에서의 물체의 출현으로 정의할 수 있다. 망원경이 간섭 매체의 일부일 때 사진건판이 별들의 군집에 대한 인상을 받듯이, 눈과 시신경이 간섭 매체의 일부일 때 뇌는 인상을 받는다. 이러한 종류의 개입 매체로 인한 '인상 impression'은 지각이라고 불리며, 이는 우리가 지각하고 있는 물리적 대상이면서 그 자체로서 심리학에 흥미로운 대상인 것이다.

우리는 앞서 세부 사항을 분류하는 두 가지 방법에 대해 이야기했다. 한 가지 방법은 일반적으로 '주어진 물체'로 간주되는 외관(양상)을 다른 장소로부터 수집하는 것이다. 이것은 넓게 말하면 물리학의 방식이며 그러한 외관의 집합으로서 물리적 물체의 구성을 이끈다. 다른 하나는 '주어진 장소'로부터 다른 물체의 외관을 모으는 것(관점)이며, 우리는 이를 원근법이라고 부른다. 해당 장소가 인간의 뇌인 특별한 경우, 그 장소에 속하는 관점은 주어진 시간에 특정 인간에게 주어진 인식으로 구성된다.

따라서 관점에 의한 분류는 심리학과 관련이 있고, 우리가 통합된 마음이 의미하는 바가 무엇인지 정의하는 데 필수적이다.

나는 지각을 정의해 온 나의 방법이 유일하다거나 최선이라고 말하고 싶지는 않다. 이는 자연스럽게 나온 방법이다. 하지만 우리가 심리학을 좀 더 내성적인 관점에서 접근했을 때, 가능하다면 우리는 감각과 지각을 다른 정신적인 사건들과 구별해야 한다. 또한 감각이 신체적 원인과 상관관계가 있는 것과는 반대로, 감각의 심리적 영향을 고려해야 한다. 이 문제들은 우리가 이번 강의에서 우려했던 문제들과 상당히 다른 지점이므로, 이후 단계까지는 다루지 않을 것이다.

심리학이 단순히 세부적인 체계에만 관심을 갖는 것이 아니라, 본질적으로는 실제 세부사항에 관심을 갖는다는 것은 분명하다. 이 점에서 물리학과는 다르다. 물리학이 추구하는 법칙은 광범위하게 말해서 특정 체계를 인과적 단위로 취급함으로써 서술될 수 있다. 심리학자가 추구하는 법칙은 구체적으로 그 자체가 심리학자의 관심사이기 때문에 그렇게 말할 수 없는 것이다. 이것이 물리학과 심리학의 근본적인 차이점 중 하나이고 이 강의의 주요 목적은 그것을 명확히 하는 것이다.

이 문제에 대해 좀 더 정확한 정의를 내려보자. 다른 장소에서 온 물질의 외관은 부분적으로 본질적인 법칙(시각적 형상의 경우, 원근법칙)에 따라 변하며, 부분적으로 안개, 색안경, 망원경, 현미경, 감각 기관 등 중간 매체의 특성에 따라 변한다. 우리가 물체에 가까워질수록 개입 매체의 효과는 덜 커진다. 일반적인 의미에서 외관 변화의 모든 본질적인 법칙은 '관점의 법칙'이라고 불릴 수 있다. 사물의 외관을 고려할 때, 우리는 원근법칙만 고려한다면 문제의 외관이 속할 수 있는 특정한 외양 체계를 가설적으로 구성할 수 있다. 우리가 차례로 객체의 각 외관에 대해 이 가상 시스템을 구성한다면, 주어진 외관 x에 해당하는 시스템은, x를 벗어난 매체로 인한 왜곡으로부터 독립적일 것이며, x와 객체 사이의 매체로 인한 왜곡만을 구현하게 될 것이다. 그러므로 우리의 가상 시스템으로 정의되는 외형이 물체에 점점 더 가까이 이동함에 따라, 개입 매체에 의해 정의되는 가상의 외양 체계는 매체의 결과에 점점 더 적게 구현된다. 물체에 더 가까이 이동함으로써 발생하는 다른 집합의 외관은 결국 제한집합에 접근할 것이며, 이 제한집합은 원근법칙이 단독으로 작동하고 매체가 왜곡 효과를 발휘하지 않을 경우 비로소 객체가 나타낼 외양 시스템이 될 것이다. 그리고 이 제한적인 외관의 집합은 물리학의 목적을 위해 관련 물질로서 정의될 수 있을 것이다.

러셀, 마음을 파헤치다

VI

내성

이번 강의의 주요 목적 중 하나는 마음과 물질의 구별이 일반적으로 생각되는 것처럼 그렇게 근본적인 것이 아니라는 주장의 근거를 제공하는 것이다. 앞선 강의에서 나는 이 문제의 물리적인 측면을 개괄적으로 다루었다. 앞서 우리가 물질적 객체라고 부르는 것이 실은 물질 그 자체가 아니라, 그 본질에서 감각과 유사한 특정한 체계(들의 집합)라는 것을 보여주려고 노력했고, 종종 그들의 사이에 실제 감각을 포함시키기도 했다. 이런 식으로 물체의 구성물은 적어도 우리의 정신생활이 구성되는 부분과 관련이 있다.

하지만 우리의 논제에는 더불어 필요한 역학적 과제가 있다. 즉, 우리의 정신생활에는 일반적으로 갖추어야 할 많은 자질이 결여되어 있기에 물질세계의 일부를 형성할 수 없게 만드는, 어떠한 속성도 가지고 있지 않다는 것을 보여주는 것이다. 이번 강의는 이 견해에 대한 논의로 시작할 것이다.

정통 심리학에서는 물질과 정신의 이중성을 두 가지 방식으로 이해한다. 하나는 '감각'과 '외부 지각'의 방식으로, 이는 물질에 대한 지식을 습득하여 자료를 축적하는 것이고, 다른 하나는 '내성'이라고 불리는, 우리의 정신 과정에 대한 지식을 습득하는 방식이다. 이 구분은 분명하고 쉬워 보인다. 친구가 나에게 다가오는 것을 볼 때 우리는 외적, 물리적 사실에 대한 지식을 얻는다. 그리고 그를 만나서 기뻐할 때, 우리는 정신적 사실에 대한 지식을 얻는다고 생각할 수 있다. 우리가 자주 의식하는 꿈과 기억, 생각들은 정신적인 사실이며 그것을 인식하게 되는 과정은 감각과 다른 것 같다. 칸트는 그것을 '내적 감각'이라고 부르며 때때로 그것은 '자아의 의식'이라고 불리기도 한다. 그러나 현대 심리학에서 그것의 가장 흔한 이름은 '내성'이다. 내가 이 강의에서 분석하고 검토하고자 하는 것은 이 '내성'으로 우리의 정신 과정에 대한 지식을 얻는 것으로 추정되는 방법이다.

우선 우리가 목표로 삼아야 할 관점을 제시하고자 한다. 우리의 정신 생활은 그 관계나 구조와는 반대로 완전히 감각과 이미지만으로 이루어져 있다고 볼 수 있다. 감각은 강의 V에서 설명하려고 했던 방식으로 물질과 연결되어 있다. 즉, 각각의 감각은 물리적 대상을 향한 특정한 체계의 구성요소다. 이미지는 대개 특정한 성질, 특히 '생생함'이 결여되어

러셀, 마음을 파헤치다

있지만 항상 그런 것은 아니기에 이러한 특성으로 정의할 수는 없다. 감각과는 반대로, 이미지는 다른 원인에 의해서만 정의될 수 있다. 이미지는 신경계 외부의 자극에 의해서가 아니라 감각과 연관되기 때문에 생기거나, 아니면 고등동물들이 관심을 갖는 뇌의 외부적인 것이라고 말할 수도 있다. 감각이나 이미지의 발생 자체가 지식을 구성하는 것은 아니지만, 어떤 감각이나 이미지는 지식이 형성되는 조건의 적절성 여부를 판단하는 기능을 한다. 예를 들어, 천둥벼락을 들었을 때, 우리는 이와 유사한 감각을 외부 원인에 의한 것이라고 간주하고 있기 때문에, 이를 외부 세계에 대한 지식을 제공하는 것으로 간주한다. 그러나 대부분의 이미지와 신체 감각은 그다지 상관관계가 없다. 육체적 감각은 생리학에 의해 상관관계가 형성될 수 있고, 따라서 궁극적으로 물리적 세계의 지식 원천들 사이에서 그 자리를 차지할 수 있지만, 이미지는 다른 요소들의 동시 감각과 맞게 만들어질 수 없다. 뇌의 가상적인 원인 외에도 이미지는 과거 감각의 모방이라는 사실을 통해 물리적인 물체와 인과 관계를 가지고 있는 것이다. 그러나 그것들이 연결되어 있는 물리적인 물체는 과거에 있는 것이지 현재에 있는 것이 아니다. 이 이미지들은 감각이 아닌, 어떤 의미에서는 사적인 것으로 남아 있다고 할 수 있다. 따라서 환각에 해당할 때를 제외하고, 감각은 우리에게 현재의 물리적인 물체에 대한 지식을 주는 것처럼 보이지만, 이미지는 그렇지 않다. 따라서 양자는 전체적인 맥락이 다르다고 볼 수 있으며, 이 강의에서 두 가지 다른 방식 모두를 연구할 필요는 없기에, 내성에서 감각에 대한 언급은 하지 않아도 무방할 것이다.

내성에 대한 비판은 미국 심리학자들의 주요 작업이었다. 나이트 던랩 Knight Dunlap의 〈내성에 반대하며The Case against Introspection〉[63]와 같이 그들의 주장에 대한 좋은 표본을 제공 할 수 있는 것으로 보이는 논의를 요약해보자. 몇 가지 역사적 인용을 한 후 그는 내성의 현대적 수호자인 스타우트 Stout, 그리고 제임스와 조우한다. 그는 스타우트에게서 다음과 같은 말을 인용했다.

"심리적인 상태는 우리가 내성의 방식으로 그들에게 주의를 기울일 때에만 대상이 된다. 그렇지 않으면 그것들은 그 자체가 개체가 아니라, 개체가 '인식'되는 과정의 구성 요소일 뿐이다."[64]

"대상 자체는 '인식'되는 개인의 의식의 현재 수정으로는 결코 식별될 수 없다."[65]

이것을 우리가 우리 자신의 의식의 변화에 적용해보면 타당하다. 이러한 변화는 적어도 통상적인 의미에서의 '의식적인 경험'과는 부분적으로

---

63 "Psychological Review," vol. xix, No. 5, pp.404-413, September, 1912

64 "Manual," 2nd edition, p.134. 던랩의 인용문에서 "인식"이라는 단어가 "인식"되어야 한다.

65 ib. p. 60

구별되어야 한다.

그러나 스타우트의 인용구와 관련하여, 몇 가지 관찰을 하기 위해 던랩의 논의를 중단하고자 한다. 애초에 '심리적 상태'라는 개념은 다소 파격적인 분석을 요구하는 것으로 보인다. 이 분석은 나중에 인식에 관한 강의에서 재론하겠지만, 이미 앞서 욕망에 관한 강의에서 그것을 언급했다. 둘째로 인용된 문구에서의 '대상'의 개념은 그가 완전히 잘못 알고 있다고 생각한다. 이것 또한 브렌타노와 관련된 첫 번째 강의에서 논의한 것이다. 그의 관점에서 단일 인지적 발생은 '내용'과 '대상'을 모두 포함하며, 그 내용은 본질적으로 정신적인 반면, 대상은 자기성찰과 추상적 사고를 제외한 물질적인 것이다. 그러나 앞서 이미 이 관점을 비판했기에 그가 말한 '물체가 인식되는 과정'이 구렁이 담 넘어가는 문구로 보인다는 것을 지금 비판하며 고찰하지는 않을 것이다. 공통 감각이 말하는 것처럼 우리가 '탁자'를 볼 때, 물리적 물체로서의 탁자는 우리 인식의 '대상(객체)'이 아니다. 우리의 인식은 감각, 이미지, 믿음으로 이루어져 있지만 '객체'로 추정되는 것은 우리 안에서 일어나고 있는 것과는 논리적으로 결부되지 않고, 외적으로 관련이 있는 무언가다. 물체의 본질에 대한 이 질문은 우리의 자의식에 대한 시각에도 영향을 미친다. 분명 '의식적 경험'은 물리적인 대상과 다르다. 그러므로 의식적인 경험인 '생각'이나 '지각'은 대상이 물리적 물체인 '생각'이나 '인식'과 달라야 한다고 가정하는 것은 당연하다. 그러나 대상과의 관계가 추론적이고 외부적이라면 두 생각의 차이는 대상 간의 차이와 거의 관련이 없을 수 있다. 그리고 '개인이 어떤 사물을 인식하는 의식의 현재 수정'에 대해 말하는 것은, 사물에 대한 인식이 내가 생각하는 것보다 훨씬 더 직접적인 과정이고, 훨씬 더 밀접하게 사물과 결합되어 있다는 것을 암시하는 것으로 보인다. '지식' 분석에 있어서 이 모든 요점이 증폭되겠지만, '내성' 분석을 이해하고 익숙하게 하기 위해 간단히 언급하도록 하겠다.

스타우트의 발언이 실수인 것처럼 보이는 또 다른 요점은 그가 '의식'이라는 단어를 사용했다는 것이다. 심리학자들 사이에서는 이중적 의미로 '의식적 경험'을 말할 수 있다는 취지의 시각이 팽배해 있는데, 이는 한편으로는 '의식'을 의식하는 경험, 다른 한편으로는 '의식'이라는 본질적인 특성을 가진 경험을 말한다. 즉, '의식 체험'은 그 대상과 관련지어 한편으로는 '의식'이라는 특정한, 그리고 독특한 것으로 특징지어지는 경향이 있다. 많은 저자가 여전히 혼란스러워 하는 '의식적인 경험'이라는 전혀 다른 의미에서의 경험이다. 내가 보기엔 이 모든 것들이 명확하게 분리되어야할 필요가 있다. 한 사건이 다른 사건에 대한 '의식'이라고 말하는 것은, 그들 사이의 외적관계를 주장하는 것으로 볼 수 있다. 이는 삼촌과 조카의 관계를 통해 설명할 수 있다. 한 남자가 자신의 노력 없이 단지 다른 곳에서 일어난 일을 통해 삼촌이 되는 것이다. 마찬가지로 여러분이 탁자에 대해 '의식적'이라고 말할 때, 이것이 정말 사실인지 아닌지는 여러분의 마음 상태만을 살펴봄으로써 결정할 수는 없다. 여러분의

러셀, 마음을 파헤치다

감각은 여러분이 가정하게 만든 과거의 경험들과 상관관계가 있는지, 혹은 이 경우 탁자가 신기루가 되는지를 확인하는 것도 필요하다. 그리고 첫 번째 강의에서 설명했듯이, 의식에는 (본질이 되는) '어떤 것'이 있지 않기 때문에 '의식 경험'이 다른 것과 구별될 수 있는 본질적인 특성이란 없다.

예비 작업이 끝나면, 우리는 던랩의 논의로 돌아갈 수 있다. 스타우트에 대한 그의 비판은 '정신'이나 '주체'와 같은 개념에 경험적 의미를 부여하는 것의 어려움을 야기한다. 그는 스타우트의 문장을 다음과 같이 인용한다.

"가장 중요한 단점은 자신의 행동을 관찰하는 데 있어서, 정신은 반드시 두 물체 사이에 주의를 나누어야 한다는 것이다."

이어 그는 다음과 같이 결론짓는다.

"어떠한 의문도 없이 스타우트는 여기에 개념을 불법적으로 가져오고 있다. 관찰자의 내성은 이 관찰자의 관찰을 제공하지 않는다. 관찰된 과정과 관찰자는 구별되어야한다."[66]

---

66 p. 407

단일 관찰자 이론에 대한 반대는 강의 I에서 다루었고 이는 설득력이 있는 주장이다. 따라서 지금까지 스타우트의 내성 이론이 이 가정을 기반으로 하고 있다면 우리는 이것을 거부할 수밖에 없다. 그러나 관찰자가 한 명이라고 가정하지 않는다면 내성을 믿는 것은 가능할 수도 있을 것이다.

다음에 검토할 윌리엄 제임스의 내성 이론은 단 한 명의 관찰자로 추정되지 않는다. 그것은 그가 관념 물질의 이원론을 버린 결과로, 그의 〈심리학Psychology〉이 출판된 후에 바뀌었다. 던랩은 그의 이론을 다음과 같이 요약한다.

"James의 의식에 대한 구상에서 본질적인 요점은 주체, 객체, 그리고 주체에 의한 객체에 대한 지식이다. 제임스의 스키마와 다른 스키마들 사이의 차이점은 제임스가 주체와 객체(대상)를 동일한 것으로 간주한다는 것이지만, 종종 이 요구 조건을 충족시키기 위해, 제임스는 처음에는 '의식의 상태' 또는 '생각'이라고 부르고, 나중에는 "사고"와 "앎"을 모두 포함한 용어인, '순수 경험'이라고 불렸던 존재의 영역을 가정한다는 것이다. 인위적으로 훌륭한 이 스키마에서, 제임스는 초기에 사용했던 '의식'이라는 용어를 버리고, 사고와 외부 실재 사이의 이원론이라는 용어를 끝까지 고수했다."[67]

---

67 p. 409

러셀, 마음을 파헤치다

그는 "제임스의 체계에서 정말로 중요한 것은, 일련의 일들이 알려져 있고, (그것이) 무언가에 의해 알려졌다는 것을 인정하는 것 뿐"이라고 덧붙였다. 이것은 모든 것이 함께 알려져 있고, 다른 항목에 대한 지식이 하나이고 같다는 사실을 제외하고는 누구나 주장할 수 있는 전부다.

이 진술에서 던랩은 제임스가 그의 후기 이론에서 언급했던 것보다 훨씬 더 많은 것을 인정한다. "다양한 항목의 지식은 하나이고 같다"는 가정은 필요하지 않다. 그리고 던랩이 거부하는 종류의 내성 외에는 이 명제의 진위여부를 확인할 길이 확신한다. 일단은 우리가 믿음에 대해 분석할 강의에 도달할 때까지 기다려야 하겠지만, 지금 고려되어야 할 것도 있다. 던랩의 견해는 주체와 객체의 이원주의가 존재하고, 주체는 결코 객체가 될 수 없으며, 따라서 자각에 대한 인식이 없다. 그는 내성이 지식의 발생을 드러내는 관점을 논의하면서 "이런 종류의 '내성'에서 알려지거나 관찰된다고 주장되는 것의 존재를 부정할 수는 없다"고 말한다.

"앎이 관찰되었다는 주장은 부정할 수 있는 주장이다. 확실히 아는 것은 있지만 아는 것은 확실히 알 수 없다."[68]

---

68 p. 410

"나는 결코 자각을 자각하지 못한다." [69]

다음 페이지에서는 이렇게 말한다.

"관찰의 과정(또는 관계)을 관찰할 수 없다고 말하는 것은 역설적으로 들릴 수 있지만, 그러한 과정이 있다는 것은 확신할 수 있다. 그러나 속담에는 모순이 없다. 인식이 있다는 것을 어떻게 알 수 있을까? 뭔가를 알아채는 것. '색깔을 알고 있다(또는 무엇을 알고 있지 않다)'라는 문장에서 표현되지 않은 '인식'이라는 용어에는 아무 의미가 없다."

그러나 그 역설이 그렇게 가볍게 처리될 수는 없다. '나는 색깔을 알고 있다'는 진술은 던랩이 사실로 알고 있다고 가정하고 있지만, 그는 어떻게 그것이 알려지게 되었는지에 대해서는 설명하지 않는다. 그리고 그에 대한 논쟁은 결정적인 것이 아니다. 왜냐하면 그는 우리의 인식을 추론하는 어떤 타당한 방법을 보여줄 수 있음에도 그런 방법을 제안하지 않았기 때문이다. 물체를 인식하는 존재의 가설에는 이상한 점이 없지만, 그들 자신의 인식[70]은 그렇지 않다. 영아와 고등 동물이 그러한 존재

---

69 ib.
70 관찰가능성 (옮긴이)

일 가능성이 매우 높다. 그러나 그러한 존재들은 우리가 할 수 있는 '색깔을 알고 있다'는 말을 할 수 없다. 그러므로 우리가 그들에 대한 부족한 지식을 가지고 있다고 봐야 할 것이다. 이 추가 지식이 순전히 추론적이라는 것을 유지하기 위해 던랩의 입장이 필요하지만 그는 추론이 어떻게 가능한지 보여 주려고 하지 않는다. 물론 가능할 수도 있지만 방법은 알 수 없다. 내 생각에 우리가 인식이 있다는 것을 알고 있다는 사실이야말로 던랩의 이론에 반하는, 그러나 전적으로 결정적인 것으로서 우리가 '인식'을 '인식'할 수 있다는 견해에 찬성하는 것이다.

던랩은 제임스의 내성에 대한 믿음의 근거가 사고와 사물이라는 두 종류의 대상에 대한 그의 믿음이었다고 주장한다. 그는 사고와 사물의 이원주의를 버리고 내성을 고수하는 것은 제임스의 입장에서 단순한 모순에 불과했다고 설명한다. 이 견해에 전적으로 동의하지는 않지만, 아는 것의 본질에 대한 내성과 그 차이를 분리하는 것은 분명 어려운 일이다. 던랩은 내성이라고 불리는 것이 실제로 '이미지'에 대한 인식, 본능적 감각 등으로 구성된다고 제안한다. 본질적으로 이 견해는 타당하다고 볼 수 있다. 하지만 그 다음에 지식 자체가 그러한 구성 요소들과 적절하게 관련되어 있고, 그것들을 아는 것에 있어서 우리는 때때로 아는 것의 예를 인식하고 있다고 생각하는 것도 가능하다. 이러한 이유로 그의 견해에 동의하는 만큼이나 자각의 불가능에 대한 그의 결론에 전적으로 동의할 수 없다.

행동주의자들은 던랩보다 훨씬 더 강하게 내성에 도전했고, 이미지의 존재를 부정하기까지 했다. 그러나 나는 그들이 여러 가지 것들을 혼동해 왔다고 생각한다. 그리고 우리가 내성에 대한 비판에서 진실과 거짓에 도달하기 전에 몇 가지 구별을 할 필요가 있다고 생각한다.

나는 세 가지 뚜렷한 질문을 구별하고 싶다. 그 중 하나는 내성이 지식의 원천인지를 물을 때 의미하는 것일 수 있다. 세 가지 질문은 다음과 같다.

(1) 우리는 다른 사람에게서 관찰할 수 없는 것을 우리 자신에게서는 관찰할 수 있는가, 혹은 적절하게 조정만 가능하다면 다른 사람도 관찰할 수 있다는 의미에서 우리도 관찰할 수 있는 것인가?

(2) 우리가 관찰할 수 있는 모든 것들이 물리 법칙을 따르고 물리 세계의 일부를 형성하는가, 아니면 물리 세계 밖에 있는 어떤 것들을 관찰할 수 있는가?

(3) 물리적 세계의 구성 요소와 본질적인 특성이 다른 것을 관찰할 수 있는가, 혹은 우리가 관찰할 수 있는 모든 것이 본질적으로 물질이라고 불리는 것의 구성요소와 유사한 것인가?

이 세 가지 질문 중 어느 것이든 내성을 정의하는 데 사용될 수 있다. 개인적으로 첫 번째 질문의 의미가 말하는 내성을 선호한다. 우리가 관찰하는 것 중 일부는 이론적으로도 다른 사람이 관찰할 수 없다고 생각하기 때문이다. 두 번째 질문에 대해서는 잠정적으로 내성에 찬성하는 대답을 해야 한다. 비록 궁극적으로는 그럴지도 모르지만, 과학의 실제 조건에서는 이미지가 물리학의 인과 법칙에 의해 이끌어질 수 없다고 생각한다. 세 번째 질문은 내성에 반하여 답해야할 질문으로, 관찰은 감각과 이미지로 구성되지 않은 어떤 것도 보여주지 않으며, 이미지는 본질적 차원에서가 아니라 인과 법칙의 감각과 다르다는 것을 보여준다고 생각한다. 이제 이 세 문제를 연속해서 다루어보자.

(1) 관찰된 내용에 대한 공공성 또는 사밀성 Publicity or Privacy

감각에 국한시킨다면, 우리는 각각의 감각에 각각 다른 정도의 공공성이 있다는 것을 알게 된다. 만약 여러분이 다른 사람들과 방에 있을 때 당신이 치통을 느낀다면, 다른 이들은 결코 놀라지 않을 것이다. 하지만 같은 상황에서 천둥소리가 들리면, 방에 있는 이들은 경각심을 느끼기 시작할 것이다. 시각과 청각은 가장 공공적인 감각이며, 후각이나 촉각은 단지 조금 덜할 뿐 이 또한 공공적인 감각이다. 미각은 사람들이 비슷한 음식을 먹을 때 비슷한 미각을 경험하는 것처럼 보이기 때문에 일종의 반공공성semi-publicity을 가지고 있지만, 두 사람이 실제로 같은 음식을 먹을 수 없기 때문에 공공성은 불완전하다.

하지만 우리가 두통, 치통, 배고픔, 갈증, 피로감 등 신체 감각에 접근할 때 우리는 공공성에서 벗어나 다른 사람들이 우리에게 느끼는 것을 말할 수는 있지만, 그들의 감정을 직접적으로 관찰할 수는 없다. 이러한 상황의 자연스러운 결과로서 공공적인 감각은 우리에게 바깥 세계에 대한 지식을 주는 반면, 사밀한 감각은 우리 자신의 신체에 대한 지식만을 주는 것으로 생각되었다. 특히 사밀한 감각은 어떤 종류의 것이든 간에, 모든 이미지를 우리 자신의 신체에 대한 지식만을 주는 감각으로서 각각의 관찰자는 오직 당사자 한 사람만이 관찰할 수 있다. 이것이 시각과 청각의 이미지가 육체적 감각의 이미지와 더 분명히 구별되는 이유다. 그렇기 때문에 이미지에 찬성하는 주장이 '내면의 말'보다 (시각 및 청각과 같은 경우에) 더 결정적인 것이다.

그러나 우리가 감각에 국한하여 생각하는 한, 사밀한 감각과 공공적 감각의 전체적인 구분은 종류로서가 아니라 정도로서 가능하다. 어떤 사람도 동시에 동일한 물체에 관하여 유사한 감각을 가지고 있지 않다고 생각할 만한 경험을 해보지 못했다. 그리고 가장 사밀한 감각조차도 이론적으로는 다른 관찰자가 추론할 수 있는 상관관계를 가지고 있다.

어떤 감각도 완전히 공개되지 않는다는 것은 관점의 차이에서 비롯된다. 같은 탁자를 바라보는 두 사람은 원근법과 빛이 떨어지는 방식 때문에 같은 느낌을 받지 못한다. 서로 연관된 감각만 얻는다. 같은 소리를 듣는 두 사람은 정확히 같은 소리를 듣지 못한다. 한 사람은 다른 사람보다 소리의 근원에 더 가깝고, 그 사람은 다른 사람보다 더 잘 들릴 수 있기 때문이다. 따라서 감각의 공공성은 정확하게 유사한 감각을 갖는 것

러셀, 마음을 파헤치다

이 아니라, 확인 가능한 법칙에 따라 상관관계가 있는 유사한 감각을 다소 갖는 것으로 구성된다. 가령 모두를 놀라게 하는 감각은 상관관계가 매우 비슷하고 매우 발견되기 쉬운 감각이다. 그러나 가장 사밀한 감각조차도 다른 사람들이 관찰할 수 있는 것과 상관관계가 있을 수 있다. 예를 들어 치과의사는 당신의 통증을 관찰하지 않지만 그는 그것을 일으키는 충치를 볼 수 있고, 당신이 그에게 말하지 않았더라도 당신이 고통 받고 있다는 것을 짐작할 수 있다. 그러나 이 사실은 왓슨이 분명히 바라는 것처럼 한 관찰자에게만 공개되는 과학적 관찰에서 추출하는 데에는 사용할 수 없을 것이다. 왜냐하면 이러한 많은 관찰을 통해 치통과 충치 사이의 상관관계가 설정되기 때문이다. 따라서 사밀성 자체만으로는 과학적 치료를 받을 수없는 기준이 되는 것은 아닐 것이다. 이 점에서 내성에 반대하는 주장은 타당성을 잃는다.

(2) 관측 가능한 모든 것이 물리 법칙을 준수하는가?

이 질문은 내성에 대한 반대, 즉 그 현상이 물리 법칙을 따르지 않을 수 있다는 두 번째 반론이다. 이것은 덜 강조되는 측면이 있지만, 사밀성에 대한 이의보다 더 강하게 느껴지는 반대다. 그리고 사밀성을 이용하여 정의하는 것보다 오히려 물리적 법칙의 적용을 받지 않는 현상을 관찰하여 정의한다면 더 조화를 이루는 내성의 정의를 얻을 수 있다. 배탈이 나는 것을 의식했기 때문에 아무도 그를 내성 중이라고 여기지 않는다. 내성의 반대자들은 우리가 다른 사람들이 관찰할 수 없는 자신의 육체적 감각을 관찰할 수 있다는 분명한 사실을 부정하지는 않는다. 예를 들어, 던랩은 이미지가 정말로 근육 수축이라고 주장하며[71] 근육 수축에 대한 우리의 인식이 내성의 제하에 있지 않은 것으로 간주하고 있다. 내 생각에는 내성적 데이터의 본질적인 특성은 국부화localization와 관련이 있다. 즉, 이것들은 시각적 이미지와 같이 전혀 국부화되지 않았거나, 반대로 이미 신체적으로 점유되어 있는 곳에서 국부화된다. 물리적인 세계에서 실제로 비어 있는 의자에 앉아 있는 친구의 시각적 이미지를 가지고 있다면, 우리는 우리의 신체에서 그 이미지를 찾을 수 없다. 왜냐하면 그것은 시각적이기 때문이다. 더불어 (물리적 현상으로서) 의자는 비어있기 때문이기도 하다. 따라서 물리적인 세계에는 우리가 알고 있는 모든 것이 포함되어 있지 않으며, 현재로써는 내성적 자료인 이미지가 물리 법칙을 따르지 않는 것으로 간주되어야할 것이다. 이는 내성이 물리적인 것이라는 주장을 거부하려는 주된 이유 중 하나다. 이미지를 받아들이는 순수한 경험적 이유가 압도적이라는 것은 강의 VIII에서 제시할 것이다. 그러나 우리는 이것들이 궁극적으로도 물리 법칙에 따라 결정되지 않을 것이라고는 확신할 수 없다. 이러한 현상이 발생하더라도 (비유적으로 말한다면) 가

---

71 "Psychological Review", 1916, "Thinking-Content and Feeling", p. 59. 1912, "The Nature of Perceived Relations"을 참조하라. 여기서 그는 의식의 관찰에 대한 신화적인 암시를 박탈하며, "내성"은 정말로 육체적 감각과 느낌의 관찰이라고 말한다. (p. 427)

스는 고체와 구별할 수 있기 때문에 가까운 인과 법칙에 의해 감각과 내성은 구별될 수 있다.

(3) 우리는 감각과 본질적으로 다른 것을 관찰할 수 있는가?

이제 내성에 관한 세 번째 질문에 도달했다. 일반적으로 우리는 내면을 들여다봄으로써 생각, 믿음, 욕망, 쾌락, 고통, 감정 등 물리적 세계의 구성 요소와 근본적으로 다른 모든 종류의 것들을 관찰할 수 있다. 마음과 물질 사이의 차이는 부분적으로 물질이 원자나 전자 또는 현재 물리학이 선호하는 어떤 단위로 구성된다는 가정에 대비해, 이러한 추정된 내성적 자료를 강조함으로써 증가한다. 그러나 이 후자의 가정과 반대로, 물질의 궁극적인 구성 요소는 원자나 전자가 아니라 감각, 그리고 범위와 지속시간에 관한 감각과 유사한 다른 것들이라고 주장할 수도 있다. 내성이 감각과 근본적으로 다른 정신세계를 드러낸다는 견해와 반대로 생각, 신념, 욕망, 쾌락, 고통, 감정 등은 모두 감각과 이미지만으로 쌓이고, 이미지가 본질적인 성격의 감각과 다르지 않다고 생각하는 이유가 있다. 따라서 우리는 마음과 물질의 상호 교정에 영향을 미칠 수 있으며, 이미지만으로 (두 번째 의미에서) 내성의 궁극적인 자료를 축소한다. 그러므로 내성의 의미에 대한 이 세 번째 질문에 대한 대답은 전적으로 이를 반대하는 논변이 될 것이다.

추가로 내성과 관련하여 고려해야 할 두 가지 점이 남아 있다. 첫 번째는 그것을 얼마나 신뢰할 수 있는가하는 것이다. 두 번째는 심지어 그것이 외부 인식에 의해 드러날 수 있는 것과 근본적으로 다른 '성분'을 드러내지 않는다고 해도, 그것이 다른 '관계'를 드러내지 않는 것일 수도 있고, 따라서 그것에 전통적으로 할당되었던 것과 거의 같은 중요성을 얻을 수 있는지에 대한 것이다.

내성의 신뢰성으로 시작해보자면, 특정 학파들 사이에서 우리의 정신 과정에 대한 지식을 우리가 '외부' 세계에 대한 지식보다 비교할 수 없을 정도로 더 확실하다고 보는 것이 일반적이다. 이 견해는 흄David Hume부터 내려오는 영국 철학에서 발견되고 칸트와 그의 추종자들에게서도 은연중에 있다. 그러나 이 견해를 받아들일 이유는 없어 보인다. 우리의 자발적이고 세련되지 못한 믿음은, 우리 자신에 대한 것이든 외부 세계에 대한 것이든 간에 항상 극도로 경솔하고 매우 실수하기 쉽다. 주의의 획득은 양쪽 방향에서 똑같이 필요하고 똑같이 어렵다. 우리는 종종 우리 안에 존재하는 믿음이나 욕망을 즐기는 것에 대해 알지 못할 뿐만 아니라, 실제로 종종 잘못 알고 있다. 우리가 원하는 것에 대한 내성의 오류는 정신분석에 의해 명백하게 나타난다. 우리가 알고 있는 것에 대한 그 오류는 쉽게 증명된다. 기록적 증거를 가진 신중한 편집자와 마주할 때, 자서전은 대개 명백히 부주의한 오류들로 가득 차 있는 것으로 밝혀지기 마련이다. 몇 년 전에 쓴 잊힌 편지를 다시 보게 된 사람이라면 누구나 자신이 자기가 기억하는 것보다 얼마나 더 어리석은지를 알게 되어 놀랄 것이다. 그리고 우리의 정신 작용에 대한 분석에 대해서 이에 대한 도움 없이 내성을 분석하는 것은 거의 도움이 되지 않는다. 우리가 물리학에서 하는 것처럼, 가설을 세우고 그 결과에 의해 그것들을 시험하는 것이 필요하므로 내성은 우리의 지식의 원천 중 하나지만, 고립된 상태에서는 외부 인식보다 더 신뢰할 수 있는 것은 결코 아니다.

이제 두 번째 질문으로 넘어가자. 내성은 우리에게 외부적 인식을 반영함으로써 도달한 관계 이외의 다른 관계에 대한 지식을 위한 자료를 제공하는가? 예를 들어 '정신적'인 것의 본질은 '아는 것'과 같이 '관계'들로 구성되며, 이러한 본질적으로 정신적인 관계에 관한 우리의 지식은 전적으로 내성에서 나온 것이라고 주장할 수 있다. 만약 '아는 것'이 분석 불가능한 관계라면, 그러한 관계는 분명히 물리학 주제의 일부를 형성하지 않기 때문에 이 견해는 논쟁의 여지가 없을 것이다. 하지만 '아는 것'은 정말 다양한 관계이고 복잡한 것이다. 따라서 추후 분석될 때까지 이 질문은 답하지 않은 채 전체 강의의 끝에서 다시 논할 것이다.

VII

지각의 정의

강의 V에서 우리는 세계의 궁극적인 구성 요소[72]가, 일반적인 이해처럼 마음이나 물질의 특성을 가지고 있지 않다고 생각하는 이유를 살펴보았다. 즉, 그것들은 공간을 통해 움직이는 견고하고 지속적인 물체도 아니며, '의식'의 조각도 아니다. 우리는 세부 사항을 분류하는 두 가지 방법을 발견했는데, 하나는 '사물' 또는 '물질 조각'으로, 다른 하나는 일련의 '관점'으로서 이 각각의 연결고리는 '생물학'이라고 불릴 수 있는 것이었다. 우리가 감각이나 이미지를 정의하고자 한다면 이 두 가지 분류

---

72 "최종 성분"이라는 언급은 그것이 이론적으로 분석 불가능하다는 것을 반드시 의미하는 것은 아니지만, 현재로서는 분석 수단이 보이지 않는다는 것을 의미한다. 나는 그러한 구성 요소들을 "특정 사항" 또는 "상대적인 세부 사항"이라고 말하는데, 그것들이 그 자체로 복잡할 수 있다는 사실을 강조하고 싶을 때 "상대적인 세부 사항"이라고 말할 것이다.

를 좀 더 자세히 고려하고, 그것에서 지각의 정의를 도출하는 것이 필요할 것이다. 이 분류가 기본적으로 물리학의 전체를 기본으로 가정하는 한, 인식되지 않은 부분에는 가상의 요소가 포함되어 있다고 해야 한다. 그러나 우리는 심리학보다 물리학이나 철학에 속하는 것들을 인정하는 근거에만 머무르지는 않을 것이다.

세부 사항의 물리적 분류는 하나의 '사물'에 관한 모든 것들을 한데 모은다. 어떤 특정한 한 가지만 고려하다보면, 이외에도 다른 많은 세부 사항들이 있다는 것을 종종 발견한다. 그리고 사물 간 존재하는 약간의 차이로 인해 일반화된 '관점의 법칙'에 따라 별개의 것으로 인식된다. 그리고 각기 다른 사물은 일반적인 '관점의 법칙'을 공유한다. 사물 간의 근사치는 차이가 줄어들수록 점점 더 정확해진다. 기술적 언어technical language 에서 관점의 법칙은 첫 번째 차이를 설명하며, 다른 법칙은 오직 두 번째 차이를 설명하는 데만 필요하다. 즉, 차이가 줄어들면 원근법칙을 따르지 않는 차이의 부분은 훨씬 더 빠르게 감소하며, 두 가지가 모두 작아질수록 0에 가까워지는 비율이 전체 차이에 반영된다. 이를 통해 우리는 이론적으로 한 번에 한 사물의 "양상" 또는 "외관"으로 정의될 수 있는 많은 세부 사항을 모을 수 있다. 원근법칙이 충분히 알려져 있다면, 다른 측면들 사이의 연관성은 미분방정식으로 표현될 것이다.

이것은 한 번에 하나의 것을 구성하는 세부 사항만을 우리에게 준다. 이 일련의 세부사항들은 '순간적인 것'이라고 불릴 수 있다. 한 사물의 연속적인 상태를 구성하는 일련의 '순간적인 것들'을 정의하는 것은 역학 법칙과 관련된 문제다. 이것들은 우리가 원근법을 통해 공간적으로 인접한 측면들에 대해 얻은 것과 같은 종류의 다른 근사치와 함께 양상의 변화를 지배하는 법칙을 제공한다. 그러므로 '순간적인 것'은 일련의 세부사항인 반면, 사물은 일련의 그러한 세부사항'들'이다. 한 세부 사항의 집합은 원근법에 의해 함께 수집되고, 집합의 연속은 역학의 법칙에 의해 함께 수집된다. 이것이 전통적인 물리학에 적합한 세계관이다.

'순간적인 것'의 정의는 시간에 관한 문제를 포함하는데, 순간적인 것을 구성하는 세부 사항들이 모두 동시적인 것이 아니라 빛의 속도로 물체로부터 바깥으로 이동하기 때문이다. 상대성 이론과 관련된 복합적 문제들이 있지만, 현재 우리의 목적을 위해 그것들은 필수적이지 않기 때문에 지금은 이를 무시할 것이다.

먼저 모든 세부 사항을 모아서 순간적인 것을 구성하고 연속적인 일련의 집합을 형성하는 대신에, 우리는 먼저 역학 법칙과 관련된 일련의 연속적인 측면을 모으고, 그 다음 관점의 법칙과 관련된 일련을 형성했을지도 모른다. 무대 위 배우의 사례를 통해 설명하자면, 전자는 그가 한 번에 관객들에게 보여주는 모든 측면을 모아 그런 집합들의 일련을 형성하는 것이다. 후자는 먼저 그가 관객에게 연속적으로 제시하는 모든 측면을 모아 다른 관객들을 위해 동일한 작업을 함으로써, '집합들의 일련' 대신 '일련적인 하나의 집합'을 형성하는 것이다. 전자는 그가 무엇을 하는지 우리에게 말해주고, 후자는 그가 어떤 '인상'을 생산하는지 말해 준다. 세부사항을 분류하는 이 두 번째 방법은 분명히 다른 방법보다 심리학과 더 관련이 있다. 우리가 하나의 '경험' 또는 '생물학' 또는 '사람'에 대한 정의를 얻는 것은 부분적으로 이 후자의 분류 방법에 의해서다. 이 분류 방법은 감각과 이미지의 정의에도 필수적이기 때문에 나중에 다시 다룰 것이다. 먼저 관점과 전기biographies의 정의를 확대해보자.

배우에 대한 예화에서 우리는 잠시 동안 모든 관객의 마음이 한 배우에 의해 완전히 사로잡혀 있는 것처럼 말했다. 만약 그렇다면, 한 관객을 역학의 법칙에 따라, 관계된 배우의 연속적인 측면으로 정의할 수 있을 것이다. 그러나 이것은 사실이 아니다. 우리는 깨어 있는 동안 항상 다양한 인상을 받는데, 이것은 다양한 사물의 양상이다. 우리는 무엇이 한 사람에게서 두 개의 동시적 감각이 결합하는지, 또는 더 일반적으로 무엇이 한 경험의 일부를 형성하는 두 개의 사건을 결합하는지 고려해야 한다. 우리는 물리학의 관점을 고수하면서, 사물의 두 측면이 같은 장소에 있을 때 같은 관점에 속한다고 말할 수 있다. 그러나 '장소'가 아직 정해지지 않았기 때문에 이것은 우리에게 도움이 되지 않을 것이다. 관점과 역학의 법칙을 벗어난 어떤 것도 도입하지 않고 두 가지 측면이 '같은 장소에 있다'고 말하는 것의 의미를 정의할 수 있을까?

이러한 정의를 내리는 것이 가능한지 아닌지 확신할 수 없다. 따라서 지금부터는 이것이 가능하다고 가정하지 않고 관점이나 전기가 정의될

러셀, 마음을 파헤치다

수 있는 다른 특성을 추구할 것이다.

(예를 들어) 우리가 한 사람을 보면서 다른 사람이 말하는 것을 들을 때, 우리가 보는 것과 우리가 들을 수 있는 것은 인식할 수 있는 관계를 가지고 있기 때문에, 어떤 의미에서는 두 사람을 하나의 경험으로 만들 수 있다. 이 관계가 존재할 때 두 사건이 연관된다. 세몬의 '엔그램'은 우리가 한 번에 경험하는 모든 것에 의해 형성된다. 그는 허버트Herbart의 'Zusammen[73]'을 연상시키는 'Nebeneinander[74][75]'의 관계를 갖는 것으로 이 합계의 두 부분을 말한다. 나는 그 관계가 단순히 '동시성'이라고 불릴 수도 있다고 생각한다. 내 경험의 일부가 아닌 모든 종류의 일들이 이 세상에서 일어나고 있으며, 따라서 우리가 정의하고자 하는 관계는 단순한 동시성이 될 수 없다고 말할 수도 있겠지만, 이는 상대성 이론이 피하는 일종의 오류다. 상대성 이론에 의하면 보편적인 시간이란 단한 순간도 없다. 단지 국소적인 시간만이 있을 뿐이며, 각각의 시간은 하나의 전기 안에 있는 시간으로 받아들여질 수 있다. 따라서 만약 내가 소리를 듣는다면 나의 감각과 동시에 일어나는 유일한 사건은 내 개인적인 세계 즉, 내 전기에서의 사건들이다. 따라서 우리는 감각이 속하는 '관점'을 이 감각과 동시에 나타나는 '일련의 세부사항들'로 정의할 수 있

---

73 "같이"라는 의미다. (옮긴이)

74 "나란한"이라는 의미다. (옮긴이)

75 M. 118; M.E. 33 ff.

다. 그리고 이와 유사하게 우리는 전기를 주어진 감각보다 더 이른, 혹은 더 늦은, 또는 동시에 나타나는 세부사항의 집합으로 정의할 수 있다. 또한 감각이 아닌 세부 사항에도 동일한 정의를 적용할 수 있다. 그리고 이것들은 실제로 상대성 이론에 요구된다. 만약 우리가 그 이론에서 '실제 시간'을 의미하는 것에 대한 철학적 설명을 한다면 동시성과 계승의 관계는 이미 우리의 경험으로 잘 알려져 있다. 이것을 분석하는 것이 가능할지는 모르지만 그들의 관점과 전기를 정의하는 적합성에는 영향을 미치지 않는다. 서로 다른 전기에서 사건들 사이에 구성될 수 있는 시간 관계는 다른 종류다. 이것들은 경험이 아닌 단지 논리적인 것으로, 다른 전기들 사이의 상관관계를 진술하는 편리한 방법을 제공하도록 설계되는 것이다.

살아 있는 존재의 전기에 부분이 함께 모이는 것은 시간 관계에 의해서만이 아니다. 이 경우 하나의 '경험'의 합을 이루고 단순한 사건을 '경험'으로 바꾸는 '기억 현상'이 있다. 나는 이미 심리학을 위한 기억 현상들의 중요성을 꽤나 숙고했다. 지금은 이것들이 전기를 삶으로 변화시키는 것이라는 사실을 관찰하는 것 이상으로 이 논의를 확대하지는 않겠다. 다만 이 기억 현상은 '사람'이나 '마음'의 '연속성'을 주는 것이다. 그러나 동물과 식물의 경우를 제외하고 기억 현상들이 전기와 연관되어 있다고 가정할 이유는 없다.

우리의 두 가지 세부 사항의 분류는 생물뿐만 아니라 우주의 모든 것에 대해 신체와 전기 사이의 이원론을 발생시킨다. 물리학에서 고려하는 모든 특정한 종류는 다음 두 그룹의 구성원이다. (1) 동일한 물리적 객체의 다른 측면을 구성하는 세부 그룹, 혹은 (2) 주어진 세부사항과 직접적인 '시간 관계'를 갖는 세부 그룹이다.

또한 각 항목은 장소와 연결되어 있다. 내가 별을 볼 때 나의 감각은 (1) 별이 있는 장소와 연관된 특정 그룹의 구성원이거나 (2) 내 전기와 내가 있는 장소와 관련된 세부 그룹의 구성원이다.[76]

그 결과 물리학에 관련된 모든 종류의 특징은 두 장소와 연관되어 있다. 예를 들어, 별에 대한 나의 감각은 내가 있는 장소, 별이 있는 장소와 관련이 있다. 이 이원론은 내가 소유해야 할 어떤 '마음'과도 관련이 없다. 사진 건판으로 대체된다면 그것은 정확히 같은 의미로 존재한다. 두 장소를 각각 '능동적 장소'와 '수동적 장소'라고 부를 수 있을 것이다.[77] 능동적인 장소는 별이 있는 장소이고, 수동적인 장소는 나의 지각이나 사진 건판이 있는 장소이다.

그러므로 우리는 물리학을 떠나지 않고도 주어진 장소에서 모든 세부 사항들을 능동적으로 모을 수 있고, 또한 주어진 장소에서 수동적으로 모든 세부 사항들을 모을 수도 있다. 전자는 우리의 몸(또는 뇌)이고, 후

---

76 다른 곳에서 이 이론에 대해 공간이 구성되고, 원근법의 위치가 물리적 물체의 위치("외부세계의 우리의 지식", 강의 III, p. 90, 91)와 연관되는 방식을 설명했다.

77 지금 이것을 단순히 수식어로 사용하지만, 여기서는 "활동"에 대한 어떤 개념도 소개하지 않을 것이다.

자는 우리의 마음이며, 이것들이 지각을 구성한다. 사진 건판의 경우 전자는 물리학에서 다루는 판이고, 후자는 그것이 촬영하는 하늘의 양상이다. (도식적인 단순성을 위해, 나는 지루하지만 완벽하게 실현 가능한, 더불어 약간의 공부가 필요한 시간과 관련된 여러 가지 복잡한 것들을 무시하고 있다.) 따라서 '주관성'이라고 불릴 수 있는 것은 마음의 독특한 특성이 아니다. 그것은 사진 건판에 있는 것과 마찬가지로 존재한다. 그리고 사진 건판에는 전기와 (대상으로서의) '물질'이 있다. 그러나 전기는 물리학의 문제이며 주관성을 제외한 '심적' 현상이 구별되는 독특한 특성을 가지고 있지 않다.

물리학의 관점에서 우리는 물체의 '지각'을 '두뇌가 있는 곳으로부터 물체의 외양까지'라고 장소적으로 정의할 수 있으며, 감각기관들과 신경들이 개입 매체의 일부를 형성한다고 할 수 있을 것이다. 이러한 물체의 외관은 다음과 같은 특정 특성에 의해 다른 장소의 외관과 구별된다.

(1) 대상의 외관은 '기억 현상'으로 나타난다.
(2) 대상의 외관은 그 자체로도 '기억 현상'의 영향을 받는다.

즉, 지각은 기억되고 연관되거나 우리의 습관에 영향을 줄 수도 있고, 이미지 등을 만들어 낼 수도 있다. 만약 우리의 과거 경험이 달랐더라면 다른 결과가 발생했을 것이다. 예를 들어, 발화되는 문장은 듣는 사람이 그 언어를 아느냐 모르느냐에 따라 지각이 달라진다. 즉 이것은 경험의 문제다. 이 두 가지 특성은 기억 현상과 관련이 있으며, (지각을 하지 못하는) 무생물적 관점에서의 사물의 모습과 지각을 구별하는 것이다.

이론적으로는 종종 실제적이지는 않지만 대상에 대한 인식에서 과거 경험으로 인한 부분을 기억의 영향 없이 진행되는 부분과 분리할 수 있다. 이런 식으로 진행되는 부분을 '감각'이라고 정의할 수 있지만, 기억 현상인 나머지 부분은 '지각'이라고 하는 것을 구성하기위해 감각에 추가되어야 한다. 이 정의에 따르면 감각은 실제 경험의 이론적 핵심이다. 결국 실제 경험은 지각인 것이다. 이러한 정의를 내리는 것은 어려운 일이지만, 그 정의로 모든 결론을 내는 것은 아니다. 우리는 지금까지 채택해 온 물리적인 관점에서, 앞의 강의에서 논의한 세 가지 감각 중 첫 번째 감각을 더 많이 사용하는 심리학의 관점으로 가능한 한 빨리 통과해야한다.

그전에 두 가지 사항을 명확히 해야 한다. 첫째, 내 개인적인 전기 밖에 있는 모든 것은 내 경험 밖이다. 그러므로 만약 내 전기 밖에 있는 어떤 것이라도 내가 알 수 있다면 그것은 두 가지 방법 중 하나에서만 알 수 있다.

(1) 내 전기 내의 것들에 대한 추론에 의해
(2) 경험과 무관한 어떤 선험적 원리에 의해

확실성에 접근하는 모든 것이 이 두 가지 방법 중 하나에 의해 달성될 것이라고 믿을 순 없다. 따라서 내 개인 전기 밖에 있는 것은 이론적으로 가설로 간주되어야 한다. 가설 채택에 대한 이론적 주장은 우리 경험 내에서 일어나는 사건에 따라 법칙의 진술을 단순화한다. 단순한 법칙이 복잡한 법칙보다 사실일 가능성이 더 높다고 가정할 타당한 근거는 없지만, 사실을 설명한다면 과학적 실천에서 단순한 법칙을 작업가설로 가정할 좋은 근거는 있다. 내 자신의 전기 바깥에 존재하는 사물의 존재에 대한 믿음은 증거에 앞서 존재하며, 철학적 의심으로 인해 완전히 파괴될 수밖에 없기 때문이다. 과학의 목적상, 그것은 물리 법칙에 도입되는 단순화에 의해 실질적으로 정당화된다. 그러나 이론적 논리의 관점에서 그것은 근거가 있는 이론이 아니라 편견으로 간주되어야 한다. 그러므로, 나는 그것을 편견으로 간주한다.

두 번째 요점은 감각을 신경계 외부의 자극(또는 적어도 뇌에 대한 자극)으로 간주하고, 이미지를 '중추 흥분'으로 구별하는 것과 그것이 우리의 '관점'과 맺는 연관성에 관한 것이다. 이것은 감각 기관에 영향을 미치는 어떤 것으로까지 거슬러 올라갈 수 없는 뇌의 원인에 기인한다. 물리적 객체에 대한 분석이 유효했다면 이러한 감각 정의 방법에 대한 재해석이 필요하다는 것은 분명하다. 우리의 이론이 허용되려면 우리가 그러한 새로운 해석을 찾을 수 있어야 한다는 것도 분명하다.

문제를 분명히 하기 위해, 가장 간단한 예시를 들어보자. 어떤 별의 크기를 무시할 수 있다고 가정해 보자. 우리는 그것을 실용적인 목적으로 즉, 발광점으로 간주할 것이다. 그리고 그것이 아주 잠깐 동안만 존재한다고 생각해보자. 물리학적으로 말하자면, 어떤 구형의 빛의 파동이 별에서 공간을 통해 바깥으로 이동한다는 것이다. 이것은 마치 여러분이 고인 연못에 돌을 떨어뜨렸을 때 잔물결이 생성 장소로부터 바깥으로 이동한다는 것과 같다. 빛의 파동은 초속 약 300,000km에 가까운 일정한 속도로 움직인다. 이 속도는 빛의 섬광을 거울에 보내고 반사된 섬광이 당신에게 도달하기까지 걸리는 시간을 관찰함으로써 확인 될 수 있다. 마치 소리의 속도가 반향에 의해 확인될 수 있는 것처럼 말이다.

빛의 파동이 어떤 장소에 도달했을 때 일어나는 일은, 온전히 기능하는 눈과 눈에 연결된 뇌에 빛의 파동이 도달한 것이 아니라면 알 수 없다. 우리는 빛이 우리의 눈을 통해 뇌에 전달된 이 특별한 경우에서만 무슨 일이 일어나는지 알 수 있다. 우리는 '별을 본다'라고 불리는 감각을 가지고 있다. 비록 우리가 별의 외관의 상관관계와 추상적 성질의 일부를 알고 있다고 해도 우리는 그 외관 자체를 알지 못한다. 그리스 동사의 활용을 생각해보자. (단, 그 수는 정말 무한하며 절망적인 학생에게만 이 비유가 해당하는 것은 아니다.) 진공 상태에서 부분은 규칙적이며 문법의 법칙, 즉 원근법에 따라 (가상의 어근) 뿌리에서 파생 될 수 있다. 빈 공간에 위치한 별은 물리학의 목적상 진공 상태에서 나타나는 모든 모습과 함께 다음과 같이 정의 될 수 있고 이것은 내가 앞선 강의에서 말한 물질의 정의를 각색한 것에 불과하다. 일정한 장소에 별이 나타나는 것은 규칙적인 경우, 별의 존재를 넘어서는 어떤 원인이나 설명이 필요하지 않다. 모든 규칙적인 모습은 별의 시스템의 실제 구성이며, 그 원인은 전적으로 그 시스템에 내재되어 있다. 우리는 이것을 규칙적인 외관이 그 별에서 비롯되고, 실제로 별의 일부라고 말함으로써 표현할 수 있다. 인간이 인류의 일부라는 의미에서 말이다. 별의 빛은 대기권에 도달하며 굴절되기 시작하고, 안개 때문에 희미해지고, 속도는 약간 감소한다. 마침내 그것은 인간의 눈에 도달하고, 복잡한 과정이 일어나며, 지각으로 끝나서 마침내 우리에게 이전의 모든 것을 믿을 수 있는 근거를 제공한다. 별의 불규칙한 모습을 엄밀히 말하자면, 그것은 물질에 대한 우리의 정의에 따라 별의 시스템의 구성 원들이 아니다. 그러나 불규칙한 외양은 그저 단순히 불규칙한 것이 아니라 빛이 지나가 버린 문제라는 측면에서 언급할 수 있을 것이다. 따라서 불규칙한 외관의 원인은 두 가지다.

(1) 불규칙적으로 나타나는 대상
(2) 간섭하는 매개체

규칙적인 외관에 대한 개념은 정확하지만, 불규칙한 외관에 대한 개념은 어느 정도의 모호함을 가질 수 있다는 것을 알아야 한다. 간섭 매체의 왜곡된 영향력이 충분히 크면 결과적인 특수성은 더 이상 사물의 외관으로 간주될 수 없지만, 그 자체로 다루어져야 한다. 이는 특히 문제의 특정 대상을 한 개체로 추적할 수 없지만 둘 이상의 개체와 혼합된 경우에 발생하는 경향이 있다. 이 경우는 지각에 있어서 정상이다. 우리는 현미경이나 망원경을 사용하여 다양한 모습으로 드러나는 대상을 하나로 볼 수 있다. 그러므로 지각의 개념은 '정확한' 것이라고 볼 수 없을 것이다. 우리는 항상 상당한 양의 모호함과 혼란을 가지고 지각하는 것이다.

불규칙한 외관을 고려할 때, 피해야 할 실수가 있다. 특정 사물이 어떤 사물의 불규칙한 외관으로 간주되기 위해서 그것의 본질적인 특성을 고려하여 정규적인 외양과 어떤 유사성을 가질 필요는 없다. 필요한 것은 간섭매체의 왜곡된 영향력을 표현하는 법에 의해 규칙적인 모습에서 파생될 수 있어야 한다는 것이다. 그렇게 파생될 수 있을 때, 문제의 불규칙성은 매체로 인한 수정과 함께 규칙적인 외양에 의해 야기된 것으로 간주될 수 있다. 다른 경우에 문제의 불규칙성은 같은 의미에서 간섭 매체와 함께 여러 다른 객체에 의해 야기된 것으로 간주될 수도 있다. 그리고 이 경우를 여러 객체의 혼란스러운 모습이라고 부를 수도 있을 것이다. 그리고 만약 그것이 뇌에 있다면, 이 경우를 이러한 물체에 대한 혼란스러운 '지각'이라고 부를 수도 있다. 그리고 실제로 모든 지각은 어느 정도 혼란스럽다.

이제 외부자극이 있다고 주장하는 그러한 심적인 사건들과 '중심적 흥분'이라고 하는 이미지 즉, 뇌의 외부 자극이 없다고 하는 것 사이의 구별에 대해 우리의 이론으로 해석해보자. 정신적인 사건이 아무리 불규칙하더라도 그것이 뇌 외부의 물체의 출현으로 간주될 수 있을 때, 우리는 그것이 물체나 또는 관련 감각 기관에서 그들의 외관을 자극하는 것으로 간주할 수 있다. 반면에 뇌 외부의 물체와의 충분한 연결을 가지고 있지 않다면, 그 물리적 원인은 뇌 자체에서 찾아야 할 것이다. 전자의 경우에는 지각이라고 불릴 수 있고, 후자의 경우에는 그렇게 불릴 수 없다. 그러나 그 구별은 앞서 말한 바와 같이 정도의 차이이지 종류의 차이가 아니다. 그리고 이것이 실현되기 전까지는 지각, 감각, 상상력에 대한 어떠한 이론도 만족스럽지 않을 것이다.

VIII

감각과 이미지

우리가 지금까지 옳았다면 정신과 물질의 이원론은 형이상학적으로 타당한 것으로 허용될 수 없다고 할 수 있다. 그럼에도 우리는 우리가 관찰하는 세계 안에서 궁극적인 것이 아닐지도 모르는 어떤 이원론을 발견했다고 할 수 있다. 이원론은 세계의 물질에 관한 것이 아니라 인과 법칙에 관한 것이다. 이 문제에 관해서 우리는 다시 윌리엄 제임스를 인용할 것이다. 그는 우리가 단지 사물을 '상상'할 때, 만약 상상한 그 사물이 우리가 '진짜'라고 부르는 것이라 해도, 이는 현실에서 어떤 영향도 받지 않는다고 지적한다. 그는 불을 상상하는 경우를 예로 든다.

"타오르는 불에 대한 경험을 떠올려서 '상상의 불'을 내 곁에 둔다고 해도, 그 불은 조금도 나를 따뜻하게 하지 않는다. 진짜 나무 막대기를 그 위에 올려

놓았다고 생각해봐도 그 막대기는 불에 타지 않고 녹색으로 남아 있다. 물을 그 불 위에 부어도 바뀌는 것이 없다. 이러한 모든 것을 비현실적인 경험, 정신적인 훈련이라 부른다. 이 상상의 불은 막대기를 태우지 않고, 물은 정신적인 불을 꺼트리지 않는다. 그러나 상상의 불이 아닌 '진짜 불'이었다면 결과는 항상 생기기 마련이다. 따라서 실제 경험은, 우리가 상상하는 그것이 허황된 것이든, 참된 것이든, 정신적인 것에서부터 나오고 전체경험의 안정된 부분, 즉 물리적 세계라는 이름으로 함께 침전되는 것이다."[78]

이 대목에서 제임스는 단지 우연한 일로, 마치 그가 '정신적'이라고 묘사하고 있는 현상들이 아무런 영향도 주지 못하는 것처럼 말한다. 하지만 그렇지 않다. 그들은 물리적 현상만큼 효과를 가지고 있지만 그들이 따르는 법칙이 다를 뿐이다. 예를 들어, 프로이트가 보여준 것처럼 꿈은 행성의 움직임과 같이 어떤 법칙의 대상이지만, 그 법칙은 다르다. 꿈에서 여러분은 한 순간에 한 장소에서 다른 장소로 옮겨질 수도 있고, 한 사람이 여러분의 눈앞에서 다른 것으로 변할 수도 있다. 그러한 차이점들은 당신이 꿈의 세계와 물리적인 세계를 구별하도록 강요한다.

만약 두 종류의 인과 법칙이 날카롭게 구별될 수 있다면, 우리는 그 사건이 물리적 세계에 적합한 인과 법칙을 준수할 때 '물리적'이라고 부르

---

78 'Essays in Radical Empiricism,' pp. 32-3.

러셀, 마음을 파헤치다

고, 정신세계에 적합한 인과 법칙을 준수할 때 '정신적'이라고 부를 수 있을 것이다. 그리고 정신세계와 물리적 세계가 상호작용하기 때문에, 두 가지 사이에는 경계가 있을 것이다. 육체적 원인과 정신적 결과에 미칠 사건들이 있을 것이고, 정신적 원인과 육체적 결과에 미칠 다른 사건들도 있을 것이다. 이 중 신체적 원인과 정신적인 결과에 영향을 끼치는 사건들은 '감각'이라고 정의할 수 있다. 정신적 원인과 신체적인 결과에 영향을 가진 사건들은 우리가 '자발적인 움직임'이라고 부르는 것과 동일시 될 수도 있다. 그러나 그것들은 현재 우리 논의와 관련이 없다.

이러한 정의는 물리적 원인과 심리적 원인의 구분이 명확하고 날카롭다면 정밀하게 구분할 수 있겠지만, 사실 이 차이는 아직까지 결코 명확하지 않다. 이를 더 연구하다보면, 기체 법칙과 고체 법칙 사이의 구별보다 더 궁극적인 것이 아니라는 것이 밝혀질 수도 있을 것이다. 또한 어떤 사건이 여러 인과 법칙에 따라 여러 원인의 결과가 될 수 있다는 사실 때문에 우리는 일반적으로 그러한 사건의 원인과 같은 어떤 독특한 것을 지적할 수 없다. 그리고 마지막으로 정신적 사건을 지배하는 특이한 인과 법칙이 생리적인 것이 아니라는 것은 단언할 수 없다. 가장 독특한 법칙 중 하나인 '습관'의 법칙은 신경조직의 특이성으로 충분히 설명할 수 있고, 이러한 특이성은 물리 법칙에 의해 설명될 수 있기 때문이다. 다른 종류의 정의로 내몰린 것 같지만, 지금까지 논의를 통해 지각의 정의를 발전시킨 것은 바로 이것 때문이다. 이 정의를 통해, 우리는 지각에서 감각을 비기억적 요소로 정의할 수 있다.

우리의 정의에 따라 경험에서 어떤 요소가 감각의 본질인지를 결정하려고 하면 예상했던 것보다 더 많은 어려움을 느낀다. 모든 것은 감각, 즉 우리가 보는 광경이나 듣는 소리, 냄새, 그리고 두통이나 근육의 긴장감 같은 감각들을 통해 우리에게 오는 것들이라고 할 수 있다. 너무나 많은 습관적 상관관계가 관련 있는 모든 경험과 섞여서 순수한 감각의 핵심은 신중한 조사를 통해서만 추출되어야한다.

간단한 예를 들어, 극장에 갔다고 생각해보자. 우리가 앉은 자리가 뒷자리거나 특별석이거나에 관계없이, 연극의 내용은 동일하게 들린다. 그렇기에 우리는 어느 자리에 앉아도 극의 내용을 놓치지 않는다고 생각할 것이다. 그러나 만약 우리가 외국어에 대한 약간의 지식을 가지고 외국에 간다면, 부분적으로 청각이 제대로 작동하지 않는다고 느낄 수 있다. 그래서 만약 그곳에서 극장에 간다면, 훨씬 더 스크린에 가까이 있을 필요가 있다고 느끼게 될 것이다. 우리는 주로 사용하는 언어를 들을 때, 상대방이 할 말을 미리 추론하여 우리가 진짜 들은 것을 빠르고 무의식적으로 채워서 작성하여 단지 추측한 단어들을 듣지 못했다는 것을 결코 깨닫지 못하기 때문이다. 외국어의 경우는 이러한 추론이 더 어렵기 때문에, 우리는 실제 감각에 더 의존하게 된다. 만약 우리가 테이블이 쿠션처럼 보이는 외국에 있다면, 비슷하게 우리가 보는 것 중 얼마나 많은 것이 진짜 추론인지 알아내야 한다. 익숙한 모든 감각은 보통 그것과 어울

러셀, 마음을 파헤치다

리는 것의 표지이며, 이러한 많은 것들이 감각의 일부를 형성하는 것처럼 보인다. 친구와 함께 자동차를 타고 있을 때 타이어가 펑 소리를 내며 터진 일이 있었다. 친구는 그 소리를 듣고 누군가 권총을 발사했다고 생각했고, 불꽃을 보았다고 주장했기에 특별히 그 의견에 반대하지 않았지만, 물론 불꽃은 없었다. 요즘 타이어는 터진다고 해도 불꽃을 튀기지는 않는다.

그러므로 사건의 실제 감각에 도달하기 위해서는 습관이나 기대나 해석으로 인한 모든 것을 없애야 한다. 이것은 심리학자의 문제이며 결코 쉬운 문제가 아니다. 우리의 목적상, 어떤 경우든 감각적 핵심이 정확히 무엇인지를 결정하는 것은 중요하지 않다. 습관, 기대, 해석이 다양한 경우에 다양하게 일어나기 때문에, 감각적 핵심이 확실히 존재한다는 것을 알아차리는 것은 중요하다. 아침에 신문을 펼치면, 인쇄물을 보는 실제 감각은 여러분 안에서 일어나는 일의 아주 미세한 부분을 형성하지만, 그것들은 나머지 모든 과정의 시작점이고, 그것을 통해 신문은 정보의 수단이라는 것을 알게 된다. 그러므로 주어진 경험에서 정확히 무엇이 감각인지 판단하기는 어려울지 몰라도, 우리가 라이프니츠Leibniz와 같이 활동을 부인하지 않는 한, 감각은 분명히 존재한다.[79]

---

79 독일 철학자 라이프니츠에 의하면 세계는 더 이상 쪼갤 수 없는 궁극적 실체인 모나드로 이루어져 있으며 이 모나드는 실체의 특성상 물질일 수 없고, 정신적인 존재이며 완전하기에 서로 영향을 주고받지 않는다. 따라서 모나드간의 운동이라 할 만한 것은 없으나, 외부 세계의 변화를 설명하기위해 예정조화설을

감각은 분명히 우리의 몸을 포함한 세계에 관한 지식의 원천이다. 그렇기에 감각 그 자체를 인지라고 여기는 것은 당연해 보일지도 모른다. 그리고 개인석으로는 최근까지도 그렇게 인지하고 있었다. 말하자면 내가 아는 사람이 길거리에서 나를 향해 다가오는 것을 보면, 단지 보는 것만으로도 그것이 '지식'인 것처럼 보인다는 것이다. 물론 지식은 보는 것을 통해서 나온다는 것은 부인할 수 없지만, 단순히 보는 것 자체를 아는 것으로 간주하는 것은 실수이다. 만약 우리가 그것을 고려한다면, 보이는 것과 보는 것을 구별해야 한다. 우리는 우리가 특정한 모양의 색깔 조각을 볼 때, 색깔 조각은 별개이고, 우리가 그것을 보는 것도 별개라고 말해야 한다. 그러나 이러한 견해는 우리의 첫 번째 강의에서 논의된 의미에서의 주체 또는 행동의 수용을 요구한다. 만약 주체가 있다면 그것은 색깔의 조각, 즉 우리가 인식이라고 부를 수 있는 종류의 관계와 관련이 있을 수 있다. 이 경우 감각은 정신적인 사건으로서, 색에 대한 인식으로 구성될 것이며 색 자체는 감각과 구별하기 위해 완전히 물리적인 것으로, 감각-자료라고 불릴 수 있다. 그러나 이 주제는 수학적 점이나 순간과 같은 논리적 허구인 것으로 보인다. 관찰을 통해 드러나기 때문이 아니라 언어적으로 편리하고, 문법이 요구하는 것이 분명하기 때문에 도입되는 것이다. 이러한 종류의 명목상 실체는 존재할 수도 있고 없

창안하여 운동 아닌 변화를 설명한다. (옮긴이)

러셀, 마음을 파헤치다

을 수도 있지만, 실체가 존재한다고 가정할 만한 충분한 근거가 없다. 이들이 수행하는 것으로 보이는 기능은 항상 분류나 일련 또는 기타 논리 구성에 의해 수행될 수 있으며, 덜 의심스러운 물질로 구성된다. 만약 우리가 완벽하게 불필요한 가정을 피하려면, 우리는 그 주제를 세계의 실제 요소들 중 하나로 삼아야 한다. 하지만 그렇게 할 때, 감각-자료가 소실되는 것으로부터 감각을 구별할 수 있는 가능성은 사라지며 적어도 나는 그 구별을 유지할 방법이 없다. 따라서 우리가 색의 조각을 볼 때 느끼는 감각은 물리 세계의 실제 구성 요소인 색 조각과 물리학이 관계하는 것의 일부라고 봐야 한다. 색깔의 조각은 확실히 '지식'이 아니다. 따라서 순수한 감각이 '인지적'이라고 말할 수 없다. 심리적인 효과를 통해서, 그것은 인식의 원인, 부분적으로는 그 자체가 사물의 표지인 것이다. 예를 들어 시각과 촉각의 감각은 상관관계가 있으며, 부분적으로 감각이 희미해진 후 이미지와 기억을 불러일으킴으로써 상관관계가 생긴다. 하지만 순수한 감각 자체는 인지적이지 않다.

첫 번째 강연에서 우리는 "심적 현상들이 의도적으로 객체를 포함하고 있는 현상이라고 말함으로써 정의될 수 있다"는 브렌타노의 관점을 고려했다. 그리고 우리는 '일반적으로' 이 관점을 거절해야 하는 이유를 살펴보았다. 이제 그것이 '특정한 감각의 경우에' 거부되어야 한다는 것을 보여주기 위해 고찰할 것이다. 이전에 브렌타노의 견해를 받아들이게 만들었던 논쟁은 매우 간단했다. 한 조각의 색을 보았을 때, 그 색은 심리적인 것이 아니라 실재하는 것인 반면, 시각은 이를 물리적인 것이 아니라 심리적인 것으로 보기 때문이다. 그래서 그 색깔은 '내가 보는 색'과는 다른 것이라는 결론에 도달하게 된다. 역사적으로 이 주장은 실재론에 반하는 것이었는데, 그 중 가장 두드러진 부분은 색깔이 심리적인 것이 아니라 물리적인 것이라는 주장이었다. 버클리에 반하여 색깔의 조각이 물리적이라는 이유로 지금 여러분에게 고민을 던지지는 않을 것이다. 이미 이와 관련된 견해를 제시했고, 수정할 이유가 없기 때문이다. 하지만 우리가 물리적인 것과 정신적인 것이 겹칠 수 없다고 가정하지 않는 한, 색깔의 조각 또한 심리적인 것이 아니라는 것은 맞지 않다. 더 이상 타당한 가정은 고려하지 않을 것이다. 만약 우리가 색깔의 조각이 물리적이면서 심리적일 수 있다는 것을 인정한다면, 감각과 감각-자료를 구분하는 이유는 사라지고, 우리는 색깔의 조각과 그것을 보는 우리의 감각이 동일하다고 말할지도 모른다.

이것은 윌리엄 제임스, 듀이Dewey 그리고 미국의 실재론자들의 견해다. 듀이는 "지각은 지식의 사례가 아니라 단순한 자연현상에 지나지 않는다"고 말하며, "지각을 자각이나 불안의 사례가 아닌 순수한 자연적 사건이라는 주장을 증명하는 실험을 해본다면, 생각보다 놓치는 것이 많지 않아 놀라게 될 것이다."[80] 나는 실재론자들이 놀랄 것이라는 가정만 빼

---

80 Dewey, "Essays in Experimental Logic," pp.253, 262.

러셀, 마음을 파헤치다

면 그가 옳다고 생각한다. 그들 중 많은 사람들은 이미 그가 옹호하는 견해를 가지고 있고, 매우 동조하고 있다. 어쨌든, 그의 견해가 이 강의의 견해이다.

우리가 경험한 바로 세상의 모든 것은, 내가 옹호하는 견해에 따라 보고 듣고 하는 것과 같은 수많은 '일시적인' 세부 사항들과, 이것들과 다소 닮은 이미지들이 함께 구성되어 있다. 만약 물리학이 사실이라면 우리가 경험하는 세부 사항 외에도, 다른 사람들도 똑같이 (또는 거의 동등하게) '일시적인 것'이 있을 것인데, 이것은 앞서 언급한 것을 감각으로 바꾸기 위해 필요한 물질세계의 일부를 구성한다. 그러나 이 주제는 물리철학에 속하며, 우리의 현재 탐구에서는 상관할 필요가 없다.

감각은 정신세계와 물리세계에 공통적인 것이다. 정신과 물질의 교차점이라고 정의할 수 있겠다. 이는 결코 새로운 관점이 아닌데, 언급했던 미국의 저자들뿐만 아니라 마흐도 이를 주장하고 있다.[81] 그의 견해에 따르면 감각의 본질은 과거 경험의 독립성이다. 그것은 실제 경험에서 핵심적이며, 아마도 매우 어린 유아들 외에는 결코 분리되어 있지 않다. 그것은 그 자체로 지식이 아니라, 우리의 몸을 포함한 물리적 세계에 대한 지식을 위해 '자료'를 제공한다.

한편으로 우리의 정신생활이 감각만으로 이루어진다고 믿는 사람들이

---

81 "Analysis of Sensations" 1886

있다. 사실일 수도 있지만, 그럼에도 이미지는 필요하다. 따라서 이제 그것이 어떤 이미지이며, 어떻게 정의되어야 하는지 질문해야 할 것이다.

이미지와 감각의 구별은 어렵지 않게 보일 수 있다. 눈을 감고 익숙한 장면의 사진을 생각해보자. 우리는 보통 우리가 상상하고 있는 것과 실제 보이는 것을 구별하는 데에 있어 깨어 있는 한 아무런 어려움도 없다. 만약 우리가 알고 있는 어떤 음악을 상상한다면, 우리는 그것을 실제로 듣고 있다고 가정할 수 있는 어떤 발견 가능한 경향 없이 처음부터 끝까지 마음속으로 통과해나갈 수 있다. 이러한 경우는 너무나 분명해 혼란이 없어 보일 수 있다. 그러나 훨씬 더 어려운 다른 사례들이 많기 때문에 이미지의 정의는 결코 쉬운 문제가 아니다.

우선 우리는 우리가 경험하는 것이 감각인지 이미지인지 항상 알지 못한다. 우리가 눈을 감을 때 꿈에서 보는 것들은 이미지로 간주되어야 하지만, 우리가 꿈을 꾸고 있는 동안 그것들은 감각처럼 보인다. 환각은 종종 지속적인 영상으로 시작되며, 환자는 그것을 감각으로 여기게끔 하는 믿음에 대한 영향력을 점차적으로 획득할 뿐이다. 우리가 희미한 소리 (먼 곳에 놓인 시계나 말발굽 소리)를 들을 때 우리는 실제로 그것이 여러 번 들린다고 생각한다. 왜냐하면 기대는 우리에게 이미지를 가져다주기 때문이다. 그리고 우리는 그것을 감각으로 착각한다. 따라서 영상과 감각의 구별이 결코 항상 검증에 노출되는 것은 아니다.

우리는 이미지와 감각을 구별하기 위해 다음과 같이 세 가지 방법을 고려할 수 있다.[82]

(1) 이미지의 생생함이 낮을 경우
(2) '물리적 실재'에 대한 우리의 불신에 의해
(3) 원인과 결과가 감각과 다르다는 사실에 의해

이들 중 세 번째가 보편적으로 적용되는 유일한 기준이라고 본다. 나머지 두 가지는 매우 많은 경우에 적용 가능하지만 예외에 노출되기 쉽기 때문에 정의의 목적으로 사용할 수 없다. 그럼에도 불구하고, 그들은 둘 다 신중하게 고려되어야 마땅하다.

(1) 흄은 현재 목적을 위해 우리의 '감정'과 '이미지'로 식별될 수 있는 것에 '인상impressions'이라는 이름을 붙이고 인상을 '대부분의 힘과 폭력으로 들어가는 지각'으로 말하면서도, 관념을 사고와 추론에서의 '(인상의) 희미한 이미지'로 정의한다. 그러나 그의 바로 다음 관찰은 그가 사용한 '힘'과 '희미한'의 기준이 적절하지 않음을 보여준다. 그는 다음과 같이

---

82 이미지와 감각의 구분에 대해 다음을 참조하라. Semon, "Die mnemischen Empfindungen," pp.19-20.

말한다.

"나는 이 차이를 설명하는 데 많은 단어를 사용할 필요는 없을 것이라고 생각한다. 모든 사람은 감정과 사고의 차이를 쉽게 인지할 수 있을 것이다. 이러한 공통의 정도는 쉽게 구별되지만, 그만큼 서로 거의 근접할 수도 있다. 그러므로 수면, 발열, 광기, 또는 영혼의 매우 격렬한 감정에서 우리의 사고는 인상으로 다가갈 수도 있는 것이다. 하지만 때때로, 우리의 인상이 너무 희미하고 낮아서 사고와 구별할 수 없을 때도 있다. 그럼에도 불구하고 그들은 일반적으로 매우 달라서, 아무도 그들을 구별되는 제하에 서열을 매길 수 없으며, 각각의 이름에 차이를 나타내는 독특한 이름을 붙일 수 없다."[83]

흄은 그것들이 각각 독특한 이름을 가진 제하에 순서있게 나열되어야 한다고 주장했어야 했는지도 모른다. 그러나 그 자신의 고백에 의해 구별하는 기준을 설정하는 것이 항상 적절한 것은 아니었다. 또, 차이가 현저한 경우에만 적용된다면 정의로서는 타당하지 않다. 정의의 본질적인 목적은 정도의 차이일 뿐, 뚜렷한 경계선이 없는 개념을 다루고 있을 때를 제외하고, 심지어 한계적인 경우에도 적용할 수 있는 표시를 제공하는 것이다. 그러나 지금까지 우리는 감각과 이미지의 차이가 정도의 차

---

[83] "Treatise of Human Nature," Part I, Section I.

러셀, 마음을 파헤치다

이일 뿐이라고 생각할 이유가 없었다.

스타우트는 그의 책 〈심리학 매뉴얼Manual of Psychology〉에서 감각과 이미지를 구별하는 다양한 방법을 논의한 뒤 흄의 주장을 수정한 견해에 도달한다. 그는 다음과 같이 말한다. (여기서는 그의 책 2판을 인용한다.)

"우리의 결론은 이미지와 지각의 구별이 각각 희미하거나 생생한 상태로서의 질적 차이에 기초한다는 것이다. 지각은 이미지가 가지지 못한 적극성을 가지고 있다. 자극의 다양한 강도에 따라 다양한 정도의 힘이나 생동감으로 마음을 강타하는 것이다. 그러한 정도의 힘 또는 생동감은 우리가 일반적으로 '감각'의 강도로 의미하는 것의 일부이다. 그러나 감각의 강도에 대한 이 구성 요소는 이미지에는 없다." (p. 419)

이 견해는 감각들이 이미지가 되지 않고, 단지 보이는 별이나 단지 들리는 소리의 경우처럼 어떤 정도의 희미한 정도까지만 도달할 수 있다는 사실을 허용한다. 따라서 단순히 희미한 것이 이미지의 특징이 될 수는 없다. 스타우트는 번개나 휘파람의 갑작스런 충격을 설명한 후 "단순한 이미지가 이런 식으로 마음에 떠오르는 일은 없다"고 말한다.[84] 하지만 나는 이 기준이 흄의 기준이 실패하는 경우와 거의 같은 경우에서 실

---

[84] p. 417

패한다고 생각한다. 맥베스_{Macbeth}는 다음과 같이 말한다.

that suggestion

Whose horrid image doth unfix my hair

And make my seated heart knock at my ribs

Against the use of nature.

좋다면,

왜 내가 끔찍한 모습을 띤 유혹에 빠져들어 머리칼이 쭈뼛하고

안정된 내 심장이 정상을 벗어나 늑골을 두드리는가?

아마 증기기관차의 기적 소리도 이보다 더 강한 효과를 낼 수 없을 것
이다. 매우 강렬한 감정은 종종, 특히 어떤 미래의 행동이나 어떤 불확실
한 문제가 개입된 경우에도 마음을 독점적으로 소유하여 모든 반대되는
간청을 일축하고 삶의 전 과정을 결정할 수 있는 강력한 이미지를 가져
다 줄 것이다. 그리고 원래 그렇게 인식되던 이미지가 점차 환각으로 바
뀌기 위해서는 이미지에는 없는 '힘이나 생동감'이 있어야만 할 것이다.
꿈과 열병의 경우, 흄과 마찬가지로 스타우트의 변형된 기준에 적용하기
어렵다. 따라서 일반적인 경우에서 적용 가능할지라도 생동감 실험은 감
각과 이미지의 차이를 정의하는 데 사용할 수 없다는 결론을 내릴 수밖

러셀, 마음을 파헤치다

에 없다.

(2) 우리는 이미지의 '물리적 실재'에 대한 믿음이 없기 때문에, 이미지를 감각과 구별할 수 있다. 우리가 경험하고 있는 것이 이미지라는 것을 알 때, 그것이 감각을 일으켜야 한다는 종류의 믿음을 갖지 않는다. 우리는 그것이 '외부 세계'에 대한 지식을 생산하는 것과 같은 힘을 가지고 있다고 생각하지 않는 것이다. 이미지는 '상상'이며, '비실재적'이다. 그러나 이 차이를 정확하게 분석하거나 진술하기 어렵다. 우리가 이미지를 '비현실'이라고 부르는 것은, '그런 것은 없다'고 말하는 것을 의미하는 것이 아니다. 이미지는 감각만큼이나 실제 세계의 일부다. 우리가 이미지를 '비실재적'이라고 부르는 것은 단지 그것이 감각을 일으키기 위해 필요한 요소들을 가지고 있지 않다는 의미이다. 의자의 시각적 이미지를 떠올린 후 그 의자에 앉으려 하지 않는 것은 맥베스의 단검처럼 그 이미지가 시각적으로 '날카롭지 않다는 것'을 알기 때문에, 다시 말해 그것이 '시각적인 감각과 함께 촉발되는 촉각적 감각과 상관관계가 없다'는 것을 알기 때문이다. 그러나 이것은 소위 말하는 이미지의 '비실재'가 물리 법칙을 따르지 않는 곳에서 구성된다는 것을 의미하며, 따라서 우리는 이미지와 감각 사이의 인과적 구별을 다시하게 되는 것이다.

(다시 확인하자면) 이러한 견해는 우리가 이미 이미지임을 알고 있는 경우, 그것을 '비실재적'이라고 느낀다는 사실에 의해 확인된다. 그러나 이미

지는 비현실적인 느낌으로 정의될 수 없다. 왜냐하면 우리가 어떤 이미지가 꿈의 경우와 같이 감각이라고 믿으면, 그것은 실제 감각인 것처럼 느껴지기 때문이다. 비현실성에 대한 우리의 느낌은 이미 우리가 이미지를 다루고 있다는 것을 깨달은 상태에서 비롯되며, 따라서 이는 이미지의 정의가 될 수 없다. 어떤 이미지가 그 상태에 대해 우리를 속이기 시작하자마자, 그것은 또한 그 상관관계에 대해 우리를 속이고, '현실'이라고 의미하는 것이다.

(3) 이를 통해 우리는 세 번째 방식인 '인과 관계'에 의해 이미지를 감각과 구별한다. 나는 이것이 유일한 구별의 근거라고 믿는다. 제임스는 실제 막대기를 태우지 않는 정신적 불에 관한 구절에서 이미지를 그 효과로서 구별하지만 더 확실한 구별은 원인에 있다고 생각한다. 스타우트는 다음과 같이 말한다.[85]

"감각이라고 부르는 것의 특징 중 하나는 그 생산 방식이고, 이는 자극이라고 부르는 것에 기인한다. 자극은 항상 외부의 어떤 조건이며 신경계 자체와 작동한다."

---

85 loc. cit., p. 127

러셀, 마음을 파헤치다

이는 충분히 타당한 견해이고 이미지와 감각의 구별은 오직 '원인'을 고려해야만 이루어질 수 있다고 본다. 감각은 감각 기관을 통해 감지되지만 이미지는 그렇지 않다. 우리는 어둠 속에서나 눈을 감은 상태에서 시각적인 감각을 가질 수는 없지만, 이런 상황에서도 시각적인 이미지는 가질 수 있다. 따라서 이미지는 '중추 흥분 감각' 즉, 감각 기관 및 감각 기관으로부터 뇌로 이어지는 신경에서뿐만 아니라 뇌에서만 생리적인 원인이 있는 감각으로 정의된다. '중추 흥분 감각'은 더 많은 것을 가정하는데, 왜냐하면 이미지는 반드시 대략적인 생리적 원인을 가지고 있어야하기 때문이고 이것은 아마도 사실일 것이다. 그러나 이것은 가설이며, 우리의 목적상 불필요한 가설이다. 만약 어떤 이미지가 연관성을 통해 감각이나 다른 이미지에 의해 발생한다고 해서, 다시 말해 그것이 기억 원인을 가지고 있다고 해서 그 사실이 물리적 원인을 막는 것은 아니다. 그리고 이미지의 원인은 항상 기억의 법칙, 즉 습관과 과거의 경험에 의해 좌우된다고 생각할 수 있다. 가령 어떤 사람이 피아노를 연주하는 것을 시각을 차단한 채 들으면, 피아노를 연주하는 것처럼 그의 손이 건반 위에 있는 이미지를 갖게 될 것이다. 음악에 푹 빠졌을 때 갑자기 시각 차단을 풀고 연주자(라고 생각한 사람)를 쳐다보면 그의 손이 피아노를 만지지 않고 있다는 사실에 놀라움을 금치 못할 것이다. 당신이 상상한 연주하는 손의 이미지는 당신이 비슷한 소리를 많이 들으면서 동시에 피아노 연주자의 손을 본 경험에 연유한다. 습관과 과거의 경험이 이 역할을 할 때, 우리는 일반적인 물리적 인과와는 반대로 기억의 인과에 있는 것이다. 그리고 우리가 물리적 원인과 기억 원인의 차이를 궁극적으로 타당한 것으로 간주할 수 있다면, 우리는 이미지를 감각으로부터 기억 원인에 속하는 것으로 구별할 수 있다고 생각한다. 반면에 감각은 물리적 원인만 가질 것이다.

그러나 감각과 이미지 사이의 효과적인 구별은, 일반적으로 감각에서는 신체 표면에서 뇌로 효과를 전달하는 신경의 자극이 필수적인 역할을 한다는 것이다. 그리고 이것은 이미지와 감각이 항상 그들의 본질에 의해서는 구별될 수 없다는 사실을 설명해준다.

또한 이미지는 자극의 결과로 간주되는 감각과는 다르다. 일반적으로 감각은 물리적, 정신적 영향을 모두 가지고 있다. 역을 출발해 떠나는 열차를 바라보면 열차의 연이은 위치(물리적 효과)와 타야할 열차를 타지 못한 분노와 실망의 연속 물결(정신적 효과)이 있다. 반대로, 이미지는 신체 움직임을 만들어낼 수도 있지만, 물리 법칙에 따라서가 아니라 기억의 법칙에 따라 일어난다. 이 모든 결과는 어떤 성질이든지 기억의 법칙을 따른다. 그러나 이 차이는 원인에 대한 차이보다는 정의를 내리는데 덜 적합하다.

왓슨은 행동주의 이론의 논리적 귀결로, 이미지와 같은 관찰할 수 있는 어떤 현상이 있다는 것을 전면 부인한다. 그는 그것들을 모두 희미한 감각, 특히 낮은 목소리의 방백 같은 것으로 대체한다. 그에 따르면 우리가 테이블을 '생각'할 때 그것을 보는 것과는 반대로 일어나는 일은 대개 우리가 목구멍과 혀를 좀 더 발음하면 '테이블'이라는 단어를 내뱉게 되는 것과 같은 '작은 움직임'을 하고 있다는 것이다. 말과 관련하여 그의 견해를 다시 한 번 생각하면서 그가 이미지를 부정하는 것에 반대의 입장을 취해보고자 한다. 그의 견해는 '행동'에 대한 그의 저서 〈행동에서 이미지와 애착Image and Affection in Behavior〉[86]에 명시되어 있다. 이 문제에서 그는 이론의 이익을 위해 내성이 불가능하다는 가정을 뒤집은 것으로 보인다. 앞서 강의 VI에서 그 이론을 다루었기에, 여기서는 그 사실을 부정할 수 없다는 견해를 강화하고 싶다.

이미지는 그들이 복사하는 감각의 특성에 따라 다양한 종류를 가진다. 우리가 팔을 움직이거나 단어를 발음하는 것을 상상하는 것과 같은 신체 움직임의 이미지는 왓슨의 교시에 따라 설명될 수 있다. 해당 행동을 확대되거나 길어지면 우리가 상상하는 움직임으로 이어지는 '작은 초기 움직임'으로 구성될 수도 있을 것이다. 이것이 사실인지 아닌지는 실험적으로 결정될 수도 있다. 입과 목구멍에 작은 움직임을 기록하는 섬세한 도구가 있다면, 우리는 그런 도구를 사람의 입에 넣고 상상으로 자신에게 시를 암송하라고 말할지도 모른다. 그가 '정신적으로' 시구를 암송하면서 실제 작은 움직임이 일어난다는 사실이 밝혀져도 전혀 놀라지 않을

---

86 in the "Journal of Philosophy, Psychology and Scientific Methods," vol. x (July, 1913)

것이다. 이 실험의 요점이 중요한 이유는 '생각'이라고 불리는 것이 주로 (전부는 아니라고 생각하지만) '내면의 말'을 구성하기 때문이다. 만약 왓슨의 '내면의 말'이 옳다면, 전체가 '상상'에서 '감각'으로 옮겨지는 셈이다. 그러나 이 질문은 실험적인 결정을 내릴 수 있기 때문에, 그 결정이 부족한 상태에서 의견을 제시하는 것은 경솔한 일일 것이다.

그러나 시각 및 청각 이미지는 외부 세계의 물리적 사건과의 연결이 부족하기 때문에 이러한 방식으로 처리하기가 훨씬 더 어렵다. 예를 들어보자. 방에 안락의자가 하나 있다. 눈을 감고 안락의자에 앉아 있는 친구의 모습을 떠올린다. 만약 이 이미지를 물리학의 세계로 밀어 넣는다면, 그것은 일반적인 모든 물리 법칙과 모순될 것이다. 내가 떠올린 친구는 평상시처럼 문 앞에 들어오지 않고 의자에 도착했기 때문이다. 검증을 위한 후속조사는 그 친구를 떠올렸던 그 순간, 그는 다른 곳에 있었다는 것을 확인하는 것이다. 이것이 만약 감각으로 간주된다면, 상상한 이미지는 초자연적인 것의 모든 흔적을 가지고 있다. 그러므로 이렇게 떠올린 이미지는 감각에 속하는 공공 세계의 질서 있는 사건들에서 그러한 위치를 가지는 것이 아니라, 개인 안에서만 벌어지는 하나의 사건으로 여겨져야 한다. 개인의 내부에서만 일어나는 일이라는 것은 곧 그것이 생리적으로 야기될 수도 있다고 생각할 수 있다. 그것의 사밀성은 단지 개인의 신체와의 연관성 때문일 수도 있지만 어떤 경우든 실제 사람이 문을 열고 들어와서 내가 상상한 의자에 앉는 것처럼 공적이지는 않다. 따라서 그것은 '내면의 말'처럼 '작은' 감각으로 여겨질 수 없다. 그 것은 실제 감각과 마찬가지로 내 시야에서 '넓은' 영역을 차지하기 때문 이다.

왓슨은 다음과 같이 말한다.

"나는 이미지를 모두 버리고 후두larynx에서 모든 사고가 감각 운동 과정으로 진행된다는 것을 보여주려고 시도한다."

이 견해는 경험에 반하는 것으로 보인다. 만약 당신이 충분한 교육수 준을 갖지 못한 사람에게 의자에 앉아 있는 친구의 이미지를 불러내지 않고, 이를 말로만 설명하도록 요구한다면 그 사람은 당신이 미쳤다고 결론지을 것이다. (이것은 실제 실험을 기반으로 진술하는 것이다.) 모두가 알다시피 골 턴Galton은 교육이 시각적 이미지를 죽이는 경향이 있음을 발견했다. 왕립 학회의 동료들은 그들의 아내보다 훨씬 더 적은 종류의 시각적 이미지를 가지고 있는 것으로 밝혀졌다. 추상적인 사고를 반복하면 시각화하는 능 력이 평균보다 떨어지면서, '생각'에서 단어에만 훨씬 더 몰두하게 만든 다는 그의 결론을 의심할 이유가 없다. 그리고 왓슨은 매우 학식있는 사 람이다.

따라서 이미지의 존재를 인정하고, 이것이 감각과 구별되어야 한다고, 그리고 그 원인이나 결과에 의해서도 구별되어야 한다고 가정할 수 있다. 본질적인 특성에서, 비록 그것들이 더 어둡거나 모호하거나 희미하게 됨으로써 종종 감각과 다르긴 하지만, 그것들을 정의하는 데 사용될 수 있는 어떤 방식이던지 간에 늘 감각과 다른 것은 아니다. 그들의 사밀성이 신체 감각의 사밀성 이상으로 과학적인 연구에 대한 어떤 장벽도 될 필요가 없다. 신체 감각은 이미지처럼 오직 한 명의 관찰자에 의해서만 관찰될 수 있지만, 이는 내성의 가장 심각한 비평가들도 인정하는 것이다. 그러나 이미지는 감각의 경우와 같이 물리적 세계에 대한 지식에 의해 도움을 받지 못하기 때문에 이미지의 출현과 소멸의 법칙은 거의 알려져 있지 않고 발견하기 어렵다는 것은 인정해야 한다.

이미지에 관한 중요한 점이 아직 남아 있는데, 그것은 이미지가 '이전의 감각'과 흡사하다는 것이다. 그것은 감각의 '복사본'이라고 알려져 있는데, 항상 그 속에 들어가는 단순한 특질들에 관한 것이긴 하지만, 그것들이 조합되는 방식에 관한 것은 아니다. 우리는 일반적으로 본 적이 없는 색조나 들어본 적이 없는 소리를 상상할 수 없다. 흄은 이 주제를 이미 다루었다. 그는 이미 인용된 정의에서 다음과 같이 말한다.

"대부분의 힘과 폭력을 가지고 들어오는 이러한 지각들을 우리는 '인상'이라고 이름 붙일 수 있다. 그리고 이 이름 아래서, 나는 그들이 처음 영혼에 나타날 때 우리의 모든 감각, 열정, 그리고 감정들을 이해할 수 있다. 관념이란 다름 아닌 사고와 추론에서 나타나는 희미한 이미지를 의미하는 것이다."

러셀, 마음을 파헤치다

그는 다음으로 간단한 관념과 복잡한 관념의 차이점을 설명하고, 복잡한 인상 없이도 복잡한 관념이 발생할 수 있다고 설명한다. 그러나 단순한 관념에 대해서는 "모든 간단한 관념은 그것과 유사한 단순한 인상을 가지고 있으며, 모든 간단한 인상은 그에 상응하는 관념을 가진다."라고 말한다. 그는 이어 "우리의 모든 단순한 관념은 처음 등장했을 때 그에 상응하는 단순한 인상에서 파생되며, 그 인상이 정확히 표현한다"라고 언급한다.[87]

이 사실은 우리가 '이전의 감각들'을 이것 또는 저것의 '이미지'라고 부를 수 있게 한다. 일반적으로 기억의 이해와 지식의 이해에 있어, 이미지와 감각의 인식 가능한 유사성은 근본적으로 중요하다.

흄의 원칙을 세우는 것은 쉽지 않은 일이며, 그것이 정확한 사실인지에 대한 의구심도 있다. 실제로 그는 자신의 이론에 예외가 있음을 언급했다. 그럼에도 주요한 단순 이미지에는 앞서 발생한 유사한 단순 감각의 복사본이 있으며, 단순한 상상이 아닌 모든 경우의 복잡한 이미지에 대해서도 동일하다는 사실은 의심할 수 없다. 교육이 발전함에 따라 이미지가 점점 더 말로 대체되는 경향이 있지만, 지금 현재 없는 것을 참고하여 행동하는 우리의 힘은 주로 이미지의 이러한 특성 때문이다. 우리는 다음 두 번의 강의에서 감각을 모방한 이미지라는 주제에 대해 많은

---

87 "Treatise of Human Nature," Part I, Section I

이야기를 할 것이다. 지금 말한 것은 단지 이것이 그들의 가장 주목할 만한 특징이라는 것을 상기시켜줄 뿐이다.

이미지와 감각의 구분이 궁극적으로 유효하다고 확신하지 않으며, 이미지는 특이한 종류의 감각으로 환원될 수 있다. 그러나 청각 및 시각적 '이미지'의 경우 어느 경우에서나 일반적인 청각 및 시각적 '감각'과 다르므로, 이미지가 감각의 하위 등급으로 간주될 수 있다는 것을 증명해야 한다 하더라도 인식 가능한 유형의 발생을 형성한다는 것은 분명하다. 후속 강의에서는 이를 더 다루도록 하겠다.

러셀, 마음을 파헤치다

IX

기억

이번 강의에서 우리가 탐구해야 할 주제인 기억을 다루기 전에, 먼저 '지식'을 '기억'의 한 형태로 소개하려 한다. 지식에 대한 분석은 13번째 강의가 끝날 때까지 계속될 것이며, 이는 우리 강의 전체에서 가장 어려운 부분이 될 것이다.

지식의 분석은 전적으로 행동주의자들이 말하는 것처럼 순수한 외부 관찰에 의해 영향을 받을 수 있다고 생각하기 어렵다. 이 문제를 이후의 강의에서 논의할 것이다. 이 강의에서는 기억이 어떤 형태로든 거의 모든 다른 지식에서 전제되기 때문에 기억-지식의 분석을 시도하고자 한다. 감각은 지식의 형태가 아니지만 우리는 지각, 즉 환경 내의 사물에 대한 필수적인 경험으로 지식의 논의를 시작해야 하며, 그 경험에서 심리적 분석에 의해 감각을 추출하게 된다. 지각이라고 불리는 것은 그 감각적인 성분이 습관적인 연관성(이미지와 일반적인 상관관계의 기대)을 불러일으킨다는 사실에 의해 감각과 다르다. 그리고 그것들은 주관성으로는 감각과 구별될 수 없다. 과거 경험의 사실은 이러한 감각의 충만함을 만드는 데 필수적이지만, 과거의 경험에 대한 반추는 아니다. 지각의 비감각적 요소는 빈번한 상관관계에 의해 생성된 습관의 결과로 완전히 설명될 수 있다. 강의 Ⅶ에서의 정의에 따르면, 지각은 기대와 관련된 경우를 제외하고는 감각보다 더 많은 형태의 지식이라고 할 수 없다. 지각이 제기하는 순전히 심리적인 문제는 그리 어렵지 않지만, 그것들이 때때로 인식의 비감각적인 요소들의 오류성을 인정하지 않음으로써 인위적으로 모호하게 되었다. 반면에 기억은 어렵고도 중요한 많은 문제를 제기하는데, 이것을 가능한 한 첫 번째로 고려해야 할 필요가 있겠다.

이처럼 초기단계에서 기억을 다루는 한 가지 이유는, 이미지가 과거 감각 경험의 '복사본'으로 인식되는 데 관여하는 것으로 보이기 때문이다. 앞선 강연에서 나는 흄의 "생각이 떠오르기 시작할 때, 생각들은 관념에 상응하고, 그것들이 정확히 나타내는 단순한 인상에서 비롯된다"는 원칙을 말한 바 있다. 이 원칙이 예외에 대한 책임이 있든 없든 간에, 모든 사람들은 '정확히'라는 단어가 지나치게 과장되어 보일 수 있고, 관념이 대략 인상을 나타낸다고 말하는 것이 더 정확하다고 생각할 수 있지만, 넓은 진리의 척도를 가지고 있다는 것에는 동의할 것이다. 그러나 흄의 원칙의 이러한 수정은 지금 고려하고자 하는 문제, 즉 다음과 같

러셀, 마음을 파헤치다

은 문제에는 영향을 미치지 않는다. 왜 우리는 이미지가 때때로 또는 항상 또는 거의 정확하게 감각의 복사본이라고 믿는가? 어떤 종류의 증거가 있는가? 어떤 종류의 증거가 논리적으로 가능한가? 이 질문의 어려움은 이미지가 복사해야 할 감각은 과거이기 때문에 기억으로만 알 수 있는 반면, 과거의 감각에 대한 기억은 현재 이미지를 통해서만 가능해 보인다는 사실 때문에 발생한다. 그렇다면 우리는 어떻게 현재의 이미지와 과거의 느낌을 비교할 수 있는 방법을 찾을 수 있을까? 만약 이미지가 그것들의 전형과 다르다고 말한다면 문제는 매우 심각해진다. 마치 그것들이 닮았다고 말하는 것처럼 말이다. 이해하기 어려운 것은 비교가능성이다.[88] 우리는 그들이 비슷하거나 다르다는 것을 알 수 있다고 생각하지만, 그들을 한 번의 경험으로 모아서 비교할 수는 없다. 이 문제를 다루기 위해서, 우리는 기억 이론이 있어야 한다. 이러한 방식으로 '복사본'으로서의 이미지의 전체 상태는 기억 분석과 결합된다.

기억-믿음을 조사함에 있어, 명심해야 할 점이 있다. 애당초, 기억의 믿음을 구성하는 모든 것은, 그 믿음이 가리키는 과거 시간이 아니라 바로 '지금' 일어나고 있다는 것이다. 기억되는 사건이 일어났어야 했다는

---

88 예를 들어, 어떻게 우리는 다음과 같은 지식을 얻을 수 있을까. "우리가 빨간 코를 보고, 그것을 지각한 조금 후에, 다시 그것의 기억 이미지가 잠복기를 거쳐 다시 나온 후, 우리는 즉시 이 기억 이미지가 원래의 지각과 얼마나 다른지 주목한다." (A. Wohlgemuth, "On the Feelings and their Neural Correlate with an Examination of the Nature of Pain," "Journal of Psychology," vol. viii, part iv, June, 1917).

믿음이나 심지어 과거가 존재했어야 한다는 것에 관한 논리적 설명은 필요하지 않다. 인류가 완전히 비현실적인 과거를 '기억한다는' 가설이나, 세상이 정확히 5분 전에 존재하기 시작했다는 가설 역시 논리적 불가능성이 없다. 서로 다른 시기에 일어난 사건들 사이에는 논리적으로 필요한 연관성이 없기 때문에 지금 일어나고 있거나 미래에 일어날 어떤 것도 5분 전에 세상이 시작되었다는 가설을 반증할 수 없다. 그러므로 과거에 대한 지식이라고 불리는 사건들은 '논리적으로' 과거와는 무관하다. 그것들은 이론적으로 과거가 존재하지 않았더라도 현재의 내용에 대해서 완전히 분석 가능하다.

과거가 존재하지 않는다는 것을 심각한 가설로 받아들여져야 한다고 제안하는 것이 아니다. 다른 모든 회의적인 가설과 마찬가지로, 그것은 논리적으로는 참일 수 있지만 흥미롭지 않다. 내가 하고 있는 모든 것은 우리가 기억할 때 어떤 일이 일어나는지에 대한 분석에 도움을 주기 위해 그것의 논리적 지속성을 사용하는 것이다.

둘째로 믿음이 없는 이미지는 기억을 구성하기에 불충분하며 습관은 더욱 불충분하다. 심리학을 행동의 기록으로 만들려고 하는 행동주의자는 자신의 '기억'을 믿어야 한다. '습관'은 비슷한 사건이 다른 시간에 일어나는 것을 포함하는 개념이다. 행동주의자가 습관 같은 현상이 있다고 확신한다면, 그것은 단지 그가 기억을 신뢰하기 때문일 수 있다, 그것은 그에게 다른 때가 있었다는 것을 확신시켜 주기 때문이다. 이미지도 마찬가지다. 만약 우리가 상상하는 대로 이미지가 과거 사건의 정확하거나 부정확한 '복사본'이라는 것을 알게 된다면, 단순한 이미지 발생 이상의 무언가가 이 지식을 구성해만 한다. 그들의 단순한 사건 그 자체로는, 이전에 일어났던 어떤 것과의 '연관성'을 암시하지 않을 것이다. 우리가 적절한 믿음과 함께 이미지로 기억을 구성할 수 있는가? 우리는 기억 이미지가 실제 기억에서 발생할 때 (a) 복사본으로 알려져 있고, (b) 때로는 불완전한 복사본으로 알려져 있다고 생각할 수 있다(이전 페이지의 각주를 참조하라). 기억 이미지를 대체할 더 정확한 복사본을 갖지 않고 어떻게 기억 이미지가 불완전한 복사본이라는 것을 알 수 있을까? 이것은 우리가 이미지-기억을 비판할 수 있는 방법을 통해 이미지와 무관한 과거를 알 수 있다는 것을 암시하는 것처럼 보일 것이다. 그러나 이러한 추론은 타당하다지 않다.

우리가 부정확하다고 인식하는 이미지를 통해, 과거에 대한 우리의 지식으로부터 형식적으로 얻어지는 결과는 그러한 이미지들이 배열할 수 있는 두 가지 특성을 가져야 한다는 것이다.

기억 이미지의 정확성에 대한 자신감, 혹은 자신감 부족은 이미지 자체의 특성에 근거해야 한다. 왜냐하면 우리는 과거를 떠올리고 현재 이미지와 비교할 수 없기 때문이다. 그렇기에 애매모호함이 필연적 특성이라고 할 수 있지만, 꼭 그렇지만은 않다. 우리는 때때로 특별히 모호하지 않은 이미지들을 가지고 있는데, 그럼에도 이를 모두 신뢰할 수 있다고 볼 수 없다. 예를 들어, 피곤한 상태에서 우리는 친구의 얼굴을 생생하고 선명하게 볼 수 있지만 아마 끔찍하게 왜곡되어 있을 것이다. 이런 경우에 우리는 이미지가 유별나게 선명함에도 불구하고 불신한다. 아마도 우리가 신뢰하는 이미지를 구별하는 특징은 그들과 동반되는 친숙함의 느낌인 것 같다. 어떤 이미지들은 매우 친숙하게 느껴지는 반면, 어떤 이미지들은 이상하게 느껴지기 때문이다. 여기서 친숙함은 '정도'로 느낄 수 있는 감정이다. 예를 들어 잘 알려진 얼굴의 이미지에서는 어떤 부분이 다른 부분보다 더 친숙하게 느껴질 수 있다. 이런 일이 일어날 때 우리는 낯선 부분의 이미지보다 익숙한 부분의 정확성에 더 많은 믿음을 갖는다. 나는 이런 방법으로 우리가 이미지에 비판적이 되는 것이지, '이미지를 비교하는, 이미지 없는 기억'에 의해서가 아니라고 생각한다. 이제 '익숙하다'는 개념을 고찰해보도록 하자.

우리는 과거에 대한 우리의 지식을 설명하기 위해 기억 이미지들이 가지고 있어야 하는 다른 특징을 살펴보았다. 그들은 과거의 다소 외진 부분을 언급하는 것으로 간주하도록 하는 어떤 특성을 가지고 있어야 한다. 만약 우리가 A가 기억되는 사건, B가 기억되는 사건, 그리고 A와 B 사이의 시간 t가 존재한다고 가정한다면, B의 어떤 특성은 어떠한 정도를 가지고 있어야 하며, 정확하게 날짜화 된 기억은 t에 따라 변한다. 즉, 그것은 t에 따라 증가하거나 감소할 수 있다. 이 중 어떤 문제가 발생하는지는 해당 특성의 이론적 사용가능성에 있어 중요하지 않다.

러셀, 마음을 파헤치다

사실 우리에게 어떤 기억된 사건에서 더 크고 덜 멀어지는 느낌을 주는 데 동의하는 다양한 요소가 있다는 것은 의심할 여지가 없다. 특히 즉각적인 기억과 관련된 경우 '과거의 느낌'이라고 할 수 있는 특정한 느낌이 있을 수 있다. 하지만 이것 말고도 다른 흔적들이 있는데 그 중 하나가 맥락이다. 최근의 기억은 대개 더 먼 기억보다 더 많은 맥락을 가지고 있다. 기억된 사건이 맥락을 가지고 있는 경우, 이는 (a) 원형과 동일한 순서로 연속된 이미지에 의해, 또는 (b) 현재 과정이 파악될 수 있는 것과 같은 방식으로 과정이 희미해짐으로써, 점점 증가하는 과거의 표식을 획득하는 '맥락 감각'을 통해 파악 될 수 있는 것이다. 그들은 퇴색함에 따라 '정도'를 나타내므로 모든 것이 민감하게 존재하는 동안 일련적으로 배치된다. 특히 이 두 번째 의미에서의 맥락은 우리에게 기억된 사건의 가깝거나 먼 느낌을 줄 것이다.

물론 기억된 사건과 현재 사이의 시간적 관계를 아는 것과, 기억된 두 사건의 시간 순서를 아는 것 사이에는 차이가 있다. 기억된 사건과 현재 사이의 시간적 관계에 대한 우리의 지식은 종종 기억된 다른 사건과의 시간적 관계에서 추론된다. 현재와 시간적 관계를 주는 감정을 통해 오히려 최근의 사건만을 정확하게 배치할 수 있는 것처럼 보이겠지만, 그러한 감정이 기억된 사건들과 교류하는 과정에서 필수적인 역할을 해야 하는 것은 분명하다.

그렇다면 우리는 이미지들이 우리에게 두 가지 종류의 감정을 가지고 오기 때문에 과거에 일어났던 일의 다소 정확한 사본으로 간주될 수 있다고 말할 수 있다. 바로 (1) '익숙함'의 감정이라고 불릴 수 있는 것과 (2) '과거감'을 주는 감정이다. 첫 번째는 우리의 기억을 믿게 하고, 두 번째는 시간순으로 장소를 지정하게 한다.

이제 기억 믿음을 기반으로 하는 이미지의 특성과 반대로 기억 믿음을 분석해보자. 만약 우리가 지식에서 '주체'나 '행동'이 있다는 통념을 유지했다면, 기억의 모든 문제는 비교적 간단했을 것이다. 우리는 기억한다는 것이 현재의 행위자(주체)와 기억되는 과거의 발생 사이의 직접적인 관계라고 말했다. 기억한다는 행위는 비록 그것의 대상이 과거이기는 하지만 존재한다는 것이다. 그러나 그 주체에 대한 부정은 좀 더 복잡한 이론을 필요로 한다. 기억은 어떤 방식으로든 현재적 사건이어야 한다. 그리고 만약 우리의 현재 기억과 필요한 관계를 가진 사실로 보이는 기억을 제외하고는, 정말로 과거가 있었는지 확인하는 방법이 없다면, 기억이 순수한 망상이 아니라고 가정하는 실용적인 근거를 제외하고는 어떤 근거도 찾기가 어려울 것이다. 마이농의 용어를 따른다면 기억 속의 대상, 즉 우리가 기억하는 과거의 사건은 기억 속의 현재의 정신적 발생과 불쾌할 정도로 동떨어져 있다. 그 둘 사이에는 어색한 차이가 있어서 지식 이론에 어려움을 야기한다. 그러나 이론적인 어려움을 피하기 위해 관찰을 왜곡해서는 안 된다. 그러므로 현재를 위해서, 우리는 이러한 문제들을 잊고, 기억 속에서 실제로 무엇이 일어나는지 발견하도록 해볼 것이다.

몇몇 관점은 고정된 것으로 받아들여질 수 있으며, 기억 이론도 같은 지점에 반드시 도달해야 한다. 이 경우 대부분의 다른 경우와 마찬가지로, 확실하게 받아들일 수 있는 것은 다소 모호하다. 어떤 주제에 대한 연구는 도로를 따라 우리에게 다가오고 있는 물체에 대한 지속적인 관찰과 같다. 확실한 것은 '길에 어떤 물체가 있다'라는 꽤 모호한 지식에서 출발할 것이다. 만약 여러분이 덜 모호하고, 그 물체가 코끼리, 인간, 혹은 미친개라고 주장하려고 한다면 여러분은 오류의 위험을 무릅쓰게 될 것이다. 하지만 계속 관찰의 여러분이 더 정확한 지식을 얻을 수 있도록 하기 위해서이다. 마찬가지로 기억의 연구에서 확실성은 매우 모호할 것이다. 그리고 연구를 통해 도달하려고 하는 더 정확한 명제는 애초에 설정한 흐릿한 데이터보다도 더 불명확할 것이다. 그러나 오류의 위험에도 불구하고, 정밀도는 연구의 목표가 되어야 한다.

모호하지만 의심할 수 없는 데이터 중 첫 번째는 과거에 대한 지식이다. 우리는 아직 우리가 '지식'이 무엇을 의미하는지 정확히 알지 못하며, 어떤 경우든 우리의 기억력에 잘못이 있을 수 있다는 것을 인정해야 한다. 그럼에도 이론적으로 어떤 회의론자도 우리가 실제로 오늘 아침에 잠에서 깨어났고, 어제 여러 가지 일을 했고, 지금 전쟁이 일어나고 있다는 것 등을 의심할 수 없다. 과거에 대한 우리의 지식이 기억에 기인하는 정도나 다른 출처와 얼마나 멀리 떨어져 있는지는 물론 조사해야 할 문제이지만, 기억이 과거에 대한 우리의 지식에서 없어서는 안 될 부분을 형성한다는 것은 의심의 여지가 없다.

두 번째 기준은 우리가 확실히 미래를 아는 것보다는 과거를 아는 능력이 더 많다는 것이다. 우리는 미래에 대해, 예를 들어 일식이 일어날 것이라는 것을 알 수 있다. 하지만 이 지식은 정교한 계산과 추론의 문제인 반면, 과거에 대한 우리의 지식의 일부는 노력 없이 현재 환경에서 일어나는 일에 대한 지식을 얻는 것과 같은 방식으로 우리에게 온다. 우리는 일시적으로 비록 아주 정확하지는 않지만, '기억'을 미래에 대한 우리의 지식처럼 유사성이 없는 과거에 대해 아는 방법으로 정의할 수 있다. 그러한 정의는 적어도 우리가 염려하는 문제를 표시하는 데 도움이 될 것이다. 그러나 일부 예상은 즉각적인 측면에서 기억력과 순위를 매길 가치가 있을 수 있을 것이다.

세 번째 요점은 우리의 이전 두 가지 사실만큼 확실하지는 않지만, 실용주의자들이 바라듯이 기억의 진리가 완전히 실용적일 수는 없다는 것이다. 내가 기억하는 것 중 일부는 사소하고 눈에 띄는 중요성이 없지만, 내 믿음의 미래 결과가 아니라 과거사건 때문에 내 기억이 참(또는 거짓)이라는 것이 분명해 보인다. 믿음과 사실 사이의 대응으로서 진리의 정의는 실용주의적인 정의뿐만 아니라, (일관성의 방법에 의한) 관념론적인 정의와 반대되는 기억의 경우에서 명백하게 보인다. 그러나 이러한 고려사항들은 우리를 심리학에서 벗어나게 하고 있으며, 이제 우리는 그것을 다시

러셀, 마음을 파헤치다

되돌려야 한다.

베르그송이 〈물질과 기억Matter and Memory〉의 두 번째 장에서 구별하는 두 가지 형태의 기억, 즉 습관으로 구성된 종류와 독립적인 기억으로 구성된 종류를 혼동하지 않는 것이 중요하다. 그는 마음으로 무언가를 배우는 사례를 통해 우리에게 다음과 같은 시사점을 준다. 내가 그것을 마음으로 알 때 나는 그것을 기억한다고 하지만 이것은 단지 내가 특정한 습관을 습득했다는 것을 의미한다. 반면에 두 번째로 내가 그것을 배우는 동안의 나의 기억은 단 한 번 일어난 독특한 사건에 대한 기억이다. 독특한 사건에 대한 기억은 전적으로 습관으로 구성될 수 없으며, 사실 습관인 기억과는 근본적으로 다른 것이다. 그 기억만이 진정한 기억이다. 이 구별은 기억의 이해에 필수적이다. 그러나 이론적으로 그리는 것만큼 실제로 실행하는 것은 쉽지 않다. 습관은 우리 정신생활의 매우 방해가 되는 특징이며, 처음에는 그렇지 않은 것처럼 보이는 경우가 많다. 예를 들어, 독특한 사건을 기억하는 습관이 있다고 해보자. 한 번 사건을 묘사하면 우리가 그 때 사용한 단어는 쉽게 습관화된다. 우리는 그것이 일어나고 있는 동안 우리 자신에게 그것을 설명하기 위해 단어를 사용했을 수도 있다. 이 경우 그 단어의 습관은 베르그송이 말한 진정한 기억의 기능을 수행할 수 있지만 실제로는 습관기억에 지나지 않는다. 비유하자면 축음기는 적절한 기록의 도움으로, 과거의 사건들과 관련이 있을지도 모른다. 그리고 사람들은 그들이 믿고 싶어 하는 만큼 축음기와 그렇게 다르지 않다.

그러나 실제로 두 가지 형태의 기억을 구별하는 어려움에도 불구하고, 두 가지 형태가 모두 존재한다는 것에는 의심의 여지가 없다. 내가 오늘 아침을 먹어야 했던 것과 같이, 이제 나는 전혀 기억나지 않는 것들을 기억하기 위해 일을 시작할 수 있다. 그리고 내가 이것을 할 수 있게 하는 것이 완전히 습관일 수는 없다. 기억의 본질을 구성하는 것은 이런 종류의 사건이고 우리가 이런 경우에 일어나는 일을 분석하기 전까지는, 우리는 기억을 이해하는 데 성공하지 못했다고 할 수 있다.

우리가 다루고 있는 기억의 종류는 지식의 한 형태다. 지식 자체가 습관으로 전락할 수 있는지는 나중에 강의할 때 다시 생각해 볼 질문이다. 현재 나는 지식에 대한 진정한 분석이 무엇이든 간에, 과거의 경험으로 인한 행동 때문에 과거의 지식이 증명되지는 않는다는 것을 지적하고 싶을 뿐이다. 사람이 시를 암송할 수 있다는 사실은 그가 시를 암송하거나 읽었던 이전의 어떤 경우를 기억한다는 것을 보여주지 않는다. 마찬가지로 동물들이 익숙해진 우리나 미로 밖으로 나오는데 있어서 동물들의 수행은 그들이 전에 같은 상황에 있었던 것을 기억한다는 것을 증명하지 못한다. 예를 들어 식물의 기억력을 찬성하는 주장은 단지 습관-기억에 대한 주장일 뿐이지 지식-기억에 대한 논쟁은 아니다. 동물이 조상들[89]

---

89 그의 책 "Life and Habit and Unconscious Memory"을 참조하라

러셀, 마음을 파헤치다

의 삶의 일부를 기억한다는 견해를 지지하는 새뮤얼 버틀러Samuel Butler의 주장은 단지 습관-기억의 옹호일 뿐이다. 마찬가지로 이전 강의에서 언급된 세몬의 두 책은 지식-기억 논의에 전혀 영향을 미치지 않는다. 이들은 우리의 마음에 어떤 과거 사건의 이미지가 떠오르는지에 따라 법칙을 주지만, 그러한 이미지가 지식-기억을 구성하는 과거의 사건을 언급한다는 우리의 믿음에 대해서는 논하지 않는다. 이것이 바로 지식-이론의 관심사다. 이것을 과거의 경험을 통해 얻은 단순한 습관과 구별하기 위해 '진정한' 기억이라고 명명하도록 하겠다. 이 진정한 기억을 고려하기 전에 기억을 향해 가고 있는 두 가지, 즉 '익숙함'과 '인식'의 느낌을 고려하는 것이 좋겠다.

우리는 종종 우리가 그것을 본 이전의 어떤 사건들에 대한 확실한 기억 없이 우리의 감각적인 환경의 어떤 것이 친숙하다고 느낀다. 우리는 보통 전에 자주 가봤던 장소들, 즉 집이나 유명한 거리에서 이런 느낌을 받는다. 대부분의 사람들과 동물들은 그들의 많은 시간을 위로가 되는 익숙한 환경에서 보내는 것이 그들의 행복에 필수적이라고 생각한다. 익숙하다는 느낌은 모든 종류의 정도를 가지고 있으며, 우리가 전에 한 사람을 본 적이 있다는 것을 희미하게 느끼는 단계까지 내려간다. 그것은 결코 항상 신뢰할 수 있는 것이 아니다. 거의 모든 사람들이 언젠가 지금 일어나고 있는 모든 일들이 전에 일어났다는 잘 알려진 환상을 경험한다. 익숙함이 어떤 특정한 대상에 붙지 않는 경우가 있는데, 그 때는 단지 그 어떤 것이 친숙하다는 막연한 느낌이 있을 뿐이다. 이는 투르게네 프Turgenev의 〈연기Smoke〉에서 잘 드러난다. 주인공은 자신의 현재가 과거 의 무엇인가를 떠올리고 있는 잊히지 않는 감각에 오랫동안 어리둥절해 하다가 마침내 그것을 헬리오트로프(꽃) 냄새로 추적한다. 마찬가지로 우 리는 명확한 대상 없이 익숙함이 발생할 때마다 적절한 대상을 찾았다고 만족할 때까지 환경을 탐색하고, 이는 우리를 판단으로 이끈다. 익숙함 은 대상 없이 존재할 수 있는 명확한 느낌으로 간주할 수 있지만 일반적 으로 환경의 특징과 특정 관계에 있는 것으로 간주할 수 있다. 관계는 문 제의 특징이 익숙하다고 말함으로써 말로 표현하는 관계인 것이다. 익숙 한 것에 대해 이전에 경험했던 판단은 반추의 산물이며, 말이 마구간으 로 돌아 왔을 때 가져야 할 친숙한 느낌의 일부가 아니다. 그러므로 과거 에 대한 어떤 지식도 익숙함만으로 얻어지는 것은 아니다.

다음 단계는 인식이다. 이것은 두 가지 의미로 받아들여질 수 있는데, 첫 번째는 대상이 친숙하게 느껴질 뿐만 아니라 우리가 익숙하게 느끼 는 그것이 바로 내가 기억하는 대상이라고 아는 것이다. 마치 우리는 친 구 존스를 알고, 고양이와 개를 볼 때 그들을 아는 것처럼 말이다. 여기 서 우리는 과거의 경험에 의해 확실한 영향을 받지만, 과거에 대한 어떤 실제 지식도 반드시 가지고 있지는 않다. 우리가 고양이를 볼 때, 우리가 기르고 있는 이전의 고양이들 때문에 그것이 고양이라는 것을 안다. 일 반적으로 우리는 고양이를 본 적이 있는 어떤 특별한 경우를 그 순간에

러셀, 마음을 파헤치다

기억하지 못한다. 이러한 의미에서 인식은 반드시 연관성의 습관 이상을 수반하지는 않는다. 우리가 현재 보고 있는 물체의 종류는 '고양이'라는 단어, 그르렁거림의 청각적 이미지, 또는 그 순간 고양이의 어떤 다른 특징들과 관련된다.

물론 우리가 어떤 대상을 인식할 때, 이전에 그것을 본 적이 있다고 판단할 수 있지만, 이 판단은 인식 그 이상의 것으로, 단순히 그 대상의 사전적 의미를 알고 있는 것과는 다르다. 인식은 또 다른 의미가 있다. 사물의 이름이나 다른 속성을 알지는 못하지만 이전에 본 적이 있다는 것을 아는 것이다. 하지만 우리가 그것을 이전에 본 적이 있다는 것을 아는 것은 과거에 대한 지식과 관련이 있다. 이 지식은 어떤 의미에서는 기억일 수 있지만, 다른 의미에서는 그렇지 않다. 그것은 과거의 사건에 대한 확실한 기억을 수반하는 것이 아니라, 지금 일어나고 있는 일이 이전에 일어났던 것과 유사하다는 '지식'이다. 그것은 인지적인 것에 의한 '익숙함'과는 다르다. 그것은 '믿음'이나 '판단'이지 익숙함은 아니다. 12번째 강의에서 믿음을 다룰 것이기에, 지금 이 강의에서는 이를 분석하지 않을 것이다. 지금은 단지 인식이 두 번째 의미에서의 믿음으로 구성된다는 사실을 강조하고자 한다. 우리는 믿음을 기반으로 "이것은 이전에 존재했던 적이 있다"라는 말로 표현할 수 있다.

그러나 그러한 인식의 설명은 몇 가지 면에서 부적절하다. 우선 인식을 "이것이 이전에 존재했다"는 것보다 "나는 이것을 전에 본 적이 있다"

로 정의하는 것이 더 정확해 보일 수 있다. 우리는 그것이 무엇을 의미하든 간에 어떤 것을 이전에 경험했던 것으로 인식하지, 그것을 단지 전에 세상에 존재했던 것으로 인식하지는 않는다. 나는 이 점에 실용적인 측면이 있는지 확신할 수 없다. '나의 경험'에 대한 정의는 어렵다. 넓게 말하면 그것은 다양한 형태의 기억들이 가장 중요한 특정한 연결고리에 의해 내가 지금 경험하고 있는 것과 연결되어 있는 모든 것이다. 그러므로 만약 내가 어떤 것을 인식한다면, 내가 그것을 인식하는 덕택에 그것의 이전 존재의 경우는 나의 경험이 다른 세상으로부터 얻어지는 하나의 표지가 될 것이다. 물론 "이것이 이전에 존재했다"는 말은 우리가 인식의 판단을 형성할 때 실제로 일어나는 일에 대한 매우 불충분한 번역이지만, 피할 수 없는 것이다. 단어들은 결코 원시적이지 않은 생각의 수준을 표현하기 위해 틀에 짜여 있거나, 그러한 기본적인 사건을 인식으로 표현할 수 없다. 다시 정확히 비슷한 문제를 제기하는 질문을 살펴보도록 하자.

두 번째 요점은 우리가 무언가를 인식했을 때, 그것은 사실 예전과 같은 것이 아니라 단지 비슷한 것이었다는 점이다. 친구의 얼굴을 떠올려 보자. 사람의 얼굴은 항상 변하며 어떤 경우라도 완전히 똑같지는 않다. 상식은 그것을 다양한 표현을 가진 하나의 얼굴로 취급한다. 실제 얼굴은 단지 논리적인 구성일 뿐이지만 우리는 상식적인 목적에서 그들이 요구하는 반응이 실질적으로 동일할 때 얼굴을 동일한 것으로 간주한다.

그래서 우리가 "안녕, 존스!"라고 말하는 것은 다양한 감각이 결합하여 동일한 물체, 즉 존스가 출현했다고 인식했기 때문이다. '존스'라는 이름은 의미를 형성하기 위해 다양하고 많은 세부 사항이 함께 모여 있음을 보여주는 반영일 뿐이다. 우리가 어떤 경우에나 볼 수 있는 것은 존스를 구성하는 일련의 세부 사항들이 아니라 그들 중 하나일 뿐이다. 또 다른 경우에 우리는 일련의 다른 모습을 보지만, 상식적인 관점에서 동일하다고 간주하는 것은 충분히 비슷하다. 이에 따라 '이것을 본 적이 있다'고 판단할 때 '이것'이 현재 우리가 보고 있는 세계의 실제 구성원에 적용되는 것으로 받아들여진다면 거짓으로 판단해야한다. '이것'이라는 단어는 현재 우리가 보고 있는 것과 같은 것을 충분히 포함시키기 위해 모호하게 해석되어야 하기 때문이다. 여기서 다시, 우리는 진정한 기억과 관련하여 비슷한 점을 찾고 고려할 것이다. 행동주의 관점을 선호하는 사람들은 때때로 인식은 자극이 일어났을 때 우리가 행동했던 것과 같은 방식으로 반복하기를 제안한다고 본다. 그러나 이것은 사실과 정반대로 보인다. 인식의 본질은 반복되는 자극과 새로운 자극 사이의 차이에 있다. 첫 번째 경우에는 인식되지 못하고, 두 번째 경우에는 인식이 존재한다고 볼 수 있다. 사실 인식은 심리학에서 인과 법칙의 특이성의 또 다른 예다. 즉, 인과 단위는 단일 사건이 아니라 둘 이상의 사건이다. 습관이 이를 보여주는 훌륭한 예다. 그러나 인식은 또 다른 것이다. 자극은 한 번 일어나면 일정한 효과가 있지만 두 번 일어나면 인식의 추가 효과가 있다. 그러므로 인식 현상은 자극이 발생한 두 가지 경우로, 두 가지 경우 중 하나의 경우만으로는 불충분하다. 심리학에서 이러한 원인의 복잡성은 정신세계에서의 반복에 대한 베르그송의 주장과 관련이 있을 수 있다. 베르그송이 제안한 것처럼 심리학에 인과 법칙이 없다는 것을 증명하지는 않겠지만, 심리학의 인과 법칙이 물리학의 법칙과 매우 다르다는 것은 증명해야 한다. 내가 이전에 말한 신경조직의 특이성 때문에 차이를 설명할 수 있는 가능성이 있지만, 우리가 부당한 형이상학적 추론을 끌어내고자 한다면, 이 가능성을 잊어서는 안 된다.

우리가 지금 이해하려고 노력해야 하는 진정한 기억은 과거의 사건에 대한 지식으로 구성되어 있지만, 그러한 지식으로만 이루어진 것은 아니다. 과거 사건에 대한 일부 지식, 예를 들어 우리가 역사를 읽음으로써 배우는 것은 미래에 관해 우리가 얻을 수 있는 지식과 동등하다. 즉, 그것은 자연적으로, 즉흥적으로 얻어지는 것이 아니라 추론으로 얻어지는 것이다. 현재에 대한 우리의 지식에도 비슷한 차이가 있다. 어떤 것은 감각을 통해서, 어떤 것은 좀 더 간접적인 방법으로 얻어진다. 지금 이 순간 뉴욕 거리에 많은 사람들이 있다는 것은 알지만, 창밖을 내다보며 바로 알 수 있는 방법으로 아는 것은 아니다. 이 두 종류의 지식의 차이가 어디에 있는지를 정확히 말하기는 쉽지 않지만, 그 차이를 느끼기는 쉽다. 현재로서는 기억이 감각으로부터 얻어지는 지식과 닮았다고 말하는 것으로 만족해야 한다. 그것은 즉각적이고, 유추되지 않으며, 추상적이지 않다. 그리고 주로 과거를 언급함으로써 인식과 구별된다.

기억과 관련하여, 지식의 분석 전반에 걸쳐서 두 가지 매우 뚜렷한 문제가 있다. 즉 (1) 앎에 있어서의 현재 발생의 본질, (2) 알려진 것에 대한 발생의 관계. 우리가 기억할 때, 아는 것은 지금이고, 알려진 것은 과거에 있다. 바로 이 점에서 기억은 두 가지 질문을 가진다.

(1) 우리가 기억하는 현재의 상황은 무엇인가?

(2) 현재 사건은 기억되는 과거 사건과 어떤 관계가 있는가?

이 두 가지 질문 중에서 첫 번째 질문은 심리학자에 해당하는 것이고, 두 번째 질문은 지식 이론(철학)에 관한 것이다. 동시에 우리가 시작한 모호한 자료를 받아들인다면, 어떤 의미에서 과거에 대한 지식이 있다는 의미로, 할 수 있다면 현재 발생에 대한 설명을 찾아야 할 것이다. 의지대로 기억하는 것은 우리에게 과거에 대한 지식을 제공하는 것을 불가능하지 않게 만들 수 있다. 그러나 현재로서는 지식 이론의 문제는 잊고 순전히 심리적인 기억의 문제에 집중하도록 하자.

기억 이미지와 감각 사이에는 가까운 과거에 관한 중간적인 경험이 있다. 예를 들어 우리가 방금 들은 소리는 소리를 듣는 동안이나 며칠 또는 몇 주 전에 들었던 어떤 것의 기억 이미지로부터 감각과 다른 방식으로 우리에게 나타난다. 제임스는 이렇게 말한다. "과거 경험의 원본, 우리가 용어의 의미를 알게 될 때부터" 즉각적으로 과거를 파악한다.[90] 시계가 울리는 동안 그것을 알아차리지 못하고 나중에 알아차린 경험은 모든 사람이 한 번씩 있을 것이다. 그리고 우리가 어떤 말을 하는 것을 들을 때, 우리는 앞서 들린 말들을 의식하고 뒤에 오는 말들은 듣고 있는 상태를 유지한다. 그리고 이 보존은 확실히 과거의 무언가에 대한 기억과는 다르다. 감각은 점차 사라지며, 이미지의 자료로 이어지는 연속적 단계들을 지나간다. 감각과 이미지 사이의 중간 조건에서 즉각적인 과거가 유지되는 것을 '즉각 기억immediate memory'이라고 부를 수 있다. 이에 속하는 모든 것들은 소위 '그럴듯한 현재'라고 불리는 것에 감각과 함께 포함되어 있다. 이 그럴듯한 현재는 감각에서 이미지로 이동하는 모든 단계의 요소들을 포함한다. 이러한 사실은 우리가 움직임이나 구어체의 어순을 알 수 있게 해준다. 이것에 대한 계승은 현재에 있어서도 일어날 수 있는데, 그 중 어떤 부분은 일찍, 다른 부분은 나중에 구별할 수 있다. 가장 초기 부분은 본래로부터 많이 희미해진 부분이고, 가장 최근의 부분은 완전한 감각적 성격을 유지하는 부분이라고 가정할 수 있다. 자극이 시작될 때 우리는 감각을 갖게 되고, 그 다음에는 점진적인 전환, 그리고 마지막에는 이미지를 갖게 된다. 그들이 희미해지는 동안 감각은 '아

---

90 "Psychology", i, p. 604

　　　　　　　　　　　　러셀, 마음을 파헤치다

골루틱_{akoluthic}' 감각이라고 불린다.[91] 희미해지는 과정이 완료되면 (이 과정은 매우 빠르게 진행된다) 이미지에 도달하며, 이후 변경 사항이 거의 없이 되살릴 수 있다. 즉각 기억이 아닌 진정한 기억은 희미해지는 기간이 끝나기에 충분히 먼 사건에만 적용된다. 이러한 사건은 존재하는 모든 것으로 표현되는 경우, 감각과 이미지 사이의 중간 단계가 아닌, 희미해지는 기간 동안 발생하는 이미지로만 표현될 수 있을 것이다.

즉각 기억은 그것이 계승의 경험을 제공하고, 감각과 그들의 복제품인 이미지 사이의 차이를 연결시켜주기 때문에 중요하지만 이제는 진정한 기억에 대한 고찰을 다시 시작해야 할 때다.

내가 오늘 아침으로 무엇을 먹었는지 물어보면 어떨까? 더 나아가서 내가 그 동안 아침 식사에 대해 생각해 본 적이 없고, 그것을 먹는 동안 그것이 무엇으로 구성되어 있는지 말로 표현하지 않았다고 가정해 보자. 이 경우에 나의 기억은 습관적인 기억이 아니라 진정한 기억이 될 것이다. 기억의 과정은 아침식사의 이미지를 불러오는 것으로 구성될 것이며, 그것은 기억과 상상 속의 이미지를 구별하는 것과 같은 믿음의 느낌을 내게 가져다 줄 것이다. 또는 때때로 단어들은 이미지의 매개체 없이 올 수도 있다; 그러나 이 경우에도 마찬가지로 믿음의 느낌은 필수적이다.

당장은 단어가 이미지를 대체하는 기억은 생략하도록 하자. 이것들은

---

91 Semon, "Die mnemischen Empfindungen", chap. vi 를 참조하라.

내 생각에, 정말로 습관적인 기억이고 이미지를 사용하는 기억들이야말로 전형적인 진짜 기억이다.

기억-이미지와 상상-이미지는 우리가 발견할 수 있는 한, 본질적인 특성에 차이가 없다. 상상력을 구성하는 이미지와 달리 기억을 구성하는 이미지는 '이런 일이 있었다'는 말로 표현될 수 있는 믿음의 감정을 동반한다는 점에서만 차이가 있다. 이러한 믿음의 느낌 없는 이미지의 발생은 상상력을 구성하고 믿음의 구성요소로서 기억의 그것과는 구분된다.[92]

적어도 세 가지 다른 종류의 믿음에 대한 느낌이 있다. 우리는 이것을 각각 기억, 기대, 그리고 순수한 동의라고 부를 수 있다. 내가 순수한 동의라고 부르는 것과 관련하여 믿음의 감정에는 시간 요소가 없지만, 믿음의 내용에는 시간 요소가 있을 수 있다는 사실을 지적하고자 한다. 만약 내가 카이사르Caesar가 기원전 55년에 영국에 상륙했다고 믿는다면, 그 시간에 대한 결정은 '믿음의 감정'이 아니라 '믿는 것'에 있다. 그 일은 기억나지 않지만 내년 일식 발표 때와 같은 느낌이 든다. 그러나 번개를 보고 천둥을 기다릴 때, 그것이 미래를 의미한다는 점만 빼면 나는 기억과 비슷한 '믿음의 느낌'을 가지게 된다. '이렇게 될 것'이라는 말로 표현될 수 있는 느낌과 결합된 천둥의 이미지를 가지고 있는 것이다. 그래

---

92 특정 종류의 믿음에 대해서는 다음을 참조하라. 도로시 린치Dorothy Wrinch, "On the Nature of Memory", "Mind, January", 1920.

러셀, 마음을 파헤치다

서 기억 속에 과거는 믿어진 것의 내용에 있는 것이 아니라, 믿음의 느낌에 본질이 있는 것이다. 따라서 나는 똑같은 이미지를 가지고 있고 그들의 실현을 기대할 수 있다. 소설을 읽는 것과 같이 아무런 믿음 없이 그들을 즐겁게 해줄 수도 있고, 아니면 시간 결정으로 그들을 즐겁게 해줄 수도 있고, 역사를 읽는 것과 같이 전적으로 동의해 줄 수도 있다. 나중에 우리가 믿음의 분석에 대해 이야기 할 때 다시 이 주제를 다루도록 하겠다. 일단 현재로선 어떤 특별한 믿음이 기억의 특징이라는 것을 분명히 하고 싶다.

기억이 습관이나 연합으로 설명될 수 있는가에 대한 문제는 우리가 무언가를 기억하는 원인과 관련하여 새롭게 생각할 필요가 있다. 내가 오늘 아침으로 무엇을 먹었는지 묻는 경우를 다시 한 번 생각해 보자. 이 경우 그 질문이 내가 기억을 더듬도록 만든다. 그 질문이 내가 기억하는 것이 무엇인지 나에게 가르쳐주는 것은 조금 이상하다. 이것은 다음 강의의 주제가 될 '이해'와 관련이 있지만, 설명을 위해 잠시 언급해보자. '오늘 아침 식사'라는 말에 대한 우리의 이해는 날마다 다른 날을 가리키고 있음에도 불구하고 습관이다. '오늘 아침'은 사용될 때마다 '존'이나 '세인트 폴 대성당'과 같은 것을 의미하는 것이 아니다. 그것은 각각 다른 날, 다른 기간을 의미한다. '오늘 아침'이라는 말에 대한 우리의 이해를 구성하는 습관은 고정된 대상과 단어를 연관시키는 습관이 아니라, 우리의 현재와 일정한 시간 관계가 있는 어떤 것과 그것들을 연관시키는 습관이라는 것이 따른다. 오늘 아침은 어제 아침과 같은 시간적 관계다. '오늘 아침'이라는 말을 이해하기 위해서는 이 시간 간격을 느끼는 방식이 필요하고, 이 느낌이 '오늘 아침'이라는 말의 의미에 일정함을 부여해야 한다. 그러나 시간 간격에 대한 이러한 인식은 분명히 기억의 산물이지 그것에 대한 전제가 아니다. 그러므로 우리가 기억을 전제로 하지 않는 것으로 기억의 원인을 분석하고자 한다면, '오늘 아침'에 관한 질문 말고 다른 예를 드는 것이 더 나을 것이다.

뭔가 바뀐 익숙한 방에 들어가는 경우를 상상해보자. 벽에 새로운 그림이 걸려 있다고 하자. 처음에는 뭔가 낯선 느낌만 가질 수 있지만, 곧이어 (이전의 방을) 기억하면서 "저 사진은 전에 벽에 있던 사진이 아니다"라고 말할 것이다. 이 가정을 더 확실히 하기 위해서, 이 방에 한 번만 머무른 적이 있다고 가정해보자. 이 경우에 무슨 일이 일어나는지는 꽤 분명해 보인다. 그 방에 있는 다른 물건들은, 전자의 경우를 통해 벽의 빈 공간과 연관되어 있는데, 현재는 그림이 있는 것이다. 이는 그림에 대한 인식과 충돌하는 빈 벽의 이미지를 불러낸다. 그 이미지는 우리가 기억의 특징인 것으로 판명된 믿음의 느낌과 관련이 있는데, 그것은 그것이 폐지되거나 인식과 조화를 이룰 수 없기 때문이다. 만약 그 방이 변하지 않았다면 우리는 확실한 기억 없이 친근감만 느꼈을지도 모른다. 그것은 우리를 기억으로 이끄는 변화다.

우리는 많은 기억의 원인을 다루기 위해 이 사례를 일반화할 수 있다.

러셀, 마음을 파헤치다

환경의 현재 특성은 과거의 경험을 통해, 현재 존재하지 않는 것과 연관되어 있다. 이 존재하지 않는 것은 이미지로서 우리 앞에 나타나며, 현재의 감각과 대조된다. 이런 경우 습관(또는 연관성)은 왜 환경의 현재 특징이 기억-이미지를 불러오는지 설명하지만 기억-믿음을 설명하지는 않는다. 아마도 좀 더 완전한 분석이 기억의 믿음을 연관성과 습관의 선에서도 설명할 수 있겠지만, 믿음의 원인은 불분명해서 우리는 아직 그것들을 탐구할 수 없다. 현재로서는 기억 이미지가 습관에 의해 설명될 수 있다는 사실에 만족해야 한다. 기억-믿음에 관해서는 적어도 잠정적으로, 우리가 전에 기억하지 못했던 것을 기억할 때 어떤 식으로든 습관의 범주에 둘 수 없다는 베르그송의 견해를 받아들여야만 한다.

이제 기억-믿음의 내용을 좀 더 자세히 고찰해보자. 기억-믿음은 우리가 '의미'라고 부를 수 있는 어떤 것을 기억 이미지에 연결시킨다. 그것은 그 이미지가 과거에 존재했던 대상을 가리키고 있다는 것을 느끼게 한다. 이 주제를 다루기 위해서는 우리는 기억-믿음의 언어적 표현을 고려해야 한다. 우리는 기억-믿음을 '이 이미지와 같은 것이 일어났다'라는 말에 넣고 싶을지도 모른다. 그러나 그러한 말은 가장 단순한 종류의 기억-믿음에 대한 정확한 번역과도 거리가 멀 것이다. '이미지와 같은 것'은 매우 복잡한 개념이다. 가장 단순한 종류의 기억에서 우리는 이미지와 그것이 복사하는 감각의 차이를 알지 못하는데, 그것은 아마도 그것의 '추상'이라고 불릴지도 모른다. 이미지가 있는 경우, 우리는 '이런 일이 일어났다'고 먼저 판단한다. 예를 들어, '이것'이라는 단어는 두 가지(이미지와 감각)를 모두 포괄하고, 기억-믿음을 가질 수 있게 하는 것이지 '이와 같은 것'이라는 복잡한 개념을 도입하지 않는다.

다음 주장을 살펴보자. 실제로 '이것'이 현재적 이미지라는 이유로, 우리가 '이것이 일어났다'라고 판단한다면 그것은 잘못된 판단이 될 수 있고, 그렇게 해석된 기억-믿음은 기만적이 될 수 있다. 이 주장은 반박될 수 있긴 하지만, 말이 세련되지 못한 사람들이 사용할 때 갖지 못한 정밀함을 주려다 생긴 실수다. 이미지가 전형과 완전히 동일하지는 않은 것은 사실이며, 만약 '이것'이라는 단어가 다른 모든 것을 배제하는 이미지를 의미한다면, '이것이 발생했다'는 판단은 거짓이 될 것이다. 하지만 정체성은 정확한 개념이고, 어떤 단어도 일상적인 말에서 정확한 것을 나타내지 않는다. 일상적인 말은 정체성과 가까운 유사성을 구분하지 않는다. 단어는 항상 하나의 특정인에게만 적용되는 것이 아니라 공통의 생각이나 말에서 다중으로 인식되지 않는 일련의 관련 사항에도 적용된다. 따라서 원시 기억은 그것이 '이것이 일어났다'고 판단할 때 모호하지만 거짓은 아니다.

정말 가까운 유사성인 애매한 정체성은 많은 철학적 혼란의 원천이었다. 이미지와 원형 모두인 '이것'과 같은 애매한 주제에서 모순된 술어가 동시에 진실이 된다. 이것은 기억되는 것이기 때문에 존재했거나 존재하지 않았지만, 또한 현재 이미지이기 때문에 존재하고 존재하지 않을 수 있다. 따라서 과거에 의한 베르그송의 현재에 대한 개입, 헤겔Hegel의 연속성과 다양성에서의 정체성, 그리고 모호하고 혼란스러워 심오하다고 생각되는 다수의 다른 개념들이 있다. 기억에서 교란된 이미지와 전형으로 인한 모순은 우리를 정밀하게 만들지만 우리가 정확해지면, 우리의 기억은 일상적 삶과 달라지고, 만약 우리가 이것을 잊는다면 우리는 일상적 기억의 분석에서 길을 잃을 것이다.

모호함과 정확성은 중요한 개념으로 이를 이해하는 것은 매우 필수적이다. 그리고 둘 다 정도의 문제다. 모든 사고는 어느 정도 모호하며 완전한 정확성은 이론적으로, 실질적으로 달성할 수 없는 이상이다. 정확성이 무엇을 의미하는지 이해하기 위해서는 균형이나 온도계와 같은 측정의 첫 번째 도구를 고려하는 것이 좋을 것이다. 이것들은 아주 약간씩 다른 자극에 대해 다른 결과를 줄 때 정확하다고 여겨진다.[93] 임상 온도계는 혈액의 온도에서 아주 미세한 차이를 탐지할 수 있을 때 정확하다. 우리는 일반적으로 악기가 다른 자극에 아주 약간씩 다르게 반응하기 때문에 그 비율이 정확하다고 말한다. 자극의 작은 차이가 반응의 큰 차이를 만들어낼 때, 그 계기는 정확하다. 반대는 그렇지 않을 것이다.

생각이나 지각의 정확성을 규정할 때도 같은 것이 적용된다. 음악가는 보통 인간에게는 전혀 지각할 수 없는 극소수의 연주에 대해 다르게 반

---

93 이 조건은 필요조건이지 충분조건은 아니다. 정확성과 모호성의 주제는 강의 XIII에서 다시 고려될 것이다.

응할 것이다. 흑인은 흑인과 다른 흑인의 차이를 알 수 있다. 이 흑인은 그의 친구이고 저 흑인은 그의 적이다. 그러나 우리에게 그러한 반응은 불가능하다. 우리는 단지 '흑인'이라는 단어를 무차별적으로 적용할 수 있을 뿐이다. 어떤 특정한 종류의 자극에 대한 반응의 정확성은 연습에 의해 향상된다. 언어를 이해하는 것이 좋은 예다. 'hall'과 'hole'의 소리 사이의 차이를 들을 수 있는 프랑스인은 거의 없다. 이것은 우리에게 전혀 다른 인상을 준다. '홀hall에 물이 가득 차 있다'와 '구멍hole에 물이 가득 차 있다'는 두 진술은 서로 다른 반응을 요구하며, 이 점에서 그들의 구별할 수 없는 듣기는 부정확하거나 모호하다.

지각에서와 같이 생각의 정밀도와 모호성은 더 많거나 덜 유사한 자극에 대한 반응 사이의 차이 정도에 따라 달라진다. 생각의 경우 반응은 감각적 자극에 즉시 따르는 것은 아니지만, 우리의 현재 질문에 대해서는 아무런 차이가 없다. 기억으로 되돌아 가보자. 기억은 다른 많은 사건이 적절할 때 모호하다. 예를 들어 '나는 남자를 만났다'는 것은 그 남자가 누구인지 밝혀지기 전까지 모호하다. 기억은 그것을 증명할 사건들이 아슬아슬하게 제한될 때 '정밀'하다. 예를 들어 "I meet Jones"는 "I meet a man"에 비해 정확하다. 기억은 정확하면서도 진실할 때, 즉 위의 예에서 내가 만난 사람이 존스라면 '정확하다'. 비록 그것이 거짓일지라도 그것을 사실화하기 위해, 어떤 매우 확실한 사건이 요구되었을지라도 정확하다.

이러한 생각은 모호한 생각이 정확한 생각보다 진실일 가능성이 더 크다고 말한 것에서 유래한다. 막연한 생각으로 물체를 맞추려고 하는 것은 퍼티(접합제의 일종) 덩어리로 황소의 눈을 치려고 하는 것과 같다. 퍼티가 목표물에 도달하면 그것은 목표물 전체에 평평하게 퍼지고, 아마도 잔여물과 함께 황소의 눈을 덮을 것이다. 반면에 정확한 생각으로 물체를 치려고 하는 것은 총알로 황소의 눈을 적중시키려는 것과 같다. 정확한 사고의 장점은 과녁의 나머지부분과 황소의 눈을 구분한다는 것이다. 예를 들어 전체 대상을 버섯과 균류로 나타내면 목표물인 버섯을 타격할 수밖에 없는 막연한 사고방식이다. 그러나 이것은 요리의 견지에서 보면 전체적으로 별로 쓸모가 없다. 내가 한 남자를 만났다는 것만 기억한다면, 내 기억은 브라운을 만나거나 존스를 만난 사실 간에 큰 차이를 만들 수 있기 때문에, 실제적인 요구조건에 매우 부적합할 수도 있을 것이다. 그러나 예를 들어 '나는 존스를 만났다'라는 기억은, 내가 존스를 만난다면 정확하고, 브라운을 만난다면 정확하지 않지만, 내가 한 남자를 만났다는 단순한 기억에서라면 두 경우 모두 정확하다.

그러나 정확도와 정밀도의 구별이 근본적인 것은 아니다. 우리는 생각의 정밀성을 생략하고 정확성과 모호성의 구별에만 국한시킬 수 있다. 그런 다음, 아래와 같이 정의를 설정할 수 있다.

한 도구는 일정한 자극과 적절하게 다르지 않은 자극에 대해 항상 서로 다른 반응을 제공할 때 '신뢰할 수 있다'. 한 도구는 모든 경우에 반응이 같은 순서로 일련 배열될 때 연속적으로 정렬되는 일련의 자극에 대한 '측정'이다. 신뢰할 수 있는 계측기의 '정확도'는 자극의 차이가 작은 경우에, 자극의 차이에 대한 반응의 비율이다.[94] 즉, 자극의 작은 차이가 반응의 큰 차이를 만들어 낸다면 기구는 매우 정확하거나 매우 부정확하다.

이러한 정의는 기억의 경우뿐만 아니라 지식과 관련된 거의 모든 질문에서 유용할 것이다.

모호한 믿음이 반드시 거짓이 되는 것은 아니지만, 정확한 믿음보다 진실의 가능성이 더 높고 중요한 방식에서 다를 수 있는 발생을 구분하지 않기 때문에 정확한 믿음보다 가치는 낮다.

위의 모호함과 정확성에 대한 모든 논의는 우리가 구두 기억으로 '이것이 일어났다'고 판단할 때 '이것'이라는 단어를 해석하려는 시도에서 비롯되었다. 이러한 판단에서 '이것'이라는 단어는 현재의 기억 이미지와 그것의 원형인 과거 사건에 똑같이 적용되는 애매모호한 단어다. 비록 실제로는 종종 구별이 모호해질 수 있지만, 애매한 단어는 일반적인 단어로 식별해서는 안 된다. 단어는 어떤 공통 속성 때문에 여러 다른 객체에 적용될 수 있다는 것이 일반적 견해다. 단어는 그 단어를 사용하는

---

94 엄격히 말하면 자극에 대한 반응의 파생물의 한계다. 정신적인 반응은 그것의 정확성, 혹은 오히려 정밀성의 결여에 비례하여 "모호함"이라고 불린다.

사람에게 구별하기 위해 나타나지 않았기 때문에, 실제로 여러 다른 물체에 적용될 때 모호하다. 우리는 애매한 단어를 젤리에 비유할 수도 있고 일반적인 단어를 총알에 비유할 수도 있다. 애매한 말은 정체성과 차이의 판단에 앞서 있다. 일반적인 단어와 특정 단어 모두 그러한 판단 뒤를 따른다. 원시 기억-믿음에서 '이것'이라는 단어는 일반적인 단어가 아니라 애매한 단어다. 두 단어가 구별되지 않기 때문에 이미지와 원형을 모두 포괄하는 것이다.[95]

그러나 우리는 기억력에 대한 분석을 아직 끝내지 못했다. '이것이 일어났다'는 믿음의 긴장감은 기억과 관련된 믿음의 본질에 의해 제공된다. 우리가 본 것처럼 '이것'이라는 단어는 우리가 설명하려고 했던 모호함을 가지고 있다. 그러나 우리는 여전히 '일어났다'는 것이 무엇을 의미하는지 물어봐야 한다. 이미지는 어떤 의미에서는 '지금' 일어나고 있다. 따라서 우리는 과거에 사건이 일어났지만, 이미지는 일어나지 않는 어떤 다른 감각을 찾아야한다.

이제 두 가지 분명한 질문이 있다. (1) 어떤 일이 일어난다고 말하는 이

---

95 애매모호하고 일반적인 개념에 대해 리봇Ribot, "Evolution of General Ideas", Open Court Co.,1899, p. 32을 참조하라. "허용할 수 있는 유일한 공식은 다음과 같다. 지능은 무한정에서 한정으로 발전한다. 만약 '무한정'이 일반과 동의어로 받아들여진다면, 특정이 처음에 나타나지 않는다고 말할 수도 있지만, 정확한 의미에서 일반도 마찬가지다. 애매모호함이 더 적절할 것이다. 다시 말해 지성은 지각의 순간을 넘어, 그리고 기억 속의 그것의 즉각적인 재생산의 순간을 넘어 일반 이미지는 그것의 외관을 만든다. 특정 이미지와 일반 사이의 중간 상태, 즉 하나의 본질과 다른 것의 본질에 참여하는 혼란스러운 단순화다."

유는 무엇인가? (2) 우리가 그렇게 말할 때 우리는 무엇을 느끼고 있는 가? 첫 번째 질문에 관해서, 우리와 관련된 단어의 조잡한 사용에서 기억 이미지가 발생한다고 말할 수는 없을 것이다. 그들은 그 자체로 눈에 띄지 않고 단지 과거 사건의 신호로 사용될 뿐이다. 이미지는 '단순히 상 상적'이다. 그들은 조잡한 생각으로 외부 사물에 속하는 일종의 현실을 가지고 있지 않다. 대략적으로 말하자면, '실제' 사물은 감각을 유발할 수 있는 것들, 물리적 대상을 구성하는 일종의 상관관계를 가진 것들이 다. 그러한 상관관계의 맥락에 맞을 때 대상을 '실재' 또는 '발생'이라고 한다. 우리의 기억 이미지의 전형은 물리적 맥락에 맞았지만 우리의 기 억 이미지는 그렇지 않다. 이로 인해 전형은 '실재'라고 느끼고 이미지는 '가상'이라고 느끼게 되는 것이다.

그러나 우리의 두 번째 질문에 대한 대답, 즉 우리가 어떤 것을 '발생' 혹은 '실재'라고 말할 때 우리가 느끼고 있는 것에 대한 것은 약간 달라 야 한다. 우리는 비정상적으로 반추하지 않는 한 상관관계의 유무에 대 해 생각하지 않는다. 우리는 단지 지적인, 상관관계의 유무에 대한 기대 로서 표현될 수 있는 다른 감정을 가지고 있을 뿐이다. '진짜를 느낀다' 는 것은 우리에게 희망이나 두려움, 기대 혹은 호기심으로 영감을 주는 데 어떤 것이 '상상적인 것'을 느낄 때는 완전히 존재하지 않는다. 현실 의 느낌은 존중과 비슷한 느낌이다. 그것은 주로 우리의 자발적인 협조 없이 우리에게 영향을 미칠 수 있는 영역에 속한다. 기억의 특징인 특정한 종류의 믿음의 느낌으로, 과거를 지칭하는 이러한 현실의 느낌은 순수한 형태로 기억 행위를 구성하는 것으로 보인다.

이제 순수한 기억에 대한 분석을 요약해보자.

기억은 이미지, 즉 과거의 존재에 대한 믿음을 요구한다. 그 믿음은 '이것이 존재했다'라는 말로 표현될 수 있다.

믿음은 다른 모든 것과 마찬가지로 (1) 믿는 행위 (2) 믿어지는 것으로 분석될 수 있다. 믿는 행위는 특정한 느낌, 감각 또는 감각의 복합체이며 과거를 가리키도록 만드는 방식으로서 기대나 맹목적 찬성과는 다르다. 과거에 대한 언급은 믿는 내용에 있는 것이 아니라 믿음의 느낌에 있다. 믿음의 느낌과 내용 사이에는 관계가 있어 믿음의 느낌이 내용을 가리키게 하고, 그 내용이 믿는 것이라고 표현하게 된다.

믿었던 내용은 말로 표현될 수도 있고 그렇지 않을 수도 있다. 그렇지 않을 경우에 우리가 단지 지금 이미지를 가지고 있는 어떤 것이 일어났다는 것을 기억하고 있다면, 그 내용은 (a) 이미지, (b) 존중과 유사한 느낌으로 구성되는데, 우리는 이것을 '상상적인 것'과 반대되는 것으로 번역한다. (c) 우리는 현실의 느낌과 이미지 사이의 관계를 표현할 때 '실재적'이라고 말한다. 느낌이 이미지를 의미한다고 말하는 것이다. 이 내용 자체에 시간을 결정하는 기능은 없다.

시간 결정은 '기억' 또는 (더 나은) '기억'이라고 불리는 믿음의 느낌의 본질에 있다. 과거 언급에 대한 후속적인 성찰은 우리가 회수한 이미지와 사건 사이의 구분을 깨닫게 해준다. 우리가 이 구별을 했을 때, 우리는 그 이미지가 과거 사건을 '의미한다'고 말할 수 있다.

말로 표현되는 내용은 '이것이 존재하는 것'이라는 말로 가장 잘 표현되는데, 이 단어들은 내용이 아닌 믿음의 느낌에 속하는 시제를 수반하지 않기 때문이다. 여기서 '이것'은 기억 이미지와 그것의 원형을 포함한 그것과 매우 유사한 것을 다루는 애매한 용어다. '존재'는 우리의 자발적인 협조 없이 우리에게 영향을 미칠 수 있는 모든 것에 의해 자극되는 '현실'의 느낌을 표현한다. '이것의 존재'라는 문구에 있는 '의'라는 단어는 현실의 느낌과 '이것' 사이에 존재하는 관계를 나타낸다.

기억력에 대한 이 분석에는 분명 오류가 있을 수 있지만, 이것이 현재로서는 최선이다.[96]

---

96 내가 믿음의 느낌에 대해 말할 때, 나는 일반적인 의미에서 "느낌"이라는 단어를 사용했다. 그 믿음의 느낌에 대한 어떤 특별한 분석에 전념하고 싶지 않기 때문이다. 참고하라.

X

말과 의미

이 강의에서 우리가 다룰 문제는 '의미'라고 불리는 관계를 결정하는 것이다. 예를 들어, '나폴레옹'이라는 말은 어떤 사람을 의미한다. 우리는 '나폴레옹'이라는 단어와 그렇게 지정된 사람 사이의 관계를 주장하고 있는 셈인데, 우리가 지금 다루고자 하는 것이 바로 이 관계이다.

먼저 말의 의미를 제외하고 단순히 물리적인 것으로 간주될 때 어떤 종류의 대상이 되는지 살펴보자. 단어는 그것이 사용되는 많은 다른 경우가 있을 것이다. 따라서 단어(말)는 각각이 독특하고 특별한 것이 아니라 일련의 발생이다. 구어체에만 국한한다면, 한 단어는 말하는 사람의 관점과 듣는 사람의 관점으로부터 바라보는 두 가지 측면이 있다. 화자의 관점에서 보면, 단어 사용의 한 예는 목과 입에서 호흡과 결합된 특정한 일련의 움직임으로 이루어진다. 듣는 사람의 관점에서 단어 사용의 단일한 예는 특정한 일련의 소리들로 구성되며, 각각의 문자는 서면으로 대략 하나의 문자에 의해 표현된다. 그러나 실제로는 한 글자가 여러 소리를 나타낼 수도 있고, 또는 여러 글자가 하나의 소리를 나타낼 수 있다. 구어와 그 구어가 청자에게 도달하는 시점의 연관성은 인과 관계다. 이제 '생각'이라고 불리는 것의 분석에 더 중요한 구어에만 국한해보자. 그러면 우리는 구어의 단일한 예가 일련의 움직임으로 구성되며, 그 단어는 그러한 일련의 전체 집합으로 구성되며, 집합의 각 구성원은 서로 매우 유사하다고 말할 수 있다. 즉, '나폴레옹'이라는 단어의 두 가지 예는 매우 유사하며, 각각의 예는 입에서 일련의 움직임으로 구성된다.

따라서 한 단어는 결코 간단하지 않다. 그것은 유사한 일련의 움직임의 종류다. 요구되는 유사성의 정도는 정확하게 정의할 수 없다. 만약 '나폴레옹'이라는 단어를 너무 심하게 뭉개면서 발음한다면 그가 정말로 발음했는지 아닌지 거의 알 수 없다. 단어의 예는 감지할 수 없을 정도로 다른 움직임으로 변한다. 이것은 듣거나, 쓰거나, 읽거나 하는 단어에도 적용된다. 그러나 지금까지 우리는 단어의 정의에 대한 질문조차 꺼내지 않았다. 왜냐하면 '의미'는 단어를 다른 비슷한 움직임과 구별하는 것을 분명하게 만들어주기 때문이다. 따라서 '의미'는 이런 내용으로 정의된다.

단어의 의미를 전통적인 것으로 생각하는 것은 당연하다. 그러나 이것은 큰 한계에 직면한 경우에만 사실이다. 새로운 단어는 예를 들어, 새로운 과학 용어의 경우처럼, 단순한 관습에 의해 기존 언어에 추가될 수

러셀, 마음을 파헤치다

있다. 그러나 언어의 기초는 개인이나 공동체의 관점에서 볼 때 관습적인 것이 아니다. 말하는 것을 배우는 아이는 개들이 짖기를 기대하는 습관만큼이나 환경에 의해 결정되는 학습 습관과 연합의 산물이다. 언어를 사용하는 공동체는 언어를 배우면서, 어느 정도 확인할 수 있는 법칙에 따라 작용하는 원인의 결과에 의해 그것을 수정해왔다. 만약 우리가 인도-유럽 언어를 충분히 거슬러 올라가면, 우리는 언어가 후속 단어가 성장한 뿌리만으로 구성된 단계에 가정적으로 도달한다. 이러한 뿌리가 어떻게 그들의 의미를 얻었는지는 알려지지 않았지만, 전통적인 기원은 홉스Hobbes와 루소Rousseau가 시민 정부가 수립되었을 것으로 추정하는 사회적 계약만큼이나 신화적인 것이 분명하다. 우리는 그때까지 말문이 막힌 원로들이 모여 소를 소로, 늑대를 늑대라고 부르기로 합의했다고는 상상하기 어렵다. 비록 현재 그 과정의 본질을 알 수 없지만, 그 의미와 단어의 연관성은 어떤 자연적 과정에 의해 성장했을 것이다.

물론 구어와 문어만이 의미를 전달하는 유일한 방법은 아니다. 분트Wundt의 저서인 〈민족심리학Völkerpsychologie〉 중 많은 부분이 제스처 언어와 관련이 있다. 개미는 더듬이를 통해 일정량의 정보를 전달할 수 있는 것처럼 보인다. 아마도 우리가 현재 말의 표현 방법으로 간주하고 있는 글쓰기 그 자체는 중국에서 오늘날까지 남아 있는 것처럼, 원래는 독립된 언어였을 것이다. 글쓰기는 원래부터 점차 일반화된 그림으로 구성돼 음절을 나타내는 시간에 맞춰 오고, 마지막으로 'T for Tommy'라는 통신

법칙에 적힌 글씨로 구성돼 있었던 것으로 보인다.[97] 그러나 어디에도 글을 쓰지 않는 것은 말을 표현하기 위한 시도에서 시작되었다고 볼 수 없다. 그것은 표현될 것의 직접적인 그림 표현으로 시작되었던 것이다. 언어의 본질은 특별한 의사소통 수단을 사용하는 것이 아니라 어떤 것, 즉 구어, 그림, 몸짓, 또는 다른 것에 대한 '관념'을 불러올 수 있도록 고정적인 연관성을 채용하는 데 있다. 이것이 행해질 때마다 분별 있는 것은 '표지' 또는 '기호'라고 불릴 수 있고, '관념'를 불러내기 위한 것은 '의미'라고 불릴 수 있는 것이다. 이것이 '의미'를 구성하는 것의 대략적인 개요다. 그러나 우리는 다양한 방법으로 개요를 작성해야 한다. 그리고 소위 '생각'이라고 불리는 것에 관심을 가지기 때문에, 언어의 사회적 사용과 반대로 사적으로 행해지는 것에 더 많은 관심을 기울여야 한다. 언어는 우리의 생각에 깊은 영향을 미치며, 우리의 현재 탐구에서 가장 중요한 것은 바로 이 측면이다. 우리는 다른 사람들에게 큰 소리로 말하는 것보다 결코 입 밖에 내지 않는 내적 언어에 더 신경을 쓸 것이다.

우리가 무엇을 의미하느냐고 물을 때, 특정한 단어의 의미가 무엇인지 묻는 것이 아니다. '나폴레옹'이라는 단어는 특정한 개인을 의미하지만 우리는 누가 그 개인을 의미하는지가 아닌, 다른 하나를 의미하게 만드는 개인과 그 단어의 관계가 무엇인지 묻고 있는 것이다. 그러나 물리적

---

97 현재도 군대에서 쓰는 음성문자 규약인 'a-alpha, b-bravo, c-charlie'를 생각해보라. (옮긴이)

러셀, 마음을 파헤치다

세계의 일부로서 단어의 본질을 깨닫는 것이 유용하듯이, 단어가 의미하는 것과 같은 종류의 것을 깨닫는 것도 유용하다. 어떤 단어가 물리적 측면에서 어떤 의미를 가질 수 있는지, 관계적으로 이 단어가 어떤 의미를 가질 수 있는지 둘 다 명확히 할 때, 우리는 의미 있는 두 단어의 관계를 발견하기에 더 나은 위치에 있을 것이다.

말이 의미하는 것은 말 자체와 다르다. 문법학자들에 의해 구별되는 여러 종류의 단어들이 있고, 논리적인 차이들이 있다. 그리고 논리적인 차이들은 비록 이전에 생각되었던 것처럼 그렇게 밀접하지는 않지만, 어느 정도는 언어 부분의 문법적인 차이들과 연관되어 있다. 그러나 우리는 문법에 현혹되기 쉬우며, 특히 우리가 알고 있는 모든 언어가 한 어족에 속한다면 더욱 그렇다. 인도-유럽 언어에 익숙한 우리에게는 낯설게도, 일부 언어에서는 품사의 구별이 존재하지 않는다. 그렇기에 우리가 단순히 우리말의 우연성에 형이상학적 중요성을 부여하지 않으려면 이러한 사실을 염두에 두어야 한다.

단어의 의미를 고려할 때, 적절한 이름부터 시작하는 것이 당연하며, 우리는 다시 '나폴레옹'의 예로 돌아가야 한다. 우리는 보통 적절한 이름을 사용할 때 '나폴레옹'이라고 불리던 특정한 개체처럼, 하나의 확실한 실체를 의미한다고 상상한다. 하지만 우리가 한 사람으로서 알고 있는 것은 그리 간단하지 않다. 아마도 나폴레옹이라는 단 하나의 단순한 자아가 있을 것이고, 그 자아는 그의 출생부터 사망까지 완전히 동일할 것이다. 그러나 이것을 입증할 방법은 없지만 그렇다고 가정할 이유도 없다. 경험적으로 알려진 나폴레옹은 점차 다음과 같이 변화하는 일련의 모습들로 구성되었다. 처음에는 쪼글쪼글한 아기, 그 다음에는 날씬하고 아름다운 청년, 그 다음에는 매우 훌륭하게 차려입은 뚱뚱하고 게으른 사람으로 말이다. 이 일련의 모습들, 그리고 그것들과 인과 관계를 갖는 다양한 사건들은 경험적으로 알려진 나폴레옹을 구성한다. 그러므로 나폴레옹은 경험으로 가득 찬 세계의 일부를 형성하고 있다. 나폴레옹은 복잡한 일련의 사건들로, 단어의 예처럼 유사성에 의해서가 아니라 인과 법칙에 의해 결합된다. 비록한 사람이 점차 변하고 거의 동시대의 두 가지 상황에서 유사한 모습을 보여주지만, 예를 들어 '오류의 코미디'에서 보듯 그 사람을 구성하는 것은 이러한 유사성이 아니다.

따라서 고유명사의 경우 단어가 유사한 일련의 움직임이지만, 그 단어가 의미하는 것은 그 특별한 종류의 인과 법칙에 의해 결합되는 일련의 사건들이 동물이나 사물에 적용되어 구성하는 것이다. 그 단어나 그것의 이름 모두 세계의 궁극적인 불가분의 구성 요소는 아니다. 언어에서 우리가 사물 또는 개인이라고 부르는 집합을 구성하는 최종적이고 간단한 존재 중 하나를 지정하는 직접적인 방법은 없다. 철학을 제외하고는 거의 일어나지 않는 그러한 존재들에 대해 말하고 싶다면, 우리는 '1919년 1월 1일 정오에 내 시야의 중심을 차지했던 시각적 감각'과 같은 정교한 구절로 그것을 지정해야 한다. 내가 '세부사항'이라고 부르는 그러한 궁극적인 단순함은 아마도 적절한 이름을 가지고 있을 것이고, 만약 언어가 철학과 논리의 목적으로 과학적으로 훈련된 관찰자들에 의해 발명되었다면 의심할 여지가 없었을 것이다. 그러나 언어는 오로지 실용적인 목적을 위해 발명되었기 때문에, 세부사항은 이름도 없이 하나로 뭉뚱그려진 채 남아 있다.

우리는 실제로 감각의 경험에 들어오는 실제 세부사항들에 크게 관심이 없다. 우리는 오히려 세부사항이 속하고 그것이 징후로서 작용하는 전체 체계에 관심을 가지고 있다. 우리로 하여금 "안녕 존스"라고 말하게 하고, 우리가 보는 것이 존스의 징표라는 사실이 실재의 특정 그 자체보다 우리에게 더 흥미롭다. 그러므로 우리는 전체 세부사항에 '존스'라는 이름을 붙이지만, 집합을 구성하는 개별 세부사항에 별도의 이름을 붙이는 것도 어렵지 않다.

이제 고유명사에서 넘어가 '사람', '고양이', '삼각형'과 같은 일반명사를 살펴보도록 하자. '사람'과 같은 단어는 고유명사를 가진 모든 종류의 세부사항을 의미한다. 종$_{class}$은 어떤 유사성이나 공통적인 특성으로 묶인다. 예를 들어 '사람'은 어떤 중요한 점을 공유한다. 그러므로 우리는 이 중요한 점을 공유하는 존재를 부를 수 있는 공통의 단어를 필요로 한다. 우리는 종의 개성이 실질적으로 중요한 측면에서 서로 다를 때만 고유명사를 붙이며 다른 경우에는 그렇게 하지 않는다. 예를 들어 포커는 단지 포커일 뿐이지만, 우리는 한 사람을 '존'이라고 부르면서 동시에

'피터'라고 부르지 않는다.

'먹다', '걷다', '말하다'와 같은 많은 종류의 단어들이 있는데, 이것은 비슷한 일련의 사건들을 의미한다. 그러나 '걷다'는 단어는 보행을 위한 유사 동작을 지칭하기 때문에 한 단어로 표현되는 것인 반면, '존스'는 그를 구성하는 특징이 인과적으로 연결되어 있기 때문에 같은 이름을 가지고 있다. 그러나 실제로는 '걷기' 같은 단어와 '사람' 같은 일반명사를 정확하게 구별하기는 어렵다. 걷기의 한 예는 한 순간을 의미하는 것이 아니며, 이는 '존스'에게 과거와 현재가 있는 것과도 같다. 그러므로 '걷다'가 이를 설명하는 좋은 예가 될 수는 없다. 단지 그것이 짧은 수명을 가지고 있다는 사실만으로 말이다. 존스와 비교했을 때 보행의 예는 중요하지 않다고 생각할 수 있지만, 사실 그렇지 않다. 우리는 존스, 그 행위를 하는 주체가 없다면 '걷다'는 말을 사용할 수 없을 것이라고 생각한다. 하지만 존스가 걸을 일이 없다면, 존스가 아예 없을 수도 있다는 가정도 가능하다. 행위자가 행동을 수행한다는 개념은 사고가 주체나 자아를 필요로 한다는 개념과 같은 종류의 비판을 받을 수 있는데, 우리는 강의 I에서 이를 다루었다. 걷고 있는 사람이 존스라고 말하는 것은, 단지 문제의 걷기가 존스라는 일련의 사건들의 일부라고 말하는 것이다. 우리가 '사람'이라고 부르는 어떤 일련의 일부를 형성하지 않고, 고립된 현상

으로서 걷는 것은 논리적으로 가능하다.[98]

그러므로 우리는 '먹다', '걷다', '말하다'와 같은 단어들을 '비', '해돋이', '번개'와 같은 행동을 설명하는 단어들로부터 분리할 수 있는데, 이러한 단어들은, 우리가 언어 부분의 문법적 구별에 얼마나 적은 신뢰를 가질 수 있는지를 보여준다. 왜냐하면 실질적인 'rain'과 동사 'to rain'은 정확히 같은 종류의 기상학적 발생을 나타내기 때문이다. 이러한 단어에 의해 표시된 대상의 종류와 '인간', '식물' 또는 '행성'과 같은 일반명사로 표시된 물체의 종류 사이의 차이는 '번개'의 한 예인 물체의 종류가 개별 인간보다 훨씬 간단하다는 것이다. 그리고 그 구별은 정도의 구별이지 종류가 아니다. 그러나 일반적인 생각의 관점에서 볼 때 번개처럼 하나의 특별한 현재 안에서 완전히 구성될 수 있는 과정과 인간의 삶처럼 관찰과 기억 그리고 인과관계의 파악에 의해 결합되어야 하는 과정 사이에는 큰 차이가 있다. 따라서 우리가 논의해 온 종류의 단어는 한 사람 또는 사물보다 훨씬 더 짧고 덜 복잡한 일련의 유사한 사건을 나타낸다고 광범위하게 말할 수 있다. 우리가 본 것처럼 단어 자체는 이와 유사한 종류의 일련의 사건들이다. 그러므로 어떤 단어와 다른 경우를 비교하는 것보다 현재의 단어들의 경우 그것이 의미하는 것 사이에 더 많은

---

98 부연하자면 '꽃이 피다'라는 말은 '꽃'이라는 존재가 있고 '피다'라는 현상이 있는 것으로 흔히 인식되지만, 실상 '꽃'이라는 것은 '핀' 상태를 뜻하기 때문에 '꽃'과 '피다'를 별도의 것으로 생각하는 것은 논리적으로 오류다. (옮긴이)

논리적 유사성이 있다.

우리가 방금 고려했던 단어와 '흰색'이나 '둥근'과 같은 특질을 나타내는 단어 사이에는 큰 차이가 없다. 가장 큰 차이점은 후자의 단어들은 아무리 간략하더라도 과정을 나타내지 않고 세계의 정적 특징을 나타낸다는 것이다. 눈은 내리고, 하얗다. 내리는 것은 과정이지만, 하얗지는 않다. '하얀 것'이라고 불리는 보편적인 것이 있는지, 아니면 흰 것이 표준적인 것과 특정한 종류의 유사성을 가지고 있는 것으로 정의되어야 하는지, 즉 갓 내린 눈은 우리와 관계없을 필요가 없으며, 나는 이 문제를 완전히 해결할 수 없다고 믿는다. 우리의 목적을 위해, 우리는 '흰색'이라는 단어를, 과정이 아닌 정적 특질에 대한 유사성 때문에 유사한 세부사항 또는 세부사항 모음의 특정집합을 나타내는 것으로 받아들일 수 있다.

논리적인 관점에서 보면, 매우 중요한 종류의 단어들은 'in', 'above', 'before', 'greater'와 같이 관계를 표현하는 것들이다. 이 단어들 중 하나의 의미는 우리가 이전에 논의했던 클래스들의 의미와 근본적으로 다르며 그 어떤 단어들보다 더 추상적이고 논리적으로 더 간단하다. 만약 우리의 과업이 논리라면 우리는 이러한 단어에 많은 시간을 할애해야 한다. 그러나 우리가 심리학에 관심을 갖는 만큼 우리는 단지 그들의 특별한 성격을 주목하고, 말의 논리적 분류를 통해 고찰할 것이다.

이제 어떤 사람이 단어를 '이해한다'고 말함으로써 암시되는 것을 살펴보자. 그 사람은 자신의 언어로 단어를 이해하지만 모르는 언어는 이해하지 못한다. 우리는 어떤 사람이 적절한 상황에서 그 단어를 사용하게 되면, 그 단어를 듣는 것이 그에게 적절한 행동을 야기했다고 말할 수 있다. 우리는 이두 가지를 각각 능동적 이해와 수동적 이해라고 부를 수 있다. 비교하자면 개들은 어떤 단어들을 수동적으로 이해하지만, 그들은 단어를 사용할 수 없기 때문에 적극적인 이해는 하지 못한다.

어떤 사람이 "이 단어는 이러저러한 의미다"라고 말할 수 있다는 차원에서 그 단어를 '이해'하기 위해 그 (단어의) 의미를 알아야 할 필요는 없다. 단어를 이해한다는 것은 사전 정의를 아는 것 또는 적절한 대상을 지정할 수 있는 것으로 구성되지 않는다. 이와 같은 이해는 사전 편집자와 학생에게 속할 수 있지만 일반 필사자에게는 속하지 않을 것이다. 일상 생활에서 언어를 이해하는 것은 크리켓에 대한 이해에 가깝다.[99] 그것은 습관의 문제이며 자기 자신에게 습득되고 다른 사람에게서 정당하게 추정된다. 어떤 단어가 의미를 가지고 있다고 말하는 것은 그 단어를 정확하게 사용하는 사람들이 그 의미가 무엇인지 생각해 본 적이 있다는 것을 말하는 것이 아니다. 단어의 사용이 먼저이고, 그 의미는 관찰과 분석에 의해 그 단어에서 추출되는 것이다. 게다가 단어의 의미가 절대적으로 확실한 것도 아니다. 항상 더 큰, 혹은 더 적은 정도의 모호함이 존재

---

99 J. B. 왓슨J. B. Watson은 그의 책 "Behavior"와 "Psychology from the Standpoint of a Behaviorist" (Lippincott. 1919), chap. ix에서 이러한 관점을 "생각"의 분석까지 확장하여 강력하게 밀고 나갔다.

한다. 그러므로 의미는 목표와 같은 영역이다. 우리가 목표하는 의미가 있지만, 목표물의 바깥 부분도 여전히 그 의미 안에 있다. 이것은 우리가 정확성을 기하지 않으면 의미하는 바가 더 포괄적이고 추상적이 되는 것과 같다. 언어가 점점 더 정밀해지면 의미하고자 하는 것이 점점 뚜렷해지고, 단어가 담고자 하는 것은 점점 작아지지만, 그것이 사라지지 않으며, 또 아무리 작더라도 항상 의심스러운 영역은 남는다.[100]

평균적인 청자가 의도한 대로 영향을 받을 때 단어는 '정확하게' 사용된다. 이것은 '정확성'에 대한 문학적인 정의가 아니라 심리적인 정의다. 문학적 정의는 평균적인 청취자가 아니라 오래 전에 살았던 고등교육을 받은 사람을 대신하는 것이다. 그리고 이 정의의 목적은 말하거나 올바르게 쓰기가 어렵게 만든다.

단어와 그것의 의미와의 관계는, 우리가 그 단어를 사용하는 것을 들었을 때 수행하는 우리의 행동을 지배하는 인과 법칙의 본질이다. 정확하게 단어를 '사용'하는 사람이 그것이 무엇을 '의미'하는지 말할 수 있어야 하는 이유는 올바르게 움직이는 행성이 케플러의 법칙을 알아야 하

---

100 단어의 이해에 관한 아주 훌륭한 소책자로 리봇Ribot의 "Evolution of General Ideas"(Open Court Co., 1899)가 있다. 리봇은 그의 책(p. 131)에서 다음과 같이 말한다. "우리는 걷거나, 춤추거나, 울타리를 치거나, 악기를 연주하면서 개념을 이해하는 법을 배운다. 그것은 습관 즉, 조직적인 기억이다. 일반적인 용어는 조직적이고 잠재된 지식을 포괄하는데, 이것은 우리가 파산 상태에 있지만 숨겨진 자본을 가지고 있는 것과 같은 상태이며, 그 상태에서 아무런 가치도 없는 거짓 돈이나 종이를 조작해야 하는 것과 같다. 일반적인 생각은 지적인 질서의 습관이다."

는 이유만큼 터무니없는 것이다.

단어와 문장을 이해한다는 것의 의미를 설명하기 위해 다양한 상황을 예로 들어보자. 여러분이 멍한 친구와 함께 런던을 걷고 있는데 길을 건널 때 여러분은 '조심해, 차(motor)가 오고 있어'라고 말한다. 그는 어떤 '정신적' 중개인도 필요 없이 주위를 힐끗 돌아보고 옆으로 비켜 설 것이다. 여기서 '관념'은 필요 없고 근육이 경직된 상태에서 행동이 빠르게 뒤따를 뿐이다. 그는 자신을 구했기 때문에 단어를 '이해'한다고 볼 수 있다. 그러한 '이해'는 신경과 뇌에 속하며, 언어가 학습되는 동안 '습관'이 될 수 있다. 따라서 이러한 의미에서의 이해는 단순한 생리적 인과 법칙으로 축소될 수 있다.

만약 당신이 약간의 영어 지식을 가진 프랑스인에게 같은 말(motor)을 한다면 그는 다음과 같이 내면의 말을 하게 될 것이다. 'Que dit-il? Ah, oui, une automobile!' (뭐라는 거야? 아, 그래, 차!) 그 후, 나머지는 영국인과 같이 행동한다. 왓슨은 내면의 말이 시발점으로서 (미세한 후두의 움직임으로) 발현되어야 한다고 주장할 것이지만 우리는 그것이 단지 상상된다고 주장해야 한다. 그러나 이 점은 지금 중요하지 않다.

만약 여러분이 아직 'motor'라는 단어를 알지 못하지만 다른 단어들을 알고 있는 아이들에게 같은 말을 한다면 여러분은 불안감과 의심이 생길 것이다. 여러분은 "저기 저것은 motor란다"라고 가리키면서 말해야 한다. 그 후에, 아이는 비로소 'motor'라는 단어를 대략 이해할 것이다. 물론 이것이 그에게 첫 경험이라면 motor라는 단어에 기차나 스팀 롤러를 포함시킬지도 모른다. 여하튼 그 아이가 'motor'라는 단어를 나중에 들을 때 이 장면을 오랫동안 기억할 것이다.

지금까지 우리는 단어를 이해하는 네 가지 방법을 찾았다.

(1) 적절한 때에 적절한 단어를 사용한다.

(2) 그 말을 들으면 적절하게 행동한다.

(3) 그 단어를 행동에 적절한 영향을 미치는 다른 단어(다른 언어로 표현)와 연관시킨다.

(4) 그 단어가 처음 학습될 때, 그 단어가 "의미하는 것" 또는 "의미"를 나타내는 '대상'과 연합시킬 수 있다.

네 번째 경우, 단어는 연합을 통해 대상과 동일한 인과적 효과의 일부를 획득한다. 'motor'라는 단어는 여러분을 옆으로 뛰게 할 수 있지만, 뼈를 부러뜨릴 수는 없는 것처럼 어떤 단어가 그것의 대상을 공유할 수 있는 효과는 물리학의 일반적인 법칙이 아닌 다른 법칙, 즉 단순한 기계적인 움직임과 반대로 중요한 '움직임'을 포함하는 법칙에 따라 진행되는 결과다. 우리가 이해하는 단어의 효과는 강의 IV에서 설명되는 의미에서의 기억현상이며, 대상 자체가 가질 수 있는 결과와 동일하거나 유사하다.

지금까지 우리가 고려했던 단어들의 사용은 모두 행동주의의 선상에서 설명될 수 있다. 우리는 단지 현재의 환경에서 어떤 특징을 지적하기 위해 언어의 '예증적' 사용이라고 불릴 수 있는 것만을 고려해왔다. 이것은 언어가 사용되는 방법 중 하나일 뿐이다. 역사나 소설에서처럼 서술적이고 상상력이 풍부한 쓰임새도 있을지 예를 들어보자.

우리는 조금 전에 자동차가 다가오는 길을 건널 때 'motor'라는 단어를 처음 듣는 아이에 대해 이야기 했다. 나중에 우리는 아이가 그 사건을 기억하고 다른 상황에서 연관시킨다고 가정할 것이다. 이 경우 어휘의 능동적 이해와 수동적 이해 모두 단어가 예증적으로 사용될 때의 이해와는 다르다. 그 아이는 차를 보지 않고 있지만 기억은 하고 있다. 듣는 사람은 차가 올 것이라는 기대 때문에 주위를 둘러보는 것이 아니라, 차가 왔다는 것을 '이해'하는 것이다. 이 사건의 전부는 행동주의적인 측면에서 설명하기가 훨씬 더 어렵다. 아이가 진정으로 기억하고 있는 한, 그는 과거 사건에 대한 그림을 가지고 있으며 그의 단어는 그림을 설명하기 위해 선택된다는 것이 분명하다. 그리고 듣는 사람이 진정으로 말하는 것을 이해하는 한, 듣는 사람은 어느 정도 아이의 그림과 비슷한 그림을 얻게 된다. 이 과정은 단어 습관의 작동을 통해 멀리서도 관찰될 수 있는 사실이다. 아이는 그 사건을 진정으로 기억하는 것이 아니라 배운 것을 기억할 수는 없지만, 외워서 알고 있는 시의 경우처럼 적절한 단어만을 사용하는 버릇이 있을 뿐이다. 그리고 듣는 사람도 단어에만 주의를 기울일 수 있고, 그에 상응하는 어떤 그림도 생각하지 않을 수 있다. 그러나 그럼에도 불구하고, 그것이 말의 '의미'라는 서술의 본질을 만드는 것은 아이의 기억, 듣는 이의 상상 가능성이다. 이것이 없는 한 그 단어들은 단지 의미를 가질 수 있는 '담지체'일뿐 그것을 소유하는 것은 아니다.

그러나 아직 이러한 논의가 과장된 표현이라고 여길지도 모르겠다. 왜냐하면 이미지를 사용하지 않고 단어만 사용해도 적절한 감정과 적절한 행동을 유발할 수 있기 때문이다. 그러한 단어들은 특정한 감정을 만들어내는 환경에서 사용되어 왔다. 그리고 거리를 유지한 채 객관적으로 관찰한 자료들로 구성된 그 단어들로 유사한 감정을 만들어 낼 수 있다. 이러한 선상에서는 이미지가 불필요하다고 생각할 수 있다. 그러나 나는 우리가 현재의 사실에 대한 서술에 의해 만들어진, 완전히 다른 반응에 대해 이 선들을 설명할 수 있다고 생각하지 않는다. 감각과는 대조적으로 이미지는 서술 중에 예상되는 반응이지만 행동은 요구되지 않는다. 우리는 예증적으로 묘사하고 감각을 유발하기위해 구별된 단어를 유지해야 하는 것처럼 보이지만, 이야기에서 사용되는 동일한 단어는 이미지를 묘사하고 단지 다른 이미지로 이어지기 위한 것이다.

따라서 우리는 단어가 의미할 수 있는 이전의 네 가지 방식에 더하여 두 가지 새로운 방식, 즉 기억의 방식과 상상력의 방식을 다음과 같이 추가할 수 있다.

러셀, 마음을 파헤치다

⑸ 단어는 기억 이미지를 묘사하거나 기억하기 위해 사용될 수 있다. 이미 존재했을 때 그것을 묘사하거나, 또는 그 단어가 습관으로 존재하며 과거의 경험을 묘사하는 것으로 알려진 때를 회상하기 위해 사용될 수 있다.

⑹ 단어는 상상-이미지를 묘사하거나 창조하기 위해 사용될 수 있다. 예를 들어 시인 또는 소설가의 경우, 정보를 주기 위해 그것을 묘사하거나 보통의 경우 그것을 창조하기 위해 사용될 수 있다. 그러나 후자의 경우, 상상-이미지는 어떤 종류의 것이 발생했다는 믿음을 동반해야 한다.

내적 언어에서 나타나는 것을 포함하여, 이 단어를 사용하는 두 가지 방법은 '생각'에서의 사용이라고 말할 수 있다. 만약 내가 맞다면 사고에서 단어의 사용은 적어도 그것의 기원인 이미지에 달려 있고, 행동주의로만 완벽히 다루어질 수는 없다. 이것은 단어들의 가장 필수적인 기능이다. 다시 말해 원래 이미지와의 연결을 통해 시간이나 공간에서 멀리 떨어져 있는 것과 접촉할 수 있게 만드는 것이다. 이미지가 매체 없이 작동할 때, 이것은 망원경으로 찍은 것처럼 멀리서 보이는 과정으로만 보인다. 따라서 단어의 의미 문제는 이미지의 의미 문제와 직접적으로 연관된다.

'생각'이라고 불리는 것에서 단어가 수행하는 기능을 이해하려면, 우리는 그 발생의 원인과 영향을 모두 이해해야 한다. 단어 발생의 원인은 단어에 의해 지정된 대상이 감각적으로 존재하거나 존재하지 않기 때문에 다소 다른 처리를 필요로 한다. 대상이 존재할 때는, 그 자체가 연관성을 통해 단어의 원인으로 받아들여질 수 있다. 그러나 그것이 없을 때, 그 단어의 발생에 대한 행동주의 이론을 얻는 것은 많은 어려움이 있다. 언어 습관은 단순히 단어의 사용뿐만 아니라 서술이나 욕망을 표현하기 위한 사용에도 있다. 그러나 왓슨은 언어습관의 습득에 대해 서술과 욕망에서 단어의 사용에 거의 관심을 기울이지 않는다. 그는 다음과 같이 말한다.

"아이가 자주 반응하는 자극(대상)은, 예를 들어 상자를 여닫고 물체를 집어넣는 등의 움직임을 통해 알 수 있다. 아이가 박스에 손과 발 등으로 반응하는 것을 관찰한 간호사는 아이가 상자를 건네받았을 때 '상자', 아이가 상자를 열 때 '상자 열기', 닫았을 때 '상자 닫기', 상자에 인형을 넣을 때 '상자 안에 인형 넣기'라고 말하기 시작한다. 이것이 계속해서 반복되고 시간이 흐르면서 신체. 습관을 불러왔던 상자 외에 다른 자극이 없이, 아이는 그것을 보았을 때 '상자', 그가 그것을 열 때 '상자 열기' 등을 말하기 시작한다. 눈에 보이는 상자는 이제 신체 습관이나 단어 습성을 발산할 수 있는 자극제가 된 것이다. 즉 발달은 (1) 시각 수용체에서 목의 근육으로 이어지는 전기신호들 사이의 일련의 기능적 연결과 (2) 동일한 수용체에서 몸의 근육으로 이어지는 일련의 이미 연결된 전기신호들 사이의 기능적 연결이다. … 그 대상이 아이의 시야에 들어오고, 그는 그것을 향해 달려가 그것을 잡으려고 하고는 '상자'라고 말한다. 결국에는 상자를 향해 이동하지 않고도 '상자'라는 단어가 발화된다. 그리고 팔에 장난감이 가득 차면 상자 앞에 가는 습관이 생긴다. 그 아이는 그것들을 그곳에 넣는 법을 배웠다. 그의 팔에 장난감이 가득 차고 상자가 없을 때, 말버릇이 생겨나서 그는 '상자'라고 부르고, 그것을 열어 장난감을 거기에 보관한다. 이것이야말로 우리가 진정한 언어습관의 창시라고 부르는 것을 대략 나타낸다."[101] [102]

우리는 위의 구절에서 상자 앞에서 '상자'라는 단어를 사용하는 것과 관련된 내용에 머물러 있을 필요는 없다. 그러나 상자가 없을 때의 사용에 관해서는 "그의 팔이 장난감으로 가득 차 있고 상자가 없을 때 단어 습관이 생기고 그는 '상자'라고 부른다"라는 짧은 문장만 있는데, 이는 상자가 있을 때 그 단어를 사용하는 습관이 있었기 때문에 부적절하며, 상자가 없는 경우에도 그 확장을 설명해야 한다.

이미지를 인정한 경우, 우리는 상자가 없을 때 '상자'라는 단어가 상자의 이미지에 의해 발생한다고 말할 수 있다. 모든 경우에 그것이 사실이라면 이는 우리의 문제를 약간 바꿔놓을 것이다. 우리는 이제 무엇이 상자의 이미지를 발생시키는지 물어봐야만 한다. 혹자는 그 상자에 대한

---

101 "Behavior", pp. 329-330
102 왓슨의 최근 저서(위의 참고문헌)에도 같은 내용이 나온다.

'욕망'이 원인이라고 말하고 싶을지도 모른다. 그러나 이 관점을 조사했을 때 아이가 상자 이미지나 '상자'라는 단어를 갖지 않고도 상자를 원할 수 있다고 가정해야 한다는 것으로 나타났다. 이것은 따로 욕망 이론을 필요로 할 것이다. 내 생각에는 주된 사실일 수도 있지만 실제로 일어나는 것들 사이에서 욕망을 없애고, 그것을 단지 역학의 힘처럼 편리한 허구로 만드는 것이다.[103] 이러한 관점에서 욕망은 더 이상 진정한 원인이 아니라 특정 과정을 설명하는 짧은 방법에 불과하다.

상자가 없을 때 단어나 이미지가 생기는 현상을 설명하기 위해서는 '상자'라는 단어와 거의 동시에 자주 발생했던 환경이나 우리 자신의 감각에 무언가가 있다고 가정해야 한다. 심리학과 물리학을 구별하는 법칙 중 하나는 두 가지가 밀접한 시간적 연속성에 빈번하게 존재했을 때 둘 중 하나가 다른 하나를 유발한다는 사실이다.[104] 이것은 습관과 연합의 기초다. 따라서 장난감으로 가득 찬 팔에는 상자가 빠르게, 상자에는 '상자'라는 단어가 빠르게 따라붙는 경우가 많다. 상자 자체는 물리적 법칙의 적용을 받지만, 장난감으로 가득 찬 팔에 의해 발생하는 경향은 없으며, 과거에 장난감으로 가득 찬 팔에 의해 발생하는 경우가 아무리 많았

---

103 강의 III을 참조하라.

104 이 법칙에 대한 보다 정확한 설명은 실험에 의해 제시된 제한 사항과 함께 다음을 참조하라. 볼게무트 Wohlgemuth, "On Memory and the Direction of Associations," British Journal of Psychology, vol. v, part iv (March, 1913).

러셀, 마음을 파헤치다

더라도 자발적인 움직임이 이루어질 수 없는 물리적 위치가 제공되어야 한다. 그러나 '상자'라는 단어와 상자의 이미지는 '습관의 법칙'의 적용을 받는다. 따라서 어느 쪽이든 장난감으로 가득 찬 팔에 의해 야기될 수 있는 것이다. 그리고 일반적으로 우리가 단어를 사용할 때마다, 소리 내거나 또는 내적으로 말할 때 단어와 거의 동시에 자주 발생하는 감각이나 이미지(그것 중 하나가 단어일 수도 있다)가 있다는 것을 말할 수 있다. 그리고 후에는 습관을 통해서 그 단어를 야기한다. 그러므로 습관의 법칙은 그들의 물건이 없을 때 단어의 사용을 설명하기에 적절하다. 더구나 그것은 이미지를 소개하지 않더라도 적절할 것이다. 결국 이미지는 부인할 수 없는 것처럼 보이지만, 우리는 이론적으로 이미지를 도입하지 않고 설명될 수 있는 단어 사용에서 그들에게 유리한 추가 주장을 도출할 수는 없다.

우리가 단어를 이해할 때, 단어와 그것이 의미하는 것의 이미지 사이에는 상호적인 연합이 있다. 이미지는 우리에게 그들을 의미하는 단어를 사용하게 할 수도 있고, 듣거나 읽거나 하는 이러한 단어들은 차례로 적절한 이미지를 야기할 수도 있다. 그러므로 발화는 우리 안에 있는 이미지를 듣는 사람에게 만들어내는 수단이다. 또한 단어들은 그들이 연합된 이미지들에 의해 생성되었을 영향을 생산하기 위해 제시간에 맞춰 온다. 일반적인 법칙은 A가 B를 유발하고 B가 C를 유발하면, 매개체 B없이 A가 C를 직접 유발한다는 것이다. 이것은 심리적, 신경적 인과관계의 특징이다. 비록 그 말이 적절한 이미지를 불러오지 않을 때도 이 법칙 덕분에 우리의 행동에 미치는 이미지의 영향은 말로써 생성된다. 우리가 단어와 친숙할수록 이미지대신 말로 '생각'이 진행된다. 예를 들어 우리는 어떤 사람의 외모를 정확하게 묘사할 수 있다. 단어에 대한 이미지가 전혀 없다면 우리가 그를 보았을 때, 우리는 그에게 맞는 '단어'를 생각한다. 단어들만이 습관처럼 우리에게 남아있을 수 있고, 우리가 그 사람의 시각적 이미지를 떠올릴 수 있는 것처럼 말할 수 있게 해준다. 이것과 다른 방법에서도 단어의 이해는 종종 이미지로부터 상당히 자유로워진다. 그러나 언어의 사용을 처음 배울 때는, 이미지가 항상 매우 중요한 역할을 하는 것처럼 보인다.

단어뿐만 아니라 이미지 또한 '의미'를 가지고 있다고 말할 수 있다. 실제로 이미지의 의미는 단어의 의미보다 더 원시적으로 보인다. 우리가 세인트 폴 대성당의 이미지라고 부르는 것은 세인트 폴 대성당의 이미지를 의미한다고 말할 수 있다. 그러나 이미지의 의미를 정확히 말하기는 결코 쉽지 않다. 특정한 사건의 기억 이미지는 기억 믿음과 동반될 때, 그것이 이미지인 발생을 의미한다고 말할 수 있다. 그러나 대부분의 실제 이미지는 이 정도의 선명도를 가지고 있지 않다. 만약 우리가 개의 이미지를 불러낸다면 우리는 어떤 특별한 개를 대표하는 것이 아니라 일반적으로 개를 대표하는 애매한 이미지를 갖게 될 가능성이 매우 높다. 우리가 친구의 얼굴 이미지를 불러올 때 우리는 그가 어떤 특정한 경우에 가졌던 표정을 재현할 것 같지 않고, 오히려 많은 경우에서 파생된 타협적인 표현을 재현할 것 같다. 이미지들의 모호함에는 거의 제한이 없다. 이러한 경우 전형적 모습과 관련하여 정의된 이미지의 의미는 모호하다. 예를 들어 숫자는 전형적 모습이지만, 그 중 어느 것도 정확하게 복사되지 않는다.[105]

그러나 이미지의 의미에 접근하는 또 다른 방법, 즉 인과적 효과를 통해 접근하는 방법이 있다. 어떤 명확한 물체의 '이미지'라고 불리는 것은 세인트 폴 대성당과 같이 대상이 가질 수 있는 효과의 일부를 가지고 있다. 이는 특히 연합에 따라 달라지는 효과에 적용되며, 감정적인 영향 또한 종종 유사하다. 이미지는 그들이 나타내는 대상만큼이나 강하게 욕망을 자극할 수 있다. 반대로 욕망은 이미지를 유발할 수 있다.[106] 예를 들어 배고픈 사람은 음식 등의 이미지를 가질 수 있다. 이러한 모든 면에서 이미지에 관한 인과 법칙은 이미지가 '의미하는' 대상에 관한 인과법칙과 연결되어 있다. 따라서 이미지는 일반적인 관념의 기능을 충족시킬 수 있다. 조금 전에 언급한 개에 대한 막연한 이미지는 어떤 개들은 만들어낼지 몰라도, 다른 개들은 만들어낼 수 없는 일반적인 개들과만 연결되는 효과를 갖게 될 것이다. 버클리와 흄은 이러한 일반적인 관념에 대한 공격에서 이미지의 모호함을 허용하지 않는다. 그들은 모든 이미지

---

105 Semon, "Mnemissche Empindungen" cf. xvi, 특히 pp. 301-308을 참조하라.
106 이 문구는 욕망의 분석 강의에서 볼 수 있듯이 해석이 필요하지만 독자는 쉽게 해석할 수 있을 것이다.

가, 물리적 대상이 가질 수 있는 정도의 정확성을 가지고 있다고 가정한다. 그러나 이것은 사실이 아니며 모호한 이미지도 일반적인 의미를 가질 수 있다.

이미지의 '의미'를 정의하기 위해, 우리는 이미지의 전형과의 유사함과 그것의 인과적 효과 모두를 고려해야 한다. 만약 어떤 전형도 없이 순수한 상상-이미지 같은 것이 존재한다면, 그것은 무의미할 것이다. 그러나 흄의 원리에 따르면, 적어도 이미지 속의 간단한 요소들은 전형에서 파생된다. 단, 아주 드문 예외적인 경우가 있을 수 있다. 종종 친구의 얼굴 이미지나 설명되지 않은 개의 이미지와 같은 경우, 이미지는 하나의 전형에서 파생되는 것이 아니라 많은 전형에서 파생된다. 이런 일이 일어날 때, 이미지는 모호하고 다양한 전형이 다른 특징들을 흐리게 한다. 그러한 경우 이미지의 의미에 도달하기 위해 우리는 이미지의 효과가 전형의 효과와 유사한 특정 측면, 특히 연합이 있음을 관찰한다. 예를 들어 우리의 막연한 이미지가 서술되지 않은 개에 대한, 모든 개들이 가질 수 있는 그런 연합적 효과를 가진다는 것을 발견한다면 우리는 그 이미지가 일반적으로 '개'를 의미한다고 말할 수 있다. 만약 그것이 스파니엘에게 적절한 모든 연관성을 가지고 있지만 다른 개들에겐 없다면, 우리는 그것이 '스파니엘'을 의미한다고 말할 것이다. 반면에 그것이 한 특정한 개에게 적절한 모든 연관성을 가지고 있다면 그것은 아무리 모호하더라도 그 개를 의미할 것이다. 이 분석에 따르면 이미지의 의미는 유사성과 연관성의 조합으로 구성된다. 그러나 이것은 확실한 개념이 아니며, 많은 경우 이미지가 무엇을 의미하는지 확실히 결정하는 것은 불가능할 것이다. 그리고 나는 이것이 결함 있는 분석이 아니라 사물의 본질이라고 생각한다.

우리는 이미지의 의미에 대한 위의 설명에 더 정밀한 설명과 함께, 일반적인 의미까지 확대할 수 있다. 우리는 때때로 자극과 마찬가지로 이미지나 단어가 특정 개에 속할 수 있는 것과 같은 효과를 가지고 있다는 것을 발견한다. 이 경우에 우리는 이미지나 단어가 그 대상을 의미한다고 말한다. 다른 경우에는 기억 인과로 인해 한 개체의 모든 것이 아니라, 특정 종류의 개체가 공유하는 것들이 될 것이다. 이 경우에 이미지나 단어의 의미는 '일반적'이다. 그것은 전체 종류를 의미한다. 일반성과 특수성은 정도의 문제다. 만약 두 가지 세부사항이 충분히 작은 차이를 보인다면 그들의 미묘한 영향은 동일할 것이다. 그러므로 어떤 이미지나 단어들도 반대되는 것을 의미할 수는 없다. 그리고 이것은 의미의 특수성에 대한 경계를 설정한다. 반면에 충분히 서로 다른 다수 객체의 기억 효과들은 공통적으로 발견될 수 없을 것이다. 예를 들어 '실체'와 같은 완전한 일반성을 목표로 하는 단어는 기억 효과가 없어야 하며, 따라서 의미도 없어야 한다. 그러나 실제로는 그렇지 않다. 그러한 단어에는 동사적 연관성이 있으며 그 학습은 형이상학의 연구를 구성한다.

이미지의 의미와 달리 단어의 의미는 전적으로 연상법칙에 의해 구성되며, 유사성(예외의 경우는 제외)에 의해 구성되지는 않는다. '개'라는 단어는 개와 닮지 않았지만 개의 이미지와 같은 그 효과로, 어떤 면에서는 실제 개의 영향과 닮았을 정도다. 말이란 이미지보다 무슨 뜻인지 확실히 말하기는 훨씬 쉬운데, 이는 말이 의미를 가지기 위한 목적으로 추후에 틀이 만들어졌고 사람들은 단어의 의미에 대한 정밀도를 높이기 위해 오랜 시간 동안 종사해왔기 때문이다. 이미지의 의미보다 단어의 의미를 말하는 것이 더 쉽지만, 의미를 구성하는 관계는 두 경우에서 모두 동일하다. 이미지처럼 단어는 그 의미가 가진 것과 같은 연관성을 가지고 있다. 다른 연관성 외에도 그것은 의미 있는 이미지와 연관되어 있어서 단어가 이미지를 불러오는 경향이 있고, 반대로 이미지가 단어를 불러오는 경향도 있다. 그러나 이 연관성은 단어의 지능적인 사용에 필수적인 것은 아니다. 어떤 단어가 다른 개체와 올바른 연관성을 갖는다면 우리는 그것을 올바르게 사용할 수 있을 것이고, 그것이 어떤 이미지를 불러일으키지 않더라도 다른 사람들이 사용하는 것을 이해할 수 있을 것이다. 단어에 대한 이론적 이해는 단어와 다른 단어를 정확하게 연관시키는 힘만을 포함하지만, 실제적인 이해는 다른 신체 움직임과의 연관성을 포함하는 것으로 보인다.

물론 단어의 사용은 주로 사회적인 것이며, 우리가 다른 사람들에게 즐거움을 주거나 적어도 그들이 즐거움을 주기를 바라는 생각을 제안하기 위한 목적이다. 그러나 특히 우리가 관심을 갖는 단어의 측면은 우리 자신의 생각을 촉진시키는 그들의 힘이다. 거의 모든 고등 지적 활동은 단어의 문제이며, 다른 모든 것을 거의 완전히 배제할 정도다. 생각의 목적을 위한 단어의 장점은 너무 커서 그것들을 열거한다면 결코 끝날 수 없을 것이다. 하지만 그들 중 몇몇은 언급될 자격이 있다.

애당초 단어를 만드는 데 어려움이 없는 반면, 이미지는 항상 마음대로 존재할 수 없으며 이미지가 생성되면 관련 없는 세부 사항이 많이 포함되어 있는 경우가 많다. 둘째로 우리 사고의 많은 부분은 이미지에 쉽게 영향을 주지 않는 추상적인 문제에 관심을 가지고 있으며, 만약 우리가 그것들을 대표해야 할 이미지를 찾는 것을 고집한다면 잘못 생각하기 쉽다. 단어는 그 의미가 아무리 추상적이더라도 항상 구체적이고 합리적이다. 따라서 우리는 단어의 도움이 없으면 불가능한 방식으로 추상화에 연연할 수 있다. 셋째, 같은 단어의 두 예가 너무 비슷하다고 해서 둘 다 서로 공유할 수 없는 연관성을 가지고 있지는 않다. '개'라는 단어의 두 가지 예는 퍼그와 그레이트 데인보다 훨씬 더 유사하다. 그래서 '개'라는 단어는 개에 대해 일반적으로 생각하는 것을 훨씬 더 쉽게 만든다. 많은 물체들이 중요하지만 명백하지 않은 공통의 성질을 가지고 있을 때, 공통의 성질에 대한 이름의 발명은 우리가 그것을 기억하고 그것을 소유하는 물체들의 전체 집합을 생각할 수 있도록 도와준다. 그러나 생각할 때의 언어 카탈로그를 길게 만드는 것은 불필요하다.

동시에 이미지를 통해 초보적인 사고를 수행할 수 있으며, 때로는 그것이 의미하는 바를 참고하여 순수한 언어적 사고를 확인하는 것이 중요하다. 철학에서 특히 전통적인 단어들의 횡포는 위험하며, 문법이 형이상학의 열쇠라고 가정하거나 문장의 구조가 그것이 주장하는 사실의 구조와 정확하게 일치한다고 가정하는 것에 대해 경계해야 한다.[107] 세이스 Sayce는 아리스토텔레스Aristotle 이래 모든 유럽 철학은 철학자들이 인도-유럽 언어를 사용한다는 사실에 지배당해왔으며, 따라서 그들이 익숙한 문장과 같이 세계는 반드시 주어와 술어로 구분되어야 한다고 주장했다. 우리가 진실과 거짓을 고려할 때, 우리는 사실과 그것을 주장하는 문장 사이의 너무 근접한 유사성을 가정하는 것을 피하는 것이 얼마나 필요한지를 볼 것이다. 이런 오류에 맞서 한 번쯤은 단어를 버리고 이미지를 통해 사실을 보다 직접적으로 생각할 수 있는 것이 유일한 안전장치다. 철학적 사상의 가장 심대한 발전은 사실에 대한 직접적인 사색에서 비롯된다. 그러나 그 결과는 말로 표현되어야 한다. 사실에 대한 직접적인 비전을 가지고 있는 사람들은 종종 그들의 비전을 말로 번역할 수 없는 반면, 그 단어를 가지고 있는 사람들은 대개 비전을 잃어버렸다. 가장 높은 철학적인 역량이 그렇게 희귀한 까닭은 부분적으로 이러한 이유 때문이다. 그것은 성취하기 어려운 추상적인 단어와 비전의 결합을 필요로 하고, 그것을 성취한 소수의 사람들 사이에서 너무 빨리 길을 잃는다.

---

[107] 이 책이 저술된 1920년대 당시 이런 주장을 하던 프랑스 구조주의를 겨냥해서 한 말이다. (옮긴이)

XI

일반 관념과 사고

추상적인 관념을 만들 수 있고, 비감각적인 사고를 할 수 있다는 것은 인간의 마음이 가진 장점 중 하나다. 이런 특징으로 인해 인간의 마음은 동물의 마음과는 다른 것으로 여겨진다. 플라톤으로부터 '관념'은 철학자들을 이상화하는 체계에 큰 역할을 했다. '관념'은 그들의 손에서 항상 고귀하고 추상적인 것으로, 인간은 이를 매우 특별한 것으로 이해하고 존엄함을 부여했다.

이 강의에서 우리가 고려해야 할 것은 의미가 추상적인 단어들이 분명히 존재한다는 것과, 우리가 이 단어들을 지능적으로 사용할 수 있다는 것, 그리고 관찰에 의해 가정되거나 추론, 또는 발견될 수 있는 것은 추상적인 단어의 지능적인 사용을 설명하는 정신적 내용의 방법인가? 하는 것이다.

물론 그 대답은 논리의 문제로 추상적, 정신적 내용들의 방식으로는 우리가 추상적이고 지적인 단어를 사용할 수 있다는 사실에 대해서 어떤 것도 헤아릴 수 없다. 충분히 기발한 사람이 이웃에게 후각 자극에 의해 개가 나타날 때마다 "개가 있다"고 말하고 고양이가 나타나면 돌을 던지는 기계를 만들 수 있다는 것은 분명하다. "개가 있다"고 말하는 행위와 돌을 던지는 행위도 마찬가지로 기계적일 것이다. 정확한 음성 자체도 비행이나 전투와 같은 생물학적으로 유용한 다른 움직임의 수행보다 정신적인 부분에 대한 더 나은 증거를 제공하지 않는다. 언어는 지칭하는 것이 크게 다를 때나 매우 약간만 달라도 두 가지 예시를 야기할 수 있다. 앞의 강의에서 보았듯이 '개'라는 단어는 부분적으로 유용하다. 왜냐하면 이 단어의 두 실례가 퍼그와 그레이트데인이라고 발화하는 것보다 훨씬 더 유사하기 때문이다. 따라서 단어의 사용은 동일한 보편적인 예임에도 불구하고 다른 두 종의 개의 세부사항과 매우 적은 수의 다른 두 개의 세부사항, 즉 이전의 보편적 명칭의 경우를 대체하는 방법이다. 그러므로 논리에 관한 한, 우리는 경험적 관찰이 권고할 수 있는 일반적인 관념에 관한 어떤 이론도 전적으로 자유롭게 채택할 수 있다.

버클리와 흄은 '추상적인 관념'에 대해 맹공을 퍼부었다. 그 공격은 우리가 이미지라고 부르는 '대략의 관념'에 의한 것이다. 로크는 어떤 종류의 삼각형이 될 것인지 결정하지 않고서도 삼각형의 개념을 형성할 수 있다고 주장했지만, 버클리는 이것이 불가능하다고 주장하며 다음과 같

러셀, 마음을 파헤치다

이 말했다.

"다른 사람들이 자신의 관념을 추상화하는 이 멋진 기능을 가지고 있는지 여부에 관계없이 그들 스스로가 가장 잘 알 수 있을 것이다. 나 자신은 감히 가지고 있지 않다고 확신한다. 실제로 나는 관념을 상상하거나 나 자신에게 표현하는 능력이 있다. 그것은 내가 인식한 특정한 것들에 대해, 그리고 그것들을 다양하게 합성하고 나누는 것이다. 나는 두 개의 머리를 가진 사람이나 말의 몸통에 연결된 사람의 윗부분을 상상할 수 있다. 손, 눈, 코, 각각 자체적으로 추상화되거나 신체의 나머지 부분과 분리시킬 수도 있다. 나는 그것이 특정한 모양과 색깔을 가지고 있을 것이라고 상상한다. 마찬가지로 내가 내 자신을 모방하는 남자의 생각은 백인, 흑인, 황갈색, 꼿꼿하거나, 굽은, 키가 크거나 낮거나 중간 크기의 남자여야 한다. 이처럼 나는 어떤 노력으로도 위에서 설명한 '추상적인' 관념을 구상할 수는 없다. 그리고 내가 몸이 움직이는 것과 구별되는 움직임에 대한 추상적인 관념을 형성하는 것도 똑같이 불가능하며, 그 움직임은 빠르지도 느리지도 않고 곡선적이거나 직선적이지도 않다. 기타 모든 추상적인 일반적인 관념에 대해서도 (똑같이) 언급할 수 있다. 명확하게 말하면 나는 내가 생각할 때처럼 한 가지 의미에서 추상화할 수 있는 자신을 소유하고 있다. 특성의 일부 특정 부분은 다른 특성과 분리되어 있으며, 어떤 대상으로 결합되어 있지만 실제로 존재하지 않을 수도 있다. 그러나 나는 내가 서로 추상화 할 수 있거나, 불가능한 특질들이 그렇게 분리되어 존재해야 한다는 것을 개별적으로 생각할 수 있다는 것을 부인한다. 또는 앞서 말한 방식으로 세부 사항을 추상화하여 일반적인 개념을 구성할 수 있다. 결국 추상화는 두 가지 적절한 수용이 있을 뿐이다. 그리고 이것은 대부분의 사람이 인정할 것이라고 생각할 근거도 있다. 단순하고 문맹인 일반적인 사람은 결코 추상적인 관념을 가장하지 않는다. 그들은 추상화를 어려워하고 고통과 공부 없이는 얻을 수 없다고 한다. 그러므로 우리는 만약 그러한 것이 있다면 그것들은 오직 배운 사람들에게만 국한된다고 합리적으로 결론내릴 수 있을 것이다."

이제 추상화이론을 옹호하기 위해 어떤 주장이 있을 수 있는지를 보고, 이 강의에서의 주장이 사람들이 생각하는 것처럼 상식과 너무 동떨어진 의견을 수용하는 것인지 살펴보도록 하겠다. 의심할 여지없이 추상적인 일반 사상을 갖는 것이 인간과 야수의 이해에 가장 큰 차이를 두는 것이라고 생각함으로써 그것에 대해 아주 많은 체면을 부여한, 훌륭하고 존경받을 만한 철학자는 이렇게 말했다.

"일반적인 관념을 갖는 것은 인간과 짐승을 완벽하게 구별하도록 해주며, 짐승의 능력이 결코 도달하지 못하는 탁월함을 인간은 가질 수 있다. 짐승에게서는 우리가 일반적인 관념을 위해 일반적인 기호를 이용하는 발자취를 관찰할 수 없기 때문이다. 우리는 그 관념이 추상화되거나 일반적인 관념을 만드는 능력을 가지고 있지 않다는 것을 상상할 이유가 있다. 그들은 단어나 다른 일반적인 관념을 '사용'하지 않기 때문이다. 따라서 우리는 이것이 동물의 종이 인간과 구별되는 기준이라고 생각할 수 있다. 그리고 그것은 그들이 완전히 분리되어 있는 적절한 차이이고 마침내 이렇게 거리가 멀어지게 된다. 만약 그들이 어떤 관념을 가지고 있고 기계가 아니라면, 우리는 그들이 어떤 이성을 가지고 있다는 것을 부정할 수 없다. 내가 보기엔 그들 중 일부는 분별력을 가지고 있다는 것이 분명해 보이지만 그것은 단지 그들이 감각으로부터 관념을 받아들이는 것처럼 특정한 생각일 뿐이다. 그들은 좁은 범위 안에 묶여 있는 중의 최고일 뿐이며 어떤 추상화도, 관념을 확대시킬 수 있는 능력도 가지고 있지 않다."[108]

짐승의 능력이 결코 추상화에 도달 할 수 없다는 주장에는 동의한다. 그러나 이것이 동물과 구별되는 속성이 된다면, 지나가는 많은 동물들이 그들의 '수'로 간주되어야 한다는 사실이 두렵다. 우리가 짐승들이 추상적이고 일반적인 생각을 가지고 있다고 생각할 근거가 없는 이유는 짐승은 단어나 다른 일반적인 기호를 사용하지 않기 때문이다. 이것은 단어를 사용하는 것이 일반적인 생각을 갖는 것을 의미한다는 가정과, 그로부터 언어를 사용하는 사람은 자신의 생각을 추상화하거나 일반화 할 수

---

108 "Essay on Human Understanding," Bk. II, chap. xi, paragraphs 10 and 11.

있다는 가정에 기초해 있다. 이 주장은 그의 또 다른 주장에 대한 질문에 대한 대답을 통해 확실해진다. '존재하는 모든 것은 세부사항일 뿐인데, 우리는 어떻게 일반적인 용어를 사용하는가?' 그의 대답은 다음과 같다.

'단어는 일반적인 생각의 징조가 됨으로써 일반적으로 된다.'[109]

그러나 어떤 단어는 추상적인 일반 관념이 아니라 몇 가지 특정한 사상의 부호로 만들어짐으로써 일반적이 되는 것처럼 보인다. 그 중 어떤 것이든 마음속에 무관심하게 암시하는 것이다. 예를 들어 '동작의 변화는 외부에서 받은 힘에 비례한다' 또는 '길이를 가진 것은 무엇이든지 나뉠 수 있다'고 말할 때, 이러한 제안은 일반적으로 운동과 확장으로 이해되어야 한다. 그러나 움직임에 대한 관념이 결정적인 방향과 속도를 제안하거나, 선, 표면, 실선이 아닌 추상적이고 일반적인 확장된 관념으로 생각되어야 한다는 것은 자연스럽지 않다. 크지도 작지도, 검은 색도, 흰 색도, 빨간색도 아니고 다른 결정적인 색도 아니며, 빠르든 느리든, 수직이든, 수평이든, 비스듬한 것이든, 그 어떤 물체에서든지 그것에 관한 공리는 똑같이 사실임을 암시할 뿐이다. 모든 확장의 다른 부분과 마찬가지로 선, 표면 또는 실선 여부는 이 크기의 정도나 또는 그림인지의 여부

---

109 "Essay on Human Understanding," Bk. III, chap. III, paragraph 6.

와는 상관없는 것이다.

"어떻게 사상이 일반적이 되는지 관찰함으로써, 우리는 어떻게 말이 그렇게 만들어지는지 더 잘 판단할 수 있을 것이다. 여기서 주목해야 할 것은 일반적인 관념이 있다는 것을 부정하는 것이 아니라, 단지 '추상적이고' 일반적인 관념만 있다는 것이다. 왜냐하면, 우리가 인용한 구절들 중, 섹션 8과 9에 명시된 방식 이후에 일반적인 관념에 대한 언급이 있는 곳에서는 그것들은 항상 추상화에 의해서만 형성된다고 생각되기 때문이다. 만약 우리가 우리의 말에 의미를 부여하고 우리가 상상할 수 있는 것에 대해서만 말할 수 있다면, 그 자체로 특별히 고려되는 관념이 같은 종류의 다른 모든 특정 관념들을 대표하거나 대표하도록 만들어 짐으로써 일반적이 된다는 것을 인정할 것이라고 나는 믿는다. 예를 들어 기하학자가 중점을 잡아 두 부분으로 선을 절단하는 방법을 시연한다고 가정해보자. 그는 1인치 길이의 검은 선을 그린다. 이것은 그 자체가 특정 선이지만, 그 자체가 특정 선이라는 의미는 일반적인 의미와 관련이 있다. 왜냐하면 그 선은 사용된 대로 '모든' 특정 선을 나타내기 때문이다. 그래서 그것을 증명하는 행위는 '모든' 선, 즉 '일반적인' 선에 대해 설명하는 것이다. 그리고 그려진 특정 선은 표식이 되어 일반화되므로 절대적인 이름의 '선'으로 표식이 됨으로써 일반화된다. 처음에 그린 선은 그것의 일반성이 추상적이거나 일반적인 선의 표시가 아니라 존재할 수 있는 모든 특정한 직선의 표시이기 때문에, 증명할 때 일반화된 선은 일반화된 동일한 원인,

즉 그것이 무관하게 나타내는 다양한 특정성으로부터 일반성을 도출한다고 생각되어야 한다."[110]

비록 추상적 관념이라는 하나의 내용이 마음속에 있다고 믿는 사람들의 견해보다는, 합의에 가깝기는 하지만 위 구절에 드러나는 버클리의 관점은 본질적으로 흄의 관념과 비슷하며 현대 심리학에 전적으로 부합하지는 않는다. 버클리의 관점이 불충분한 이유는 주로 이미지가 하나의 확실한 전형이 아니라 '다수의 관련 유사 전형의 규칙'이라는 사실에 있다. 이 주제에 대해 세몬은 〈기억Die Mneme〉에서 다음과 같이 말한다.[111]

"우리는 내성을 통해 스스로 인지할 수 있는 기억의 흥분 사례를 선택하고 당장에 존재하지 않는, 가장 밀접한 신체적 그림을 각성시킨다. 그렇게 되면 우리 앞에 순수한 기억의 흥분이 있을 것이다. 마치 한 사진판에 서로 다른 제하의 수많은 사진을 조합하여 활자에 대한 일반적인 모습을 보여주는 미국 사진들처럼, 처음에는 결정적이고 매우 구체적인 그림이 우리에게 드러나는 것처럼 보일 수 있지만 끊임없이 각성과 접촉하고 있는 그림이 일반화된 것을 발견 할 것이다. 우리의 생각으로는 일반화는 한때 창백하고, 한때는

---

110 "A Treatise concerning the Principles of Human Knowledge," paragraphs10, 11, and 12의 도입부
111 pp. 217ff.

러셀, 마음을 파헤치다

붉게 물들고, 한때는 명랑하고, 한때는 진지하고, 한번은 이 빛에서, 또 한 번은 다른 빛에서 보게 되는 식으로 우리가 가장 다른 조건과 상황에서 마주친 동일한 얼굴의 다른 모습들을 '동일시'함으로써 일어난다. 일련의 반복이 우리에게 균일하게 보이게 않게 놔두지 않고, 많은 것 중 하나의 특정한 순간에 주의를 기울이자마자, 이 특정한 기억 자극은 동시에 발생한 전자와 후자의 균형을 과감하게 조정하고 그 특정 상황에서 구체적인 확실성에 의문을 제기하는 것이다."

"그 결과는 아마도 고등 동물들에게는 일종의 생리학적 추상화의 발전일 것이다. 기억의 단선화는 우리에게 생각의 다른 과정 없이, 추상적인 우리의 친구 X의 그림을 준다. 그것은 어떤 한 상황에서의 구체적인 것이 아니라, X가 어떤 특정한 시간으로부터 분리된 것이다. 각성된 엔그램의 원이 훨씬 더 넓게 그려지면, 예를 들어 백인이나 흑인처럼 인종이라는 높은 순위의 추상적인 그림들이 나타난다. 내 생각에 추상적인 개념의 첫 번째 형태는 일반적으로 그러한 추상적인 그림에 기초한다. 위에서 설명한 방식으로 일어나는 생리학적 추상화는 순전히 논리적 추상화의 전신이 된다. 그것은 결코 인류의 전유물이 아니라 고도로 조직화된 동물들 사이에서도 다양한 방식으로 자신을 보여준다."

같은 주제를 〈기억된 감정들Die mnemischen Empfindungen〉의 16장에서 더 자

세히 다루지만, 이 강의에서는 더 언급하지 않도록 하겠다.

애매모호한 것과 일반적인 것을 구별하는 것은 필요하다. 우리가 세몬의 견해에 만족하는 한, 우리는 애매모호함을 넘어서지 못할 것이다. 이 이미지가 우리를 일반성으로 이끌 것인가 그렇지 않은가 하는 문제는 일반화된 이미지 외에 합성된 일부 사례의 특정 이미지 또한 가지고 있는가 하는 물음에 달려있다. 예를 들어, 한 명의 흑인을 여러 번 봤지만 그 흑인이 같은 사람인지 다른지 몰랐다고 가정해보자. 이 경우 당신은 다른 경우에 나타나는 다른 모습들에 대한 흑인의 추상적인 기억 이미지를 가졌다고 가정할 수 있다. 어떤 하나의 외관에 대한 기억 이미지가 없다면, 당신의 이미지는 모호한 것이다. 반면에 일반화된 그림이 특정 외관에 적합하다고 느끼지 못하는 경우, 즉 만약 여러분이 일반화된 이미지 외에도 몇몇 외관의 특정 이미지가 다른 것으로 인식될 만큼 충분히 선명하다면, 여러분은 그것을 기능하게 할 수 있을 것이다. 어렴풋한 생각이 아닌 일반적인 생각으로서 이 보기가 올바르다면 일반화된 이미지에 새 일반 내용을 추가할 필요는 없으며, 추가해야 하는 것은 일반화된 이미지와 비교되고 대조되는 특정 이미지다. 내성으로 판단해본다면 이는 실제로 일어나는 일이다. 예를 들어, 친구의 얼굴에 대한 세몬의 사례를 생각해보자. 우리가 특별한 기억을 위해 노력하지 않는 한, 얼굴은 평범하고 매우 희미하고 모호한 표정으로 떠오른다. 그러나 우리는 친구가 기뻐하거나 화를 내거나 불행했을 때 특별한 경우에 어떻게 보였는지도 기억할 수 있다. 이를 통해 모호한 이미지의 일반화된 성격을 실현할 수 있을 것이다.

모호한 것, 특수한 것, 일반을 구별하는 또 다른 방법이 있는데 이것은 내용이 아니라 그들이 생성하는 반응에 의한 것이다. 예를 들어 한 단어가 여러 사람에게 적용 가능할 때는 모호하다고 말할 수 있지만, 각 개인에게는 모호하지 않게 적용될 수 있다. 예를 들어, 스미스라는 이름은 모호하다. 이 이름은 항상 한 사람에게 적용되지만 동시에 적용되는 많은 개인이 있다.[112] 반면에 '사람$_{man}$'이라는 단어는 일반적이다. 우리는 'This is Smith'라고 말하지만 'This is man'이라고 말하지 않고 'This is a man'이라고 말한다. 따라서 단어는 그 효과가 개인에게 적절할 때 모호한 생각을 구현하지만 여러 유사한 개인에 대해서는 동일하고, 그 효과가 개인에게 적합한 것과 다를 때는 일반적인 생각을 구현한다고 말할 수 있다. 그러나 이 차이가 무엇을 구성하는지는 쉽게 말할 수 없다. 그것은 단지 '한 개인은 대표되지 않는다'는 지식에 있다고 생각하기 때문에 '일반적인' 생각과 '모호한' 생각을 구별하는 것은 단지 특정하게 수반되는 믿음의 존재일 뿐이라고 생각한다. 이 견해가 맞다면, 기억-이미

---

112 "스미스$_{Smith}$"는 우리가 스미스라고 불리는 또 다른 사람들을 구별하지 못한다면, 모호한 단어로서 상당히 만족스러운 표현이다.

지가 상상-이미지와 다른 것처럼 일반적인 생각과 애매한 생각은 다르다고 할 수 있다. 또한 앞서 우리는 그 차이가 단지 기억-이미지가 과거에 대한 믿음과 동반된다는 사실만으로 이루어진다는 것을 발견했다.

우리의 이미지는 매우 특별한 경우에도 항상 더 크거나 더 적은 정도의 모호함을 가지고 있다고 말해야 한다. 즉, 이미지가 눈에 띄게 달라지지 않고 특정 한계 내에서 사건이 변화했을 수 있다. 일반성에 도달하기 위해서는 특정 발생에 대해 비교적 정밀한 여러 이미지 또는 단어와 대조할 수 있어야 한다. 모든 이미지와 단어가 모호하기만 하면 일반성으로 정의된 대조에는 도달할 수 없다. 그리고 이것은 내가 인용한 바와 같이[113], 지능이 무제한에서 한정으로 진행되며 모호함이 특정 또는 일반보다 더 일찍 나타난다는 견해를 정당화한다.

판단의 존재 여부로 일반적인 관념과 모호한 관념이 구별되는 효과에 대해 내가 옹호해 온 견해는 리봇이 다음과 같이 말했을 때 의도한 것과 유사하다.[114]

"개념은 항상 '판단'이지만 일반적인 이미지는 결코 그렇지 않다. 논리학자에

---

113   p.184. Ribot (op. cit., p. 32), viz.

114   op. cit., p. 92

게는 개념이 단순하고 원시적인 요소다. 그 다음으로 두 개 또는 여러 개념을 통합하는 판단 후, 합리화의 단계가 있다, 결국 수 개의 판단이다. 반대로 심리학자들에게는 '한정'이 기본이다. 개념은(명시적 또는 암묵적으로), 차이점을 배제한 유사성의 결과다."

실험적 성격의 작업이 최근 몇 년 동안 생각의 심리학계에서 이루어졌다. 이러한 연구의 좋은 요약은 티치너Titchenner의 〈사고의 흐름에 관한 경험적 실험 강의Lectures on the Experimental Psychology of the Thought Processes〉에 수록되어 있다. 와트Watt[115], 메서Messer[116], 불러Buhler[117]의 〈심리학 실험백서Archiv fur die gesammte Psychologie〉의 세 가지 글는 티치너가 실험적이라고 부르는 방법에 의해 축적된 많은 자료를 포함하고 있다.

많은 심리학자들이 이에 집중하고 있지만, 이를 밝히는 것이 그만큼 중요한지 여부는 장담할 수 없다. 이들의 실험은 과학 실험의 조건을 거의 만족시키지 못하는 것 같기 때문이다. 이를 위해 수행된 연구는 일련의 질문들을 다양한 사람들에게 던지고, 그들의 대답을 기록하고, 마찬

---

[115] Henry J. Watt, "ExperimentelleBeitrage zu einer Theorie des Denkens," vol. iv (1905) pp. 289-436.

[116] August Messer, "Experimentell-psychologische Untersuchu gen uber das Denken," vol.iii (1906), pp. 1-224.

[117] Karl Buhler, "UberGedanken," vol. ix (1907), pp. 297-365.

가지로 그들이 그러한 대답을 하게 된 생각의 과정에 대한, 내성에 근거한 그들 자신의 설명들을 기록하는 방식이다. 이는 그들이 내성의 정확성에 지나치게 의존하는 것이라 볼 수 있다. 이에 대해서는 강의 VI에서 언급했고, 개인적으로는 이를 왓슨처럼 전적으로 거절할 준비가 되어 있지는 않지만, 어쨌든 이는 매우 잘못되었고 선입견 이론에 따라 매우 특이하게 위조될 가능성이 있다고 생각한다. 그것은 마치 존스가 반드시 올 것이라고 굳게 확신하는 순간에 그가 길을 따라 오는 것을 보는 근시안적인 사람의 보고에 의존하는 것과 같다. 만약 모두가 근시안적이고 무엇이 보일지에 대한 믿음에 사로잡혀 있다면 우리는 그러한 증언을 최대한 활용해야 할지도 모르지만, 우리는 다른 기대를 가진 사람들의 동시 증거를 수집하기 위해 주의를 기울임으로써 그 오류를 바로잡을 필요가 있다. 이것이 문제의 실험에서 이루어졌다는 증거도 없고, 실제로 내성을 위조하는 데 있어서 이론의 영향이 적절하게 인식되었다는 증거도 없다. 만약 왓슨이 설문지의 작성 주체 중 하나였다면, 문제의 기사에 기록된 답들과는 전혀 다른 대답을 했을 것이라고 확신한다. 티치너는 이 조사들에 대한 분트의 의견을 인용했는데, 이는 아주 정당해 보인다. 그는 "이러한 실험은 과학적 방법론의 관점에서 볼 때 전혀 실험이 아니다"라며, "이러한 실험은 단순히 심리 실험실에서 행해지는 실험이기 때문에 체계적인 것처럼 보일뿐, 실험자와 관찰자가 되겠다고 주장하는 두 사람의 협력을 수반한다"고 말한다. 실제로 그 실험들은 방법론적 측면

러셀, 마음을 파헤치다

에서 형편없다. 그들은 우리가 실험 심리학에 대한 내성과 일상생활의 일상적인 내성을 구별하는 특별한 특징들을 가지고 있지 않다.[118] 티치너는 물론 이 의견에는 반대하지만, 그 반대 이유가 적절하다고 볼 수 없다. 실험의 유효성에 관한 의심은 불러가 훈련된 심리학자들을 그의 실험 주체로 사용했다는 사실로 인해 더 증가한다. 훈련된 심리학자는 당연히 관찰하는 습관을 얻었다고 여겨지지만, 적어도 그만큼 자신의 이론이 요구하는 것을 보는 습관을 얻었을 가능성이 높다. 이런 방법을 통해 도달한 결과를 설명하기 위해 불러의 〈생각을 넘어Über Gedanken〉를 인용해 보자.[119]

"우리는 스스로에게 다음과 같은 일반적인 질문을 던진다. '생각할 때 우리가 경험하는 것은 무엇인가? 그러면 우리는 '생각'이라는 개념에 대한 예비적인 판단을 시도하지 않고, 모든 사람들이 생각하는 과정이라고 설명하는 그런 과정만을 분석하도록 선택하게 될 것이다."

그는 생각에서 가장 중요한 것은 '자각awareness'이라고 하는데, 그는 이를 생각이라고 부르며 사고에 필수적인 것은 자각이라는 의미에서의 생

---

118 Titchener, op. cit., p. 79.

119 p. 303

각이라고 말한다. 더하여 그는 사고에는 언어나 감각적인 표현이 필요하지 않다고 주장한다.

"원칙적으로 모든 사물은 감각적인 표현Anschauungs Hilfen의 도움 없이 분명하게 생각할 수 있다. 내 방에 걸려 있는 사진의 모든 개별적인 푸른 색조가 감각의 도움에 의해서가 아닌 다른 방식으로 나에게 주어져야만 한다면 나는 완전히 구별되게 생각할 수 있다unanschaulich. 어떻게 그것이 가능한지는 나중에 알게 될 것이다."

그의 말에 따르면, 그가 말하는 생각Gedanke은 다른 심리적 사건들로 축소될 수 없다. 그는 생각이란 알려진 규칙의 대부분에 해당한다고 주장한다. 불러가 암시하는 '생각이나 규칙이 말로 표현될 필요가 없다'는 것은 이 이론의 흥미에 분명히 필수적이다. 왜냐하면 그것이 말로 표현된다면 그것은 행동주의자들의 선상에서 즉시 처리될 수 있기 때문이다. 말의 부재로 간주되는 것은 오직 실험한 사람들의 내적 증언에 달려 있다는 것 또한 분명하다. 나는 그들이 단지 그들의 생각에서 단어의 존재나 이와 동등한 것을 관찰하지 못했기 때문에, 우리가 어렵고 혁명적인 사고의 관점을 받아들이도록 설득하기에는 부족한 이 관찰이 그들의 신뢰성을 지지하고 있다고 생각하지 않는다. 특히 실험 관련자들이 고등교육을 받았고, 거리를 두고 객관적으로 관찰하는 과정에 관심을 가지고 있다는 점에서 볼 때, 그 습관은 많은 중간 용어들을 무시하거나 관찰을 피하기 위해 너무 빨리 넘겨지게 만들었을 가능성이 훨씬 더 높다고 생각한다.

논란이 많은 '이미지 없는 사고'라는 일반적인 발상에도 비슷한 설명이 적용된다고 생각하는 경향이 있다. 이미지 없는 사고를 옹호하는 사람들은 단순히 순수한 '언어적인 사고'가 있을 수 있다고 주장하는 것이 아니다. 그들은 말이나 이미지 속에서 진행되지 않는 사고가 '있을 수 있다'고 주장하는 것이다. 그러나 이 주장은 습관의 존재 때문에 그들이 경솔하게 사고의 존재를 가정한 것으로 보인다. 손다이크는 동물 실험에서 어떤 비생리학적 매개체[120]를 가정할 필요 없이 감각 자극과 육체적 움직임 사이에 성립된 연관성이 있다는 것을 발견했다. 이와 똑같은 것이 우리 자신에게 적용된다고 볼 수 있다. 어떤 감각적 상황은 우리에게 어떤 신체적인 움직임을 만들어내지만 때때로 이 운동은 말로도 나타난다. 편견을 가지고 생각한다면 감각 자극과 단어의 발화 사이에 생각의 과정이 개입했을 것이라고 가정할 수 있지만, 이 추측에 대한 타당한 이유는 없어 보인다. 먹거나 옷을 입는 것과 같은 어떤 습관적인 행동도 '생각 없이' 적절한 시기에 행해질 수 있고, 우리의 대다수 대화도 이와 마찬가지다. 이는 내뱉은 말에 적용되는 것은 물론, 내뱉지 않은 말에도 똑같이

---

[120] op. cit, p. 100ff

적용된다. 그러므로 이미지나 말로 구성되지 않는 사고와 같은 현상이 존재하는지, 또는 정신적 현상이 형성되는 물질의 일부로서 감각과 이미지에 관념이 추가되어야 한다는 것은 확신할 수 없다.

보편성과 관련한 의식의 본질에 대한 질문은, 그것의 목적과 의식과의 관계에 대한 우리의 관점에 의해 크게 영향을 받는다. 우리가 브렌타노의 관점을 채택하여 모든 심적 내용이 대상에 대한 필수적인 참조를 가지고 있다면, 그 대상은 특정한 것과 반대로 보편적인 어떤 독특한 종류의 심적 내용을 가지고 있다고 가정하는 것이 당연하다. 이 관점에 따르면 특정 고양이는 지각되거나 상상될 수 있는 반면, 보편적인 고양이는 단지 '생각되는 것'이다. 그러나 우리가 보편성을 다루는 이 모든 방식은 우리가 채택한 견해인 '목적'과 심적인 사건의 관계가 단지 간접적이고 인과적인 것으로 간주될 때 포기되어야 한다. 물론 심적 내용은 항상 특별하며, 그것의 '의미'에 대한 질문은 단지 심적 내용의 내재적 특성을 조사하는 것이지만, 관련자의 경우 인과 관계를 분석하는 만으로는 해결될 수 없다. 어떤 생각이 모호하거나 특정한 것이 아니라 보편성을 '의미한다'고 말하는 것은 매우 복잡한 것을 말하는 것이다. 말_horse은 실제 곰이 아닌 곰의 가죽에서 나는 냄새일지라도 곰 냄새를 맡을 때마다 특정한 방식으로 행동한다. 즉, 보편적인 '곰의 냄새'를 포함하는 모든 환경은 말에게서 매우 유사한 행동을 생성하지만 우리는 말이 보편적인 것을 의식한다고 말하지 않는다. 똑같은 상황에서 인간은 "곰의 냄새가 난다"는 말로 반응할 수 있기 때문에, 인간이 동일한 보편성을 바탕으로 곰이 느끼는 것을 의식한다고 볼 이유도 거의 없다. 말의 반응과 마찬가지로 이 반응은 환경이 동일한 보편적인 사례를 제공하는 다른 경우와 매우 유사하다. 그러므로 논리적 의미가 보편적인 단어는 보편적인 의식이라고 할 수 있는 그 어떤 것 없이도 올바르게 사용될 수 있다. 존재한다고 말할 수 있는 유일한 의미에서의 의식은 유사점과 차이점을 관찰하는 것으로 구성된 반사적 판단의 문제다. 세계는 지각된 무언가가 나타나는 것과 같은 방식으로 결코 하나의 대상으로 마음 앞에 나타나지 않는다. 보편성이 세계 구조의 일부라는 것을 보여주기 위한 논리적 논증은 가능하겠지만, 그것은 우리 '자료'의 일부가 아니라 '추론된 부분'이다. 우리 안에 존재하는 것은 다양한 요소로 구성되어 있으며, 일부는 외부 관찰에 개방되어 있고, 다른 일부는 내성으로만 볼 수 있다. 외부 관찰에 개방된 요인은 주로 습관이며, 매우 유사한 반응이 여러 측면에서 서로 다른 자극에 의해 생성된다는 특성을 가지고 있다. 곰의 냄새에 대한 말의 반응이 한 예고, 같은 상황에서 '곰'이라고 말하는 사람의 반응도 마찬가지다. 물론 언어적 반응은 보편 지식이라고 할 수 있는 관점에서 가장 중요하다. 개를 볼 때 항상 '개'라는 단어를 사용할 수 있는 사람은 어떤 의미에서는 '개'라는 단어의 의미를 알고, 그 의미에서 보편적인 '개'를 알고 있다고 말할 수 있을 것이다. 그러나 논리학자는 '개'라는 단어에 단순히 반응하는 것이 아니라 다른 경우에 거의 동일한 반응을 일으키는 환경이 무엇인지 발견하기 위해 노력하는 단계로 나아가야한다. 이 추가 단계는 유사점과 차이점에 대한 지식으로 구성된다. '개'라는 단어의 적용 가능성에 필요한 유사점과 그에 호환되는 차이점이 있을 테지만 이에 대한 우리의 지식이 완전하지 않으므로 세계의 의미에 대한 우리의 지식은 결코 완전하지 않다.

말의 습관을 포함하여 외부에서 관찰할 수 있는 습관 외에도, 중첩에 의해 생성되는 일반적인 이미지, 또는 세몬의 문구에서 인용하자면, 단일화와 여러 유사한 인식이 생성된다. 이 이미지는 전형의 다양성이 인식되지 않는 한 모호하지만, 실례 보다 구체적인 이미지와 함께 존재하며 잘 알고 대비될 때 보편화된다. 이 경우 우리는 이전 강의에서 일반적 단어를 논의할 때 발견했듯이 이미지는 관찰 가능한 행동, 즉 지능적인 말을 설명하기 위해 논리적으로 필요하지 않다는 것을 다시 발견한다. 지능적인 발화는 이미지의 동반 없이 운동 습관으로만 존재할 수 있으며, 이 결론은 의미가 상대적으로 특정한 단어만큼이나 보편적인 단어에도 적용된다는 것이다. 이 결론이 타당하다면 내성적 데이터를 피하는 행동주의 심리학은 독립적인 과학이 될 수 있으며, 일반적으로 그들이 생각하는 증거로 간주되는 다른 사람들의 행동의 모든 부분을 설명할 수 있다. 이 결론은 행동주의자들이 외부 관찰의 데이터를 설명할 필요성 때문이 아니라 단순히 우리가 그들을 인식하는 것처럼 보인다는 사실 때문에 받아들여져야만 하며, 내성적 데이터에 적용될 수 있는 의존성을

러셀, 마음을 파헤치다

상당히 약화시킨다는 것을 인정해야 한다.

어쨌든 이것은 우리가 행동주의자들과 함께 물리적 세계에 대한 상식적인 견해를 받아들이는 한 강요받는 결론이다. 하지만 내가 권고한 대로, 알려진 것처럼 물리적 세계 자체가 주관성을 통해 파악된다면, 상대성 이론이 시사하는 바와 같이 물리적 우주가 우리가 심리적인 것으로 간주해왔던 다양한 관점을 포함하고 있다면, 우리는 이 다른 길에 의해 중요한 사밀성의 관찰을 신뢰하기 위해 행동주의자들의 많은 반대가 일어나는 길로 되돌아 올 것이다.

이것은 다른 과학을 고려하지 않으면서 특정 과학의 적절한 철학을 구성하는 어려움에 따른 예다. 행동주의 심리철학은 많은 면에서 비록 방법론적인 관점에서 감탄할 만하지만, 그것이 부적절한 물리철학을 기반으로 하기 때문에 마지막 분석에서는 실패처럼 보인다. 그러므로 일반적이든 특별하든 이미지에 대한 증거가 단지 내성에 불과하다는 사실에도 불구하고, 나는 이미지가 거부되어야한다는 것을 인정하거나 우리가 시간이나 공간에서 멀리 떨어져 있는 것에 대한 우리의 지식에서 그들의 기능을 최소화해야 한다는 것을 인정할 수 없다.

XII
믿음

이번 우리의 주제인 믿음은 마음의 분석에서도 중심적인 문제다. 믿는다는 것은 우리가 하는 가장 '정신적인' 일이고, 단순히 물질에 의해 이루어지는 것과 가장 동떨어진 것으로 보인다. 삶은 믿음으로 구성되며, 소위 '이성'이라고 불리는 것은, 하나의 믿음에서 다른 믿음으로 넘어가는 통로라고 할 수 있다. 믿음은 지식과 오류를 동시에 주며 진실과 거짓의 수단이 된다. 심리학, 지식론, 형이상학은 결국 믿음에 관한 것이며, 우리가 믿는 관점에 따라 우리의 철학적인 관점이 크게 좌우된다.

믿음의 상세한 분석에 착수하기 전에, 우리는 이에 대한 이론이 반드시 충족시켜야하는 요건들을 살펴보는 것이 좋을 것이다.

(1) 말이 의미에 의해 특징지어지는 것처럼, 믿음은 진실이나 거짓으로

특징지어진다. 그리고 의미가 대상과 관계되는 것처럼, 진실과 거짓은 믿음 밖에 있는 어떤 것과 관련된다. 예를 들어 여러분은 이러저러한 종류의 말이 더비에서 우승할 것이라고 믿을지도 모른다. 때가 오면 여러분의 말은 이기거나 질 것이다. 결과에 따라 여러분의 믿음은 진실이거나 거짓이었다. 또한 여러분은 미국이 1492년에 발견되었거나 1066년에 발견되었다고 믿을지도 모른다. 한 가지 경우에 있어서 당신의 믿음은 진실이고, 다른 한 가지 경우에 있어서는 거짓이며, 두 가지 경우에 있어서도 그 진실과 거짓은 콜럼버스의 행동에 달려 있는 것이지 당신 지배하에 있는 어떤 것에 달려 있는 게 아니다. 믿음을 진실 혹은 거짓으로 만드는 요소를 '사실', 주어진 믿음을 진실 또는 거짓으로 만드는 특별한 사실을 '대상', 믿음과 대상과의 관계를 '참고' 또는 '객관적 참조'라고 정의해보도록 하자.[121] 만약 내가 콜럼버스가 1492년에 대서양을 횡단했다고 믿는다면, 내 믿음의 '대상'은 콜럼버스의 실제 항해이며 내 믿음의 '참고'는 나의 믿음과 항해 사이의 관계다. 즉, 그 항해는 나의 신념을 참으로 만든다. 믿음의 '참고'는 다양한 방식으로 단어의 '의미'와 다르지만, 특히 '참'의 참조와 '거짓'의 참조라는 두 가지 종류의 사실이 있다는 데서 차이가 난다. 믿음의 진실이나 거짓은 믿음에 내재된 어떤 것에 의존하지 않고, 믿음의 대상과 그것의 관계의 본질에 의존한다. 믿음의 본

---

121 이 용어는 마이농이 제안했지만, 그의 용어와 완전히 같지는 않다.

러셀, 마음을 파헤치다

질은 '무엇이 그것을 진실 혹은 거짓으로 만드는가'라는 언급 없이 다루어질 수 있다. 본 강의의 나머지 부분에서는 진실과 거짓을 무시할 것이다. 이는 다음 강의의 주제가 될 것이며, 우리가 관심을 가질 것은 믿음의 본질적인 특성이다.

(2) 우리는 믿는 것과 믿어지는 것을 구별해야 한다. 콜럼버스가 대서양을 횡단했다고 믿는 것, 모든 크레타인이 거짓말쟁이라고 믿는 것, 2 더하기 2는 4, 9 곱하기 6은 56이라고 믿는 것은 믿음은 똑같고 믿음의 '내용'만 다르다. 오늘 아침 식사와 지난 주 강의, 그리고 뉴욕을 처음 본 기억을 떠올려보면, 이 모든 경우에서도 기억에 대한 믿음은 똑같고 기억되는 것만 다르다. 똑같은 말이 '기대치'에도 적용된다. 맹목적 동의, 기억 및 기대는 믿음의 한 형태다. 세 가지 모두 '믿어지는 것'과 다르며, 그것과는 독립적인 일정한 성격을 가지고 있다.

강의에서 우리는 표현의 실제, 내용 및 대상을 분석하는 것을 비판했다. 하지만 우리의 믿음에 대한 분석은 세 가지 매우 유사한 요소, 즉 믿는 것, 믿어지는 것, 그리고 목적을 포함한다. 믿음은 행위와 같이 가정된 것이 아니라 실제 경험된 감정이기 때문에, 그 행위에 대한 반대(표현의 경우)는 믿어지는 것을 믿는 것에 대해서 타당하지 않다. 그러나 우선 우리의 예비 요구조건을 완성하고, 그 다음에 믿음의 내용을 검토하는 것이 필요하다. 그 후, 우리는 무엇이 믿음을 구성하는지에 대한 질문으로 되돌아갈 수 있는 위치에 있게 될 것이다.

(3) 믿는 것과 믿어지는 것은, 믿음의 목적이 무엇이든 간에 둘 다 믿음에서 현재 일어나는 현상으로 구성되어야 한다. 예를 들어, '카이사르가 루비콘 강을 건넜다'라는 것을 믿는다고 가정해 보자. 내 믿음의 대상은 오래 전에 일어났던 사건인데, 내가 본 적도 없고 기억도 나지 않는 사건이다. 그 일이 일어났다고 믿을 때 이 사건 자체가 내 마음속에 있지 않다. 따라서 내가 실제 사건을 믿고 있다고 말하는 것은 옳지 않다. 내가 믿고 있는 것은 지금 내 마음속에 있는 어떤 것이고, 그 사건과 관련된 것이지만 (우리가 강의 XIII에서 다루게 될 방법의 관점에서 보면), 분명히 실제 그 사건과 혼동해서는 안 된다. 왜냐하면 그 사건은 지금 일어나는 것이 아니라 그저 내가 믿는 것이기 때문이다. 사람이 어떤 순간에 무엇을 믿고 있는가는 우리가 그 순간에 그의 마음 내용을 알고 있다면 전적으로 결정되는 것이지만, 카이사르가 루비콘 강을 건너는 것은 역사적-물리적 사건이었고, 그것은 현재의 모든 마음의 내용과는 구별된다. 아무리 사실이라 하더라도 그 믿음이 사실인 것이 아니라 그 사실과 관련된 현재의 사건만이 사실이다. 그러므로 이 현재의 사건, 즉 믿어지는 것을 믿음의 '내용'이라고 부를 수 있다. 우리는 이미 기억-믿음의 경우 내용과 대상의 구분을 알아차릴 수 있는 기회를 가졌고, 여기서 내용은 '이것이 발생했다'는 것이고 대상은 과거의 사건이다.

(4) 내용과 대상 사이에는 때때로 매우 큰 차이가 있다. 예를 들어 '카이사르가 루비콘 강을 건넜다'의 경우가 그렇다. 이 간격이 처음 느껴질 때, 우리에게 바깥 세상에 대해 정말 '알 수 있는' 것이 없다는 느낌을 가질 수도 있다. 우리가 알 수 있는 것은, 그리고 우리가 생각할 수 있는 것은, 지금 우리의 생각 속에 있는 것들이다. 만약 카이사르와 루비콘이 우리 생각에 물리적으로 존재할 수 없다면, 우리는 그들에 대한 지식과 단절된 채로 있어야만 하는 것처럼 보일지도 모른다. '아는 것'을 정의하는 것이 먼저 필요하기 때문에, 이 감정은 길게 다루지 않을 것이다. 하지만 예비적 응답으로서, 그 감정은 내가 아주 잘못되었다고 믿는 것을 아는, 이상적인 감정을 가정하고 있다고 설정하도록 하자. 생각해보면 이것은 아는 사람과 알려진 사람의 신비한 일치와 같은 것을 가정하는 셈인데, 이 두 가지는 종종 인지의 사실에 의해 하나로 결합된다고 보는 것이다. 그러므로 이런 통일성이 명백히 없을 때 진정한 인식은 없는 것처럼 보일 것이다. 그러나 이러한 이론과 감정은 완전히 잘못되었다. 이것은 외적이고 복잡한 관계이며, 정확한 정의가 불가능하고, 인과 법칙에 의존하며, 이정표와 마을 사이에 존재하는 관계보다도 더 일치하지 않는 것이기 때문이다. 나중에 다시 이 질문을 다룰 것이기에, 현재로서는 잠정적인 발언으로 충분할 것 같다.

(5) 믿음을 객관적으로 참조하는 것은 믿음을 구성하는 모든 구성 요

소 또는 일부가 '의미'를 갖는다는 사실과 관련이 있다. 내가 "카이사르가 갈리아를 정복했다"라고 말한다면, 이 말을 구성하는 세 단어의 의미를 아는 사람은 이 말이 사실일 수 있는 대상의 본질에 대해 알 수 있는 만큼 알고 있다. 일반적으로 믿음에 대한 객관적인 참조는 내용에서 발생하는 단어나 이미지의 의미에서 파생된 것임이 분명해 보인다. 그러나 명심해야 할 복잡한 측면이 있다. 애초에 기억-이미지는 기억의 믿음을 통해서만 의미를 획득한다고 주장할 수 있는데, 적어도 이 경우에는 믿음을 이미지의 의미보다 더 원시적으로 만드는 것처럼 보인다. 두 번째로 단일한 의미가 객관적인 참조 즉, 참과 거짓이라는 이중적 특징을 생성해야한다는 것은 매우 특이한 일이다. 이것은 믿음의 이론이 합당하기 위해서 반드시 설명해야 하는 사실 중 하나다.

이제 이러한 예비 요건을 제쳐두고, 믿음의 내용에 대한 분석을 시도해보자. 믿어지는 것에 대해, 즉 믿음의 내용에 대해 가장 먼저 주목해야 할 것은 그것이 항상 복잡하다는 것이다. 우리는 어떤 것이 특정한 성질, 또는 다른 것과 어떤 관계가 있다고 믿거나, (강의 IX의 마지막에 논의된 의미에서) 그것이 발생하거나 일어날 것이라고 믿는다. 또는 모든 구성원이 어떤 믿음의 구성원들이라고 믿을 수 있다. 클래스는 특정 속성을 가지거나, 또는 특정 속성이 때때로 클래스 구성원 사이에서 발생하거나, 또는 만약 어떤 일이 일어난다면, 다른 일이 일어날 것이라고 믿을 수도 있다(예를 들어 비가 온다면 나는 우산을 가지고 오는 것). 또는 어떤 일이 일어나지 않거나 일어나지 않을 것이라고 믿을 수 있다(예를 들어 '고발을 철회하거나 명예훼손 행위를 하는 것'). 즉, 두 가지 일이 발생할 수 있어야 한다. 우리가 믿을 수 있는 종류의 목록들은 무한하지만, 그 모든 것들은 복잡해 보인다.

언어는 때때로 이런 믿음의 복잡성을 감추기도 한다. 사람이 신을 믿는다고 말할 때, 마치 신이 그 믿음의 전체 내용을 형성한 것처럼 보일 수도 있다. 하지만 정말로 믿는 것은 신이 '존재한다'는 것이다. (이것만 보아도) 믿음은 단순함과는 거리가 멀다. 유사하게 기억-믿음을 가진 사람이 기억-이미지를 가지고 있을 때, 그 믿음은 강의 IX에서 설명된 의미에서 '발생한 것'이다. 그리고 '발생했다'는 것을 설명하는 것 역시 간단하지 않다. 결국 믿음의 내용은 처음에는 단순해 보이는 모든 경우를 조사하면 항상 복잡하다는 것을 확인할 수 있다. 또한 믿음의 내용은 단지 구성 요소의 복수성 뿐만 아니라 그들 사이의 명확한 관계를 포함한다. 그것은 구성 요소만 주어질 때 결정되지 않는다. 예를 들어 아리스토텔레스 이전의 플라톤과 플라톤 이전의 아리스토텔레스는 둘 다 믿을 수 있는 내용으로 정확히 동일한 구성 요소로 이루어져 있지만, 서로 다르며 심지어 양립하지 않을 수도 있다.

믿음의 내용은 단어만으로 구성될 수도 있고, 이미지로만 구성될 수도 있으며, 둘 중 하나 또는 둘의 혼합으로 구성될 수도 있고, 하나 이상의 감각과 함께 구성될 수도 있다. 단어 또는 이미지인 구성요소를 하나 이상 포함해야 하며, 구성요소로써 하나 이상의 감각을 포함하거나 포함하지 않을 수 있다. 몇 가지 예는 이러한 다양한 가능성을 분명히 해 줄 것이다.

첫째로, 우리는 '이러저러한 종류의 것' 또는 '이전에 일어난 적이 있다' 정도의 인지를 할 수 있을 것이다. 두 경우 모두 현재 감각은 구성 요소다. 예를 들어 여러분은 소음을 듣고 스스로에게 '이것은 전차tram 소리이다'라고 말한다. 여기서 소음과 '전차'라는 단어는 둘 다 믿음의 구성 요소다. 그들 사이에는 '그것은 전차다'라는 명제에서 '-이다'로 표현되는 관계도 있다. 전차라는 단어가 등장하면서 인식의 행동이 완성되는 순간, 전차를 타야한다면 서둘러야 하고, 전차가 아닌 버스를 탈 것이라면 서두르지 않아도 된다고 하는 생각이 발생하여 행동에 영향을 줄 것이다. 이 경우 믿음의 내용은 예측이라고 불릴 수 있는 방식으로 관련된 감각과 단어(전차)다.

같은 소음이 여러분의 마음에 '전차'라는 단어 대신에 전차의 시각적 이미지를 가져올지도 모른다. 이 경우 당신의 믿음은 감각과 적절한 관련 이미지로 구성된다. 이 부류의 믿음은 소위 '지각의 판단'이라고 불린다. 우리가 강의 VIII에서 보았듯이 감각과 연관된 이미지는 종종 그러한 자발성과 힘을 가지고 오기 때문에 세련되지 못한 사람들은 감각과 그것들을 구분하지 않는다. 단지 지각하기 위해 감각에 추가된 커다란 기억 요소를 알 수 있는 것은 심리학자나 숙련된 관찰자일 뿐이다. 추가된 것

러셀, 마음을 파헤치다

이 단지 믿음 없는 이미지로 구성된다는 사실은 특기할만하다. 이것은 의심할 여지없이 때로는 그렇지만 때로는 그렇지 않다. 그 믿음은 항상 지각에서 일어나는데, 우리는 그것을 유지하는 것이 필요하지 않다. 우리의 대상이 때때로 믿음을 발생시킨다는 것을 주목하기에 충분하고, 그렇게 될 때 우리 믿음의 내용은 감각과 적절하게 관련된 이미지로 구성되어 있다.

순수한 기억-믿음에서는 이미지만 발생한다. 그러나 단어와 이미지의 혼합이 기억에서는 매우 흔하다. 여러분은 과거의 일을 떠올리고 스스로에게 "네, 그런 식이었어요" 라고 말할 수 있다. 여기서는 이미지와 단어가 함께 믿음의 내용을 구성한다. 그리고 어떤 사건을 기억하는 것이 습관이 되었을 때 그것은 순전히 언어적인 것일 수도 있고, 기억-믿음은 단어로만 구성될 수도 있다.

더 복잡한 형태의 믿음은 말로만 구성되는 경향이 있다. 종종 다양한 종류의 이미지가 그들과 동반되지만 그것들은 무관하기 쉽고, 실제로 믿어지는 것의 일부를 형성하지 못한다. 예를 들어 태양계를 생각할 때, 여러분은 구름으로 둘러싸인 지구, 토성과 그의 고리, 일식 중의 태양 등에 대해 여러분이 보았던 막연한 사진 이미지들을 가지고 있을 것이다. 하지만 이것 중 어느 것도 행성들이 타원 궤도를 그리며 태양 주위를 돈다는 믿음의 일부를 형성하지 못한다. 그러한 믿음의 실제 부분을 형성하는 유일한 이미지는, 원칙적으로 단어의 이미지다. 그리고 강의 VIII에서 고려된 이유 때문에, 단어의 이미지(항상은 아니더라도 종종 단어 발음의 운동감각적 이미지)와 감각의 확실성은 구분되지 않는다.

말의 경우처럼 감각에 연관성이 있는 경우를 제외하고는 믿음만으로 구성되는 것은 불가능하다. 그 이유는 객관적인 참조는 믿음의 본질이며, 의미로부터 파생되기 때문이다. 내가 감각과 단어의 일부로 구성된 믿음을 논할 때, 나는 그 단어들이 단순한 이미지가 아닐 경우 그 단어들이 감각적이라는 것을 부정하려는 것이 아니라, 기호로 일어난다는 것을 부정하려는 것이다. 소음이라는 감각으로 되돌아가서 전차 이야기를 해보자. 여러분이 그것을 듣고 실제로 그 단어를 발음한다면, 소음과 단어는 둘 다 감각이지만 소음은 여러분의 신념을 진실하게 만드는 사실의 일부인 반면, 단어는 이 사실의 일부가 아니다. 당신 믿음의 대상인 사실의 일부를 구성하는 것은 실제 단어가 아닌 '전차'라는 단어의 '의미'다. 그러므로 그 단어는 그것의 의미 때문에 '상징으로서의 믿음'에서 발생하는 반면, 소음은 믿음과 그것의 대상 둘 다로 들어간다. 단어들이 기호로 나타나는 것과 그 자체로 생성하는 감각의 발생을 구별해야하는 것은 바로 이 때문이다. 대상은 그 자체로 발생하는 감각을 포함하고 있지만 기호로 발생하는 단어에서는 의미만을 포함하고 있다. 단순함을 위해 우리는 감각 자체가 믿음 내용의 일부를 형성하는 경우를 무시하고 이미지와 단어에만 국한할 수 있고, 이미지와 말이 모두 나오는 경우도 생략할 수 있다. 따라서 우리의 믿음의 내용에 대해 다음과 같이 두 가지 경우로

러셀, 마음을 파헤치다

국한해보자. (a) 내용이 전적으로 이미지로 구성된 경우 (b) 단어로만 구성된 경우. 이미지와 단어가 혼합된 경우는 특별히 중요하지 않으며 생략해도 해가 되지 않는다.

기억의 경우를 예로 들어, 당신이 익숙한 방을 생각하고 있다고 가정해 보자. 이미지를 불러올 수 있으며, 이미지에서는 창문이 문의 왼쪽에 있을 수 있다. 어떤 단어도 끼어들지 않고 당신은 당신의 이미지의 정확성을 믿을 수 있다. 그러면 여러분은 완전히 이미지로 구성된 믿음을 갖게 되는데, 이것은 말로 표현하면, '창문은 문 왼쪽에 있다'가 될 것이다. 여러분은 이 단어들을 사용하고 계속해서 믿어도 좋다. 그러면 이미지-내용에서 해당 단어-내용으로 전달된다. 두 경우 내용은 다르지만 객관적 참고는 같다. 이것은 매우 간단한 경우로 이미지-믿음과 단어-믿음의 관계를 보여준다. 더 정교한 경우에는 관계가 훨씬 복잡해질 것이다.

이렇게 간단한 경우에도 대상은 다음과 같다. 단어-내용의 참조는 이미지-내용의 참조와 완전히 동일하지 않으며, 이미지가 단어로 대체될 때 손실되는 풍부한 구체적인 특징을 가지고 있고, 이미지의 창문은 추상화에서 단순한 창문이 아니라 문 왼쪽에 존재하며 특정 모양과 크기를 가진 창문이다. 물론 이의제기를 한다면 그것에도 원칙적으로 어느 정도의 진실이 있음을 즉시 인정할 수 있다. 그러나 그에 대한 반론으로 두 가지 요점이 촉구될 수 있다. 첫째, 이미지는 일반적으로 말로 표현하기가 불가능하게 만드는 풍부하고 구체적인 디테일을 가지고 있지 않다.

그들은 모호하고 단편적이다. 아마도 많은 수의 단어들이긴 하지만 최소한 그들의 중요한 특징들을 소진시킬 것이다. 둘째, 이미지들은 의미를 가질 수 있다는 사실을 통해 믿음의 내용에 들어가며 그들의 의미는 규칙만큼 복잡하지 않다. 그들의 특징 중 하나는 보통 의미가 없다는 것이다. 따라서 이미지 내용에 의미가 있는 모든 것을 단어로 추출하는 것이 가능할 수 있다. 이 경우 단어 내용과 이미지 내용은 정확히 동일한 대상적 참조를 가질 것이다.

믿음의 내용은, 말로 표현될 때 논리적으로 '명제'라고 불리는 것과 같은 것이다. 명제는 주장하거나 부인할 수 있는 종류의 것을 표현하는 일련의 단어다. "모든 사람은 죽는다", "콜럼버스가 미국을 발견했다", "찰스 1세가 그의 침대에서 죽었다", "모든 철학자는 현명하다"와 같은 문장들은 명제다. 어떤 일련의 단어들이 명제가 아니라, 단지 '의미'를 가진 단어들, 또는 우리의 언어에서 '대상적인 참조'를 가진 단어들의 집합이 명제다. 분리된 단어의 의미와 구문 규칙을 고려할 때 명제의 의미가 결정된다. 이것이 우리가 전에 들어본 적이 없는 문장을 이해할 수 있는 이유다. 아마 '안다만 제도 주민들이 저녁으로 하마 스튜를 습관적으로 먹는다'는 명제를 이전에는 들어본 적이 없겠지만, 그 명제를 이해하는 데는 어려움이 없다. 문장의 의미와 낱말의 의미 사이의 관계에 대한 문제는 복잡한 주제로, 지금 그것을 탐구하지는 않을 것이다. 이 예제는 명제의 본질을 설명하기 위해서 사용한 것이다.

우리는 이미지로 구성된 믿음의 이미지-내용을 다루기 위해 '명제'라는 용어를 확장할 수 있다. 따라서 창문이 문 왼쪽에 있는 방을 기억하는 경우, 이미지 내용을 믿을 때 명제는 왼쪽에 있는 창의 이미지와 오른쪽에 있는 문의 이미지로 구성될 것이다. 우리는 이런 종류의 명제를 이미지 명제로, 말로 된 명제를 언술 명제로 구분할 것이다. 우리는 일반적으로 명제를 실재와 가능한 믿음의 내용과 동일시할 수 있으며, 우리는 그것이 진실 또는 거짓이라고 말할 수 있다. 논리에서 우리는 믿음보다는 명제에 관심을 갖는다. 논리는 사람들이 실제로 무엇을 믿는지에 관심이 있는 것이 아니라 가능한 믿음의 진실이나 거짓을 결정하는 '조건'에만 관심이 있기 때문이다. 가능할 때마다 실재에 대한 믿음이 문제가 될 때를 제외하고, 일반적으로 명제를 다루는 것은 간단하다.

이미지 명제가 언술 명제보다 더 원시적이고, 앞서 존재했던 것처럼 보일 수 있다. 아주 단순한 믿음의 느낌을 동반한 기억 이미지가 언어가 생겨나기 전에 일어나지 말았어야 할 이유는 없다. 실제로 이런 종류의 기억이 고등동물들 사이에서 일어나지 않는다고 주장하는 것은 경솔할 것이다. 우리의 기본적인 믿음, 특히 지각하기 위해 감각에 더해지는 믿음은 종종 이미지의 수준에 머물러 있다. 예를 들어 우리 주변에 있는 대부분의 시각적 물체들은 촉각 이미지를 불러일으킨다. 우리는 대리석 덩어리를 볼 때와 소파를 볼 때의 느낌이 다르다. 그리고 그 차이는 주로 촉각 상상의 다른 자극에 존재한다. 촉각적 이미지는 어떠한 믿음도 수

반하지 않고 단지 존재한다고 말할 수 있다. 그러나 나는 이 관점이 때때로 옳지만, 우리의 '명백한' 의식적 믿음만을 생각하는 것에서 일반적인 명제로서의 타당성이 도출된다고 생각한다. 대부분의 소원이 그렇듯이, 우리의 믿음은 우리 자신에게 그것을 가지고 있다고 말한 적이 없다는 점에서 '무의식적'이다. 그러한 믿음은 그들이 불러일으키는 기대가 어떤 식으로든 실패할 때 스스로 드러난다. 예를 들어 누군가 (우유 없이) 차를 잔에 넣고 마시는 것을 보며 그것이 맥주라 생각한다거나, 또는 타일 바닥처럼 보이는 곳을 걷다가 당신이 밟은 그것이 타일처럼 보이도록 만든 부드러운 카펫이라는 것을 알게 되는 경우가 있다. 이런 경우에 대한 충격은 우리로 하여금 우리의 인식에 습관적으로 들어오는 기대와 추론을 새삼스레 깨닫도록 한다. 그리고 그러한 기대는 우리가 보통 그것들을 메모하거나 말로 표현하지 않는다는 사실에도 불구하고 '믿음'으로 분류되어야 한다. 거울을 보고 다른 개체인줄알고 계속하여 달려드는 비둘기를 본 기억이 있다. 아마 그 비둘기는 아무것도 발견하지 못한 것에 대한 일종의 놀라움을 매번 경험했을 것이다. 이것은 감각의 대상이 마음속에 있다는 버클리의 이론을 채택하는 것이라 생각할 수 있다. 그의 기대는 비록 말로 표현되지는 않았지만, 믿음이라고 불릴만했다고 생각한다.

이제 믿어지는 내용을 살펴보자. 우선 동일한 내용에 대해 취할 수 있는 다양한 태도가 있다. 여러분이 아침식사에 대한 시각적인 이미지를 가지고 있다고 가정해보자. 아침에 옷을 입을 때 그것을 예상할 수 있고,

일을 하면서도 그것을 기억할 수도 있으며, 시각화의 능력에 대해 질문 받았을 때 그것의 정확성에 대해 의심을 가질 수도 있다. 단지 외부의 어떤 것과도 연결하지 않고 단지 이미지를 즐길 수 있을 뿐, 여러분이 잠을 잘 때, 배고프면 그것을 바라거나, 아프면 그것을 혐오할 수 있다. 명확성을 위해 그 내용이 '아침식사를 위한 계란'이라고 가정하자. 그러면 여러분은 '아침 식사로 계란이 나올 것으로 예상한다', '아침 식사로 계란이 있었던 것으로 기억한다', '아침 식사로 계란이 있었던가?', '아침 식사로 계란이 나왔으면 좋겠다', '아침 식사로 계란이 나왔을까봐 걱정된다', '아침 식사로 계란이 나오면 안 좋을 것 같다' 등의 태도를 가지게 될 수 있다. 이것이 주제에 대한 가능한 모든 태도들의 목록이라고 제안하려는 것은 아니다. 단지 이것들이 모두 '아침 식사를 위한 계란'이라는 하나의 내용에 관련된 것이라고 말하는 것이다.

이러한 태도들이 모두 똑같이 궁극적인 것은 아니다. 욕망과 혐오에 관련된 것들은 강의 Ⅲ에서 이미 다루었다. 현재 우리는 인지적인 것과 같은 것에만 관심이 있다. 기억을 이야기하면서 우리는 동일한 내용으로 향하는 세 가지 종류의 믿음, 즉 믿음의 느낌에서 어떠한 시간 결정 없이 기억, 기대 그리고 맹목적 동의라는 것을 구별했다. 그러나 이 관점을 발전시키기 전에, 우리는 믿음에 관해 제기될 수 있는 다른 두 가지 이론을 검토해야 한다. 그리고 어떤 면에서 이들은 내가 주장하고자 하는 이론보다는 행동주의적 관점과 더 조화를 이룰 수 있을 것이다.

(1) 검토해야 할 첫 번째 이론은 믿음의 차이가 그것의 인과적 효과에 있다는 견해다. 나는 단지 우리가 그것의 내구성을 판단할 수 있도록 그것을 가설적으로 발전시키고 싶을 뿐이다.

우리는 이미지나 단어의 의미를 인과적 효과, 즉 연합에 의해 정의했다. 즉 이미지나 단어는 연합을 통해 의미를 얻는다. 다른 종류, 즉 자발적 움직임을 유발하는 인과적 효과로 '믿음'을 정의할 것을 가설적으로 제안한다. (자발적 움직임은 더 높은 신경 중심을 포함하는 반사 운동과 구별되는 필수적인 움직임으로 정의된다. 나는 의식이나 의지와 같은 개념으로 그것들을 구별하는 것을 좋아하지 않는다. 왜냐하면 어떤 의미에서도 이 개념들이 항상 적용가능하다고 생각하지 않기 때문이다. 게다가 우리가 연구하고 있는 이론의 목적은 가능한 생리적이고 행동주의적인 것이며, 우리가 '의식'이나 '의지'와 같은 개념을 도입한다면 이러한 목적은 달성되지 않는다. 그럼에도 불구하고 그것은 필요하다. 자발적 운동과 반사 운동을 구별할 수 있는 방법을 찾는 우리의 목적을 위해 만약 우리가 반사 운동도 믿음을 포함한다고 말한다면, 결과는 너무 역설적일 것이기 때문이다.) 이 정의에 따르면, 내용은 우리를 움직이게 할 때 '믿어진다'고 한다. '길을 따라 탈출한 호랑이가 있었다고 가정하자'고 말해도, '길을 따라 탈출한 호랑이가 있다'고 말해도 자극받은 모습은 똑같다. 그러나 행동은 두 경우에서 매우 다를 것이다. 첫째는 침착할 것이고, 둘째는 그렇지 않을 수도 있다. 우리가 고려하고 있는 이론에 따르면 이러한 효과의 차이가 두 번째 경우 제안이라고 믿고, 첫 번째 경우는 제안하지 않는 것으로 말함으로써 무엇을 의미하는지를 알려준다. 이 견해에 따르면 이미지나 단어들은 신체 움직임을 일으킬 때 비로소 믿어진다. 이 이론을 적절하다고 볼 수는 없지만, 동시에 쉽게 반박할 수 있는 것도 아니다.

우리가 확실히 믿는 많은 것들이 신체적인 움직임을 요구하지 않는다는 이론에 반대될 수 있다. 영국은 섬이고, 고래는 포유류이며, 찰스 1세는 처형당했다고 '생각'하는 것은 타당하다. 그리고 이렇게 믿는 것은 어떤 규칙적인 행동도 요구하지 않는 것이 분명해 보인다. 그러나 이 문제를 좀 더 면밀히 조사하면 의심이 더 커진다. 우선, 우리는 단순한 취향으로서의 믿음을 실제 활동적인 믿음과 구별해야 한다. 우리는 마치 찰스 1세가 처형당했다고 항상 믿었던 것처럼 말하지만, 그것은 단지 우리가 그 주제가 나올 때 항상 그것을 믿을 준비가 되어 있다는 것을 의미한다. 우리가 분석하고자 하는 현상은 영구적인 성질이 아니라 '능동적인 믿음'이다. 찰스 1세가 처형당했다고 우리가 적극적으로 믿는 경우는 어떤 경우일까? 우리가 그것을 기록하는 신체적인 움직임을 수행할 때, 대화를 통해 역사학을 보여주겠다고 주장할 때, 그리고 소련 정부가 이끄는 것을 보여주는 데 관여하여 정치적 담론이 주로 일어날 때 이 모든 경우에 신체적인 움직임은 우리의 믿음에서 비롯된다.

그러나 단지 '생각'에서 발생하는 믿음은 여전히 남아 있다. 자신이 읽었던 역사의 일부분을 회상하면서 어떤 신체적인 움직임이 발생하지는 않지만, 믿는 것이 행동에 영향을 미치는 것은 사실이다. 만일 내가 조지아 왕으로 초청받았다고 가정해 보자. 나는 이 초청을 매력적인 제안이라고 생각한 뒤, 항구로 가서 새로운 왕국으로 가는 3등석 티켓을 구입하려 할 것이다. 그러나 마지막 순간에 좋지 않은 최후를 맞았던 찰스 1세와 다른 군주들을 기억하고는 이내 마음을 바꿔서 티켓을 사지 않고 돌아갈 것이다. 하지만 이런 사건은 드물고, 찰스 1세가 처형당했다는 것이 내 믿음 전체를 구성하지는 못할 것이다. 결론은 믿음이 실제적인 문제와 관련되면 항상 행동에 영향을 미칠 수 있지만, 그것은 종종 (단순한 처분으로서가 아니라) 자발적인 것을 생산하지 않고도 능동적으로 존재하는 것으로 보인다. 이것이 사실이라면 우리는 자발적인 움직임에 대한 영향으로 믿음을 정의할 수 없을 것이다.

우리가 검토하고 있는 견해를 거부하는 데는 더 이론적인 근거가 있다. 명제는 믿거나 단순히 고려될 수 있으며, 그 내용이 두 경우 모두 동일하다는 것은 분명하다. 우리는 아침 식사로 달걀을 기대하거나, 아침 식사로 달걀이 있을 수도 있다는 '가정'만을 즐길 수 있다. 조금 전에 나는 조지아 왕으로 초대될 가능성을 고려했지만, 나는 이런 일이 일어날 것이라고 생각하지 않는다. 만약 한 사람이 신체를 움직이고 다른 사람은 그렇지 않다면, 믿고 고려하는 것은 다른 영향을 끼치기 때문에, 믿는 것과 고려하는 것 사이에 본질적인 차이가 있어야만 한다. 만약 그것들이 정확히 유사하다면, 그들의 영향 또한 정확하게 유사할 것이다. 우리는 주어진 명제를 믿는 것과 단순히 그것을 고려하는 것 사이의 차이가 내용에 있지 않다는 것을 보았다.[122] 따라서 한 가지 경우나 두 가지 경우 모두 동일한 내용에 대한 단순한 '고려'의 발생과 '믿음'의 발생을 구별하는 내용에 추가적인 무언가가 있어야 한다. 이론적인 논거에 관한 한, 이 추가 요소는 오직 믿음에만 존재할 수도 있고, 그것이 한 종류의 추가 요소일 수도, 고려의 경우에는 다른 종류의 추가 요소가 있을 수도 있다. 이것은 우리가 검토해야 할 두 번째 관점을 가져다준다.

(2) 우리가 지금 고려해야 할 이론은 어떤 긍정적인 반대가 개입하는 경우를 제외하고, 믿음을 모든 관념에 속하는 것으로 간주하는 것이다. 이러한 관점에서 의심과 불신은 긍정적이지만, 믿음은 그렇지 않다. 이 가설에 따르면 우리가 믿음이라고 부르는 것은 적절한 내용만을 포함하는데, 동시에 작용하는 어떤 다른 것이 그것들을 억제하지 않는 한, 믿음의 특성을 가질 것이다. 제임스는 이러한 견해를 구체화하는 스피노자 Spinoza의 한 구절을 부정확하게 인용한다.[123]

---

122 Brentano, "Psychologie vomempirischen Standpunkte," p. 268 (criticizing Bain, "The Emotions andthe Will")을 참조하라.

123 Psychology, vol. ii, p. 288

"자신이 말horse이라고 상상하고 다른 것은 아무것도 인식하지 않는 소년을 상상해 보자. 당연히 이 상상은 말이 존재하는 것과 관련이 있고, 소년은 말의 존재를 무효화할만한 인식이 없기 때문에, 그는 필연적으로 말을 '현재'로 간주할 것이며, 말의 존재를 절대 의심할 수 없을 것이다. 그러나 나는 그 소년이 상상하는 한, 인간이 아무것도 인식하지 않는다는 것에 동의할 수 없다. 날개 달린 말을 상상하는 것이 말에 날개가 있다고 단언하는 것이 아니면 대체 무슨 뜻이겠는가? 만일 마음에 날개 달린 말 외에는 아무 것도 없었다면, 그 것은 현재와 같은 것으로 그저 관조했을 것이고, 날개 달린 말의 상상이 그것에 결합되지 않는 한 존재에 대해 의심할 이유가 없었을 것이며, 존재에 대해 반대할 힘도 없었을 것이기 때문이다."[124]

이에 대해 제임스는 전적으로 동의하며, 다음을 강조하여 덧붙인다.

"반박되지 않은 상태로 남아 있는 모든 대상은 너무나 사실적으로 믿어지고 절대적인 현실로 자리 잡고 있다."

이 견해가 맞다면, (비록 제임스는 추론을 하지 않지만) '믿음'이라고 불리는 어떤 특정한 느낌도 필요하지 않으며, 단지 이미지의 존재만으로도 필요한 모

---

124 "Ethics", vol. ii, p. 49, Scholium

든 것을 산출한다는 추론이 뒤따른다. 우리가 그것을 믿거나 믿지 않으면서, 단지 어떤 명제를 고려하는 정신 상태는 정교한 산물로 나타날 것이고, 이는 이미지 명제에 어떤 경쟁적인 힘이 더해진 결과일 것이다. 이느낌은 긴장감 또는 불신감이라고 불릴 수 있는 긍정적인 느낌이다. 마치 경주를 기다리고 있는 한 남자의 느낌과 비교될 수 있다. 이런 상황에 놓인 사람은 비록 움직이지 않지만, 조용히 쉬고 있는 사람과 매우 다른 상태에 있다. 그래서 그것을 믿지 않고 명제를 고려하고 있는 사람은 긴장 상태에 놓이게 될 것이며, 아무런 방해도 받지 않는다면 그가 보여줄 명제에 대해 행동하는 자연스러운 경향을 억제할 것이다. 이 관점에서 믿음은 주로 어떤 대응력 없이 적절한 이미지의 존재로만 이루어진다.

이 견해에 찬성한다는 측이 많이 있다는 것을 알고, 나 역시 이것이 완전히 부적절하다고 생각하지 않으며, 이 견해는 꿈과 환각적 이미지 현상과 훌륭하게 맞아떨어지는, 정신적 발달에 부합하는 방식이라 생각한다. 의심, 판단의 긴장, 불신은 반성하지 않는 동의로 더 복잡해 보인다. 만약 그것이 존재한다면 이 관점에서 긍정적인 현상으로서의 믿음은, 논쟁 후의 결정과 수용의 산물로 간주될 수 있다. 개가 존재하지 않는 주인이나 잡고자 하는 토끼의 이미지를 가지고 있다고 가정하는 것은 어렵지 않다. 그러나 개가 상상력을 즐길 수 있다고 가정하기는 매우 어렵다.

'믿음'이라고 할 수 있는 어떤 긍정적인 느낌의 추가 없이, 단순한 이미지는 어떤 역동적인 힘을 갖기 쉽다는 것을 인정해야 한다. 이런 의미에서 비교가 되지 않는 이미지는 믿음의 힘을 가지고 있다. 그러나 이것이 사실일지라도, 그것은 믿음의 영역에서 가장 간단한 현상들 중 일부만을 설명할 수 있는데, 예를 들면 이미지가 가진 믿음의 힘은 기억을 설명하지 못할 것이다. 또한 수학과 같이 근접한 행동에서 발생하지 않는 믿음을 설명할 수도 없다. 그러므로 믿음의 그것과 매우 유사한 현상들은 단지 모순되지 않은 이미지들에 의해 만들어질 수 있지만, 의심이나 불신의 그것들과 같은 순서로 믿음의 감정이 있어야 한다고 결론을 내릴 수 있다.

(3) 마지막으로 타당하다고 생각하는 믿음의 관점을 살펴보자. 믿음에는 적어도 세 가지 종류의 믿음, 즉 기억, 기대감, 맹목적 동의가 있다. 이 각각의 것들은 믿었던 내용에 첨부되는 특정한 느낌이나 복잡한 감각에 의해 구성된 것으로 간주된다. 예를 들어, 만약 내가 비가 올 것이라고, 말이 아니라 이미지를 통해 믿는다고 가정해 보자. 여기 두 가지 상호 관련 요소, 즉 내용과 기대 요소가 있다. 내용은 비가 올 때의 느낌과 같이 비의 시각적 모습, 젖은 느낌, 방울의 패턴, 대략적으로 상호 연관되어 있는 이미지들로 구성되어 있다. 따라서 내용은 이미지로 구성된 복잡한 사실이다. 정확히 같은 내용이 '비가 오고 있었다' 또는 '비가 온다'라는 기억에 들어갈 수 있다. 이러한 사례와 기대의 차이는 내용에 있지 않다. 그 차이는 믿음의 본질에 있다. 개인적으로 기억, 기대, 동의를

구성하는 감각을 각각 분석할 수 있다고 주장하지는 않는다. 그러나 그것들이 분석될 수 없다고 말할 수도 없다. 다른 믿음의 감정이 있을 수 있을 것이다. 분리나 함축의 경우를 떠올려 보면 이해할 수 있다. 그리고, 믿음이 아닌 불신이 있을 수도 있다.

내용과 믿음이 공존해야 한다는 것만으로는 이를 설명하기에 충분하지 않다. 내용이 믿어지는 것이라고 말함으로써 표현되는 특정한 관계가 그들 사이에 있어야 할 필요가 있다. 이것이 분명하지 않다면 논쟁을 통해 분명해질 수 있다. 내용과 신념의 단순한 공존만으로도 충분하다면, 우리가 기억의 느낌을 가질 때마다 동시에 우리의 마음속에 떠오른 명제를 기억해야 하는데 이것은 사실이 아니다. 우리는 동시에 한 명제를 기억하고 다른 명제를 고려할 수 있기 때문이다.

우리는 다음과 같이 말로 표현되지 않은 명제에 동의하는 경우 분석을 요약 할 수 있다. (a) 상호 관련된 이미지로 구성된 명제를 가지고 있으며 아마도 부분적으로는 감각으로 구성된다. (b) 우리는 분석을 요구하는 복잡한 감각인 동의감을 가지고 있다. (c) 우리는 동의와 명제 사이에 실제로 존재하는 관계를 가지고 있다. 다른 형태의 믿음 또는 내용의 경우, 이 분석에서 필요한 대체만하면 충분하다.

만약 우리의 믿음에 대한 분석이 옳다면, 믿음을 표현하는 데 말들을 사용하는 것은 오해를 불러일으키기 쉽다. 기억과 과거에 대한 동의 사이에는 말로 구분할 수 있는 방법이 없다. "나는 아침을 먹었다"와 "카이사르가 갈리아를 정복했다"는 같은 언어 형태를 가지고 있지만, 그들은 심리적으로 매우 다른 사건을 표현한다. 한 경우엔 '아침밥을 먹는다'는 내용이 '기억'나는 것이고, 다른 경우엔 '카이사르의 갈리아 정복이 일어났다'는 내용에 '동의'하는 경우다. 특히 후자의 경우, 과거는 믿고 있는 내용의 일부다. 정확히 비슷한 발언은 번개 후 천둥을 기다릴 때와 미래에 관한 명제에 동의하는 것과 같은 기대의 차이에 적용된다. 예를 들어 어떤 일이 일어날지에 대한 모든 일반적인 관념적 지식의 경우에서와 같은 말이다. 나는 믿음의 시간적 측면의 언어적 표현에 있어서 이러한 어려움은 시간을 고려할 때 철학을 저해한 원인들 중 하나라고 생각한다.

이 강의에서 지지하는 믿음의 관점은 기억과 기대와 같은 믿음의 느낌의 구별을 제외하고는 참신한 관점이 아니다. 제임스는 "모든 사람은 어떤 사물을 상상하는 것과 그것의 존재를 믿는 것, 명제를 상정하는 것과 그것의 진리를 묵인하는 것 사이의 차이를 알고 있다. 그 내면의 본질, 믿음, 또는 현실감각은 다른 어떤 것보다 감정과더 제휴된 느낌이다"라고 말했다. 그는 여기에 더해 술에 취하는 것, 아산화질소 중독이 믿음을 고조시킬 것이라고 지적한다. 후자의 경우, 사람의 영혼은 확신으로 가득 차겠지만, 자신이 '확신하는 바'는 전혀 말할 수 없다. 이러한 경우에, 어떤 특정한 익숙한 대상과 관련이 없는 친숙한 느낌이 때때로 발생할수 있는 것처럼, 믿음의 느낌은 믿었던 내용과 그것의 통상적인 관계가

러셀, 마음을 파헤치다

없이, 부착되지 않은 채로 존재하는 것처럼 보일 것이다. 믿음의 느낌은 분리되어 고조된 형태로 일어날 때, 일반적으로 우리가 그것을 첨부할 내용을 찾도록 이끈다. 계시나 신비적인 통찰을 전달하는 것의 대부분은 아마도 이런 방식으로 올 것이다. 비정상적으로 강한 믿음은, 다소 우연하게, 우리가 적절한 순간에 생각하게 되는 어떤 내용에 붙는 것이다. 그러나 이것은 단지 추측일 뿐이다.

XIII
참과 거짓

이번 강의의 화두인 참과 거짓의 정의는 우리의 일반적인 주제인 마음의 분석과는 직접적인 관련이 없을 수 있다. 심리적 관점에서 보면 다른 종류의 믿음, 다른 정도의 확신은 있을 수 있지만 참된 믿음과 거짓된 믿음을 구별하는 순수한 심리적 수단이 있을 수는 없다. 믿음은 사실과 관련하여 참 또는 거짓이 되며, 이는 해당 주체의 경험 밖에 있을 수 있다. 참과 거짓은 우리 자신의 마음에 대한 믿음의 경우를 제외하고 정신적인 사건과 외부 사물의 관계에 달려 있기 때문에, 그 자체로 정신적인 사건의 분석을 넘어서게 된다. 그럼에도 불구하고 우리는 참과 거짓에 대한 고려를 피할 수 없다. 우리는 때로 진실이 지식을 낳는다고 믿고, 진실이 아니면 지식을 낳지 않는다고 믿는다. 우리의 마음이 지식의 도구인지, 그리고 만약 그렇다면 그것이 어떤 의미인지에 대한 질문은 매우 중요하기 때문에, 이 질문과 관련해서는 정신분석을 검토해야 한다. 이 질문을 무시하는 것은 시간 측정기의 정확성과 무관하게 경도 측정기를 설명하는 것이나, 온도계가 온도를 측정한다는 사실을 언급하지 않는 것과 같다.

지식과 관련하여 많은 어려운 문제들이 발생한다. 지식을 정의하는 것이나 지식이 있는지 없는지를 결정하는 것은 어려운 일이다. 비록 때때로 우리가 지식을 가지고 있다는 것을 알 수 있는지 여부를 발견하기 위한 지식을 가지고 있다고 인정하더라도 말이다. 논의의 편의를 위해 토론을 네 부분으로 나누어보자.

I. 우리는 행동주의적인 관점에서 주위에 대한 특정한 종류의 반응에서 보이는 지식을 고려할 수 있다. 이 반응은 과학 도구의 반응과 공유하는 몇 가지 특성을 가져야 하며, 또한 지식에서만 관찰할 수 있는 특유한 다른 특성도 가져야 한다. 그러나 이 관점이 중요하긴 하지만, 지식의 본질에 대해서 철저한 것은 아님을 알게 될 것이다.

II. 우리는 지식을 구성하는 믿음이 오류나 불확실한 것과 같이 단일 믿음 또는 믿음 체계에 내재하는 속성으로 구별되며, 어느 경우든 외부 사실을 참조하지 않고 발견될 수 있다고 주장할 수 있다. 이러한 견해는 철학자들 사이에서 널리 받아들여져 왔지만, 우리는 그것을 받아들일 이유를 찾을 수 없을 것이다.

러셀, 마음을 파헤치다

Ⅲ. 우리는 어떤 믿음은 진실이고, 어떤 믿음은 거짓이라고 믿는다. 이것은 검증가능성의 문제를 제기한다. 우리에게 그와 같은 믿음이 사실이라는 특이한 수준의 확신을 줄 수 있는 어떤 상황들이 있는가? 사실 이런 종류의 확실성을 야기하는 상황들이 분명히 있고, 우리는 이러한 상황들을 조사함으로써 우리가 무엇을 할 수 있는지 배우기를 원한다.

Ⅳ. 마지막으로 참과 거짓을 정의하고, 명제의 구성 단어의 의미로부터 객관적 참조를 도출하는 형식적인 문제가 있다.

우리는 이 네 가지 문제를 연속적으로 고려할 것이다.

Ⅰ. 우리는 인간을 다양한 자극에 대한 다양한 반응을 일으키는 도구로 간주할 수 있다. 외부에서 이러한 반응을 관찰할 경우, 정확성과 적절성이라는 두 가지 특성을 나타낼 때 지식을 보여주는 것으로 간주해야 한다. 이 두 가지는 꽤 뚜렷하고, 때로는 양립할 수 없다. 내가 호랑이에게 쫓겨 돌아서서 쳐다보면 정확성이 더 높아지겠지만, 나를 쫓는 짐승에 대한 더 이상의 지식을 찾지 않고 도망가면 (이 상황에서 더 적절한 목적인) 생존 가능성은 더 높아진다. 적절성에 대해서는 나중에 논하기로 하고 일단은 정확성에 집중해보자.

우리가 바깥에서 사람을 볼 때, 관찰할 수 있는 것은 그의 믿음이 아니라 그의 육체적 움직임이다. 그에 대한 지식은 그의 육체적 움직임, 특히 그가 말하고 쓰는 것에서 유추되어야 한다. 우리는 믿음을 무시하고 한 사람의 지식이 실제로 그의 말과 행동에 일치하는 것으로 간주할 수 있다. 즉, 우리는 가능한 한 참과 거짓에 대한 순수한 행동주의적 설명을 구성할 것이다.

만약 여러분이 한 소년에게 "2 곱하기 2가 무엇이냐?"라고 물었을 때, 그 소년이 "4"라고 말한다면 여러분은 그 소년이 2 곱하기 2가 무엇인지 알고 있다는 명백한 증거로 받아들일 것이다. 하지만 계속해서 2 곱하기 3, 2 곱하기 4, 2 곱하기 5를 물을 때 소년이 항상 "4"라고 대답한다면. 여러분은 그가 그것에 대해 아무것도 모른다는 결론에 도달하게 된다. 이와 비슷한 것이 과학적 측정에도 적용된다. 항상 북동쪽을 가리키는 어떤 풍향계가 있다. 만약 여러분이 추운 3월에 그것을 먼저 본다면, 여러분은 그것이 훌륭한 풍향계라고 생각할 것이다. 하지만 봄의 첫 번째 따뜻한 날에 그것을 본다면 여러분의 자신감은 흔들릴 것이다. 소년과 풍향계는 같은 결함을 가지고 있다. 그들은 자극이 다양할 때 반응을 변화시키지 않는다. 좋은 도구 또는 많은 지식을 가진 사람은 관련된 방식으로 다른 자극에 다른 반응을 보일 것이다. 이것이 반응의 정확도를 정의하는 첫 번째 지점이다.

이제 또 다른 남자아이를 가정해 보겠다. 그 남자아이는 처음에 질문할 때 2 곱하기 2는 4라고 주장한다. 하지만 이제 그에게 다른 질문을 하는 대신, 매일 아침 같은 질문을 하는 연습을 한다. 여러분은 그가 무작위로 5, 6, 7, 혹은 다른 숫자들을 말하는 것을 발견했고, 이제 그 소년은 곱하기 2가 무엇인지 모른다고 결론내릴 것이다. 하지만 운 좋게도 그는 처음에 제대로 대답했다. 이 소년은 바람 한 점 없이 항상 빙글빙글 돌고 있는 풍향계와 같다. 이 소년과 풍향계는 이전의 한 쌍과 반대되는 결함을 가지고 있는 셈이다. 그들은 어떤 적절한 방법으로도 다르지 않은 자극에 다른 반응을 보인다.

기억 속의 모호함과 관련하여 우리는 이미 정확성의 정의를 고려할 기회가 있었다. 이전에 논의한 내용 중 일부를 생략하고, 우리는 어떤 도구가 소년과 풍향계의 결함을 피할 때 정확하다고 말할 수 있다. 즉, 다음과 같을 때 말이다.

(a) 관련 방식이 다른 자극에 대해 서로 다른 반응을 보인다.

(b) 관련 방식에서 다르지 않은 자극에 대해 동일한 반응을 보인다.

관련 방식은 계측기의 특성과 목적에 따라 달라진다. 풍향계의 경우 바람의 방향은 관련이 있지만 강도는 아니다. 마찬가지로 소년의 경우, 질문의 의미는 관련이 있지만 당신의 목소리의 크기나 당신이 그의 아버지인지 아니면 그의 학교 교사인지 아닌지는 관련이 없다. 만약 당신이 그 또래의 소년이라면, 관련성이 있고 적절한 반응이 다를 수 있다.

지식은 검사와 같은 특정 종류의 자극에 대한 반응의 정확성에 의해 측정되는 것이 분명하다. 그러나 반대로, 우리는 지식이 전적으로 반응의 정확성으로 이루어져 있다고 말할 수 있는가? 우리는 이를 확언할 수 없지만, 우리는 이 방향으로 일정한 거리를 갈 수는 있다. 이러한 목적을 위해 우리는 정확성의 종류와 지식이 있는 곳에서 예상될 수 있는 반응의 종류를 더 신중하게 정의해야 한다.

현재의 관점에서, 지각은 지식에서 배제하기 어렵다. 어쨌든 지식은 지각에 기초한 행동으로 표시된다. 나무 사이를 나는 새는 나뭇가지에 부딪히는 것을 피한다. 그것의 회피는 시각적 감각에 대한 반응이다. 이 반응은 주로 정확성의특성을 가지고 있고, 새들이 '알고 있다'고 말하도록 이끈다. 그 새는 그 이웃에 어떤 물체가 있는지, 눈으로 보면 알 수 있는 것으로 보인다. 행동주의자의 경우, 이것은 확실히 지식으로 간주되어야 하지만 분석적 심리학으로 볼 수도 있다. 이 경우에 대략적으로 알려진 것은 자극이다. 그러나 더 발전된 지식에서는 자극과 알려진 것이 다르게 된다. 예를 들어, 달력을 보면 부활절이 내년 초가 될 것이라는 것을 알 수 있다. 여기서 자극은 달력이지만 반응은 미래에 관한 것이다. 이마저도 특정 계기들 사이에서 유사할 수 있다. 기압계의 행동은 현재의 자극을 가지고 있지만 미래를 예언한다. 그래서 기압계는 어떤 의미에서 미래를 안다고 말할 수 있지만, 내가 지식에 관해 강조하고 있는 점은 알려진 것이 자극과 상당히 다를 수 있고 지식-반응의 원인에 포함되지 않을 수 있다는 것이다. 자극과 함께 알려진 것이 자격을 갖추고 식별될 수 있는 것은 오직 감각 지식에서다. 미래에 대한 지식에서, 그렇지 않으면 자극보다 반응이 먼저일 것이기 때문에 그것들이 완전히 구별되는 것은 명백하다. 추상적인 지식에서도 그것들은 구별된다. 추상적인 사실에는 날짜가 없기 때문이다. 반면 과거에 대한 지식에는 복잡한 문제들이 있는데, 우리는 이것을 간단히 검토해야 한다.

모든 형태의 기억은 어떤 의미에서는 지연된 반응이 될 것이다. 그러나 이 구절이 무엇을 의미하는지 정확히 표현하지 않은 것 같으므로 비유를 들어보겠다. 퓨즈를 켜고 다이너마이트 더미와 연결하면 다이너마이트의 폭발은 어떤 의미에서 퓨즈의 점화에 대한 지연 반응이라고 말할 수 있다. 하지만 이것은 단지 초기 부분들이 덜 감정적인 관심을 갖는, 연속적인 과정의 다소 늦은 부분이라는 것을 의미할 뿐이다. 습관은 그렇지 않다. 습관 표시는 두 가지 종류의 원인이 있다. (a) 습관을 생성시킨 과거 발생과 (b) 습관을 작동시키는 현재 발생이다. 우리가 아는 지식의 대부분은 이런 의미에서 습관이다. 내가 언제 태어났느냐는 질문을 받을 때마다 나는 단지 습관으로 정확하게 답한다. 태어나는 것이 자극이고, 내 대답이 지연된 반응이라고 말하는 것은 정확하지 않다. 그러나 기억의 경우 이런 견해는 진실의 요소가 있을 것이다. 습관적인 기억에서 기억되는 사건은 분명히 습관 형성에 대한 자극의 필수적인 부분이었다. 습관을 들여오는 현재의 자극은 습관이 존재하지 않을 경우 발생할 수 있는 자극과는 다른 반응을 만들어낸다. 따라서 습관은 반응의 원인 속으로 들어가고, 습관의 원인도 한 번에 제거된다. 기억되는 사건은 기억의 원인의 필수적인 부분이라는 것이 뒤따른다.

그러나 알려진 것이 때때로 지식의 원인에 없어서는 안 될 부분이라는 사실에도 불구하고, 이러한 상황은 우리가 우려하는 일반적인 질문 즉, 보이는 지식으로서의 자극에 대해 어떤 종류의 반응이 고려될 수 있는가와 무관하다고 생각한다. 응답이 가져야 하는 한 가지 특성은 자발적 움직임으로 구성되어야 한다. 이 특성의 필요성은 내가 아직 고려하길 원하지 않는, 적절성의 특성과 관련이 있다. 그러나 현재로서는 지식-응답이 가져야 할 정확성에 대한 더 명확한 아이디어를 얻고 싶을 뿐이다. 많은 경우에서 정확성은 순전히 기계적인 것일 수 있다는 것이 명백하다. 가장 완전한 형태의 정확성은 계산기가 인간의 계산 능력을 초월한 질문에 대한 정답을 제공하는 것과 같다. 계산기에 대한 질문을 할 때 당신은 그것의 언어를 사용해야 한다. 중국어로 영국인에게 대화하듯이 계산기를 다루면 안 된다는 것이다. 하지만 만약 여러분이 계산기가 이해하는 언어로 말한다면, 그것은 여러분에게 34521 곱하기 19987을 단 한순간도 주저하거나 부정확한 기미도 없이 말해 줄 것이다. 하지만 우리는 기계가 답을 '안다'고 말하지 않는다. 왜냐하면 그것은 답을 주는 자체의 목적이 없기 때문이다. 그것은 여러분에게 그것의 영리함으로 감동을 주고 싶지 않거나, 그렇게 훌륭한 기계라고 자부하지 않는다. 그러나 단순

러셀, 마음을 파헤치다

한 정확성에 관한 한, 그 기계는 더 바랄 나위가 없을 것이다.

응답의 정확성은 질문에 대한 대답의 경우 완전히 명확한 개념이지만, 다른 경우에는 훨씬 더 모호하다. 우리는 일반적으로 어떤 물체가 동물적이든 무생물적이든 간에 그 특성의 유무에 따라 다르게 동작한다면 환경의 특정 특징에 '민감하다'고 말할 수 있다. 예를 들어, 철은 자기적인 것에 민감하다. 그러나 민감성은 지식을 구성하지 않으며, 우리가 알려진 사실과 자극을 구분하는 데에서 보듯이 분별력이 없는 사실에 대한 지식은 그 사실에 대한 민감성이 아니다. 우리가 질문과 대답이라는 간단한 경우를 넘어서자마자, 행동의 방법에 의한 지식의 정의는 '목적'의 고려를 요구한다. 비둘기 한 마리가 집으로 날아가고, 그래서 우리는 비둘기가 길을 '알고 있다'고 말한다. 하지만 만약 그것이 단지 아무데나 날아간다면 우리는 그것이 그 곳으로 가는 길을 '알았다'고 말해서는 안 된다. '알고 있다'는 말을 사용할 수 있으려면, 언덕을 굴러 내려가는 돌멩이가 굴러서 계곡으로 가는 것 이상이어야 한다.

일반적으로 지식과 반응의 정확성을 구별하는 특징에 대해, 목적을 언급하지 않고는 행동주의적 관점에서 많은 것을 말할 수 없다. 그러나 응답의 정확성 이외의 어떤 것에 대한 필요성은 다음과 같은 고려사항에 의해 제기될 수 있다. 다른 사람이 불신하는 것은 무엇이든 믿는 사람과, 타인이 믿는 것은 무엇이든지 믿지 않는 두 사람이 있다고 가정해 보자. 반응의 정확성과 민감성에 관해서는 이 두 사람이 선택할 수 있는 것은 아무것도 없을 것이다. 따뜻한 날씨를 위해 내려가고 추위를 위해 올라간 온도계는 일반적인 종류만큼 정확할 수 있다. 그리고 항상 거짓으로 믿는 사람은 항상 진실로 믿는 사람만큼 민감한 도구다. 그들 사이의 관찰 가능한 실제적인 차이는 항상 거짓을 믿었던 사람이 빨리 나쁜 결과를 가져올 것이라는 점일 것이다. 이는 자극에 대한 반응의 정확성만이 지식을 보여주는 것이 아니라 적절성, 즉 목적을 실현하기 위한 적합성에 의해 강화되어야 한다는 것을 다시 한 번 보여준다. 이것은 질문에 대답하는 아주 간단한 경우에도 적용된다. 대답의 목적이 속이는 것이라면 그들의 진실이 아니라 거짓이 지식의 증거가 될 것이다. 지식의 정의에서 적절성과 정확성의 결합의 비율은 어렵다. 두 가지 모두 참여하는 것처럼 보이지만, 적절성은 각 개별 사례에 대한 것이 아니라 일반 유형의 반응에 대해서만 요구된다.

II. 지금까지 믿음의 진실이나 거짓이 어떤 사실, 즉 믿음의 대상과 관련되어 있다는 것을 의심할 여지가 없는 견해로 가정해 왔다. 그러나 이러한 견해는 종종 의문시 되었다. 철학자들은 참된 믿음과 거짓된 믿음이 구별될 수 있는 몇 가지 본질적인 기준을 추구해 왔다.[125] 나는 그들이

---

125 그러한 기준이 존재한다는 견해는 일반적으로 헤겔에서 파생된 어느 정도의 견해를 가진 사람들에 의해 결정된다. 그것은 로스키|Lossky의 다음 구절로 설명될 수 있다.
"엄밀히 말하면, 거짓된 판단은 전혀 판단이 아니다. 술어는 주어 S에서만 따르는 것이 아니라 주어와 어떤 부가적인 C로부터 따르게 되는데, 이것은 결코 판단의 내용에 속하지 않는다. 일어나는 일은 관

이 연구를 하게 된 주된 이유가 무엇이 진실이고 무엇이 거짓인지에 대해 다르게 보이는 것보다 더 확신을 느끼고자 하는 바람 때문이었다고 생각한다. 만약 우리가 믿음의 본질적인 특성이나 그것이 일부를 형성하는 믿음의 집합체들을 조사함으로써 믿음의 진리를 발견할 수 있다면, 진리의 추구는 달리 보이는 것보다 덜 힘든 일이 될 것이라고 생각된다. 그러나 이러한 방향으로 이루어진 시도는 고무적이지 않다. 나는 제안된 두 가지 기준 즉, (1) 자명성, (2) 상호 일관성을 취할 것이다. 만약 우리가 이것들이 불충분하다는 것을 보여줄 수 있다면, 우리는 지금까지 어떤 본질적인 기준도 진실과 거짓된 믿음을 구별하기에 충분치 않다는 것을 상당히 확신할 수 있을 것이다.

(1) **자명성** Self-evidence

우리의 믿음 중 일부는 특이하게도 의심할 여지가 없는 것 같다. 예를 들어 2 더하기 2는 4이고, 하나의 사물은 동시에 다른 장소에 있을 수 없으며, 우리가 보고 있는 특정한 버터컵[126]은 노란색일 수도 있다. 우리가

념의 결합, 상상, 또는 그와 같은 과정일 수 있지만 판단의 과정은 아니다. 노련한 심리학자는 이 과정에서 판단의 특징인 주어에 대한 술어의 객관적 의존성의 특정한 요소만을 원한다는 것을 발견하기 위해 세심한 관찰을 할 수 있을 것이다. 그러나 내성의 수단으로 단지 생각과 판단의 결합을 구별하기 위해서는 예외적인 관찰력이 필요하다는 것을 인정해야 한다." ("The Intuitive Basis of Knowledge" (Macmillan, 1919), p. 268)

126 꽃의 일종이다. (옮긴이)

검토해야 할 제안은 그러한 믿음들이 그들의 진리를 안전하게 하는 인식 가능한 자질을 가지고 있다는 것이고, 그들로부터 추론되는 모든 것의 진실은 자명한 추론 원리에 따라 결정된다. 예를 들어 이 이론은 마이농이 그의 저서 〈우리의 지식에 대한 경험적 근거Über die Erfahrungsgrundlagen unseres Wissens〉에서 제시하고 있다.

만약 이 이론이 논리적으로 설득력이 있다면, 자명성이 가능해서는 안 되며 단지 우리가 명제를 믿는다는 사실에만 부합할 것이다. 우리는 우리의 믿음이 때때로 잘못되었다고 믿고, 결코 틀리지 않은 어떤 종류의 믿음을 선택할 수 있기를 바란다. 만일 우리가 이렇게 하려 한다면, 보편적이지 않은 특정한 믿음에만 속하는 어떤 표시에 의해서만 되어야 한다. 그리고 그것이 속한 것 중에 상호 모순되는 것은 하나도 없어야 한다. 예를 들어 p와 q 두 가지 명제가 자명하고 p와 q가 둘 다 사실일 수 없다는 것도 자명하다면, 그것은 진실의 보증으로서의 자명성을 비난할 것이다. 다시 말하지만, 자명성은 의심의 부재나 완전한 확실성의 존재와 동일해서는 안 된다. 만약 우리가 어떤 명제를 완전히 확신한다면 이 믿음을 지지할 근거를 찾지 않는다. 만약 자명성을 믿음의 근거라고 생각한다면 그것은 의심이 슬그머니 다가왔음을 의미하며, 우리의 자명한 명제는 회의주의의 공격에 완벽히 저항한 것은 아닐 것이다. 어떤 사람이 어떤 것을 너무 굳게 믿어서 그것을 의심하도록 만들 수 없다고 말하는 것은 의심의 여지가 없다. 그러한 믿음들은 그가 추론의 전제조건으로 기꺼이 사용할 것이고, 그에게 개인적으로 그것들은 어떤 믿음이 필요로 할 수 있는 만큼 많은 증거를 가지고 있는 것처럼 보일 것이다. 그러나 한 사람이 의심할 여지가 없다고 생각하는 명제들 중에는 다른 사람이 의심할 수 있는 몇 가지가 있을 것이다. 호주와 뉴질랜드에 사람이 있을 수 없다는 것은 과거에 자명해 보이곤 했다. 왜냐하면 지구가 둥글다는 사실을 알기 전에는 그들은 떨어져 나가거나 기껏해야 머리 위에서 어지러워할 것이라고 생각했기 때문이다. 그러나 뉴질랜드 사람들은 이 명제가 허위라는 사실이 자명하다고 생각한다. 그러므로 만약 자명성이 진리의 보증이라면, 우리의 조상들은 호주와 뉴질랜드에 대한 그들의 자명한 믿음을 잘못 생각했을 것이다. 마이농은 어떤 믿음은 거짓으로 자명하다고 생각되지만, 다른 믿음의 경우 참으로 자명하다는 것은 확실하며, 이것들은 전적으로 신뢰할 수 있는 믿음이라고 명명되어 이 난제를 충족시킨다. 그러나 이마저도 우리가 어떤 믿음이 자명하다는 것을 잘못 믿을 수 있기 때문에 실수의 실제 위험을 제거하지는 못한다. 모든 오류의 위험을 없애기 위해서, 우리는 실제로 실현될 수 없는 더 많고 더 복잡한 일련의 자명한 믿음이 필요할 것이다. 그러므로 자명성은 진리를 보증하는 실질적인 기준으로서 쓸모없는 것처럼 보일 것이다.

사례를 살펴본 결과도 마찬가지다. 만약 우리가 이 논의의 시작에서 언급한 네 가지 예를 들어보면 우리는 그 중 세 가지가 논리적인 반면 네 번째는 인식의 판단이라는 것을 알게 될 것이다. 2 더하기 2가 4라는 명제는 정의로부터 순수하게 논리적인 차이에 의해 뒤따른다. 그것은 그것의 진리가 물체의 성질에서가 아니라, 상징의 의미로부터 나온다는 것을 의미한다. 수학에서 기호는 우리가 선택한 것을 의미한다. 따라서 자명성의 느낌은, 이 경우 전체 대상이 우리의 통제 안에 있다는 사실에 의해 설명될 수 있다. 질문이 복잡하고 진실이 무엇인지 알 수 없기 때문에 이것이 수학적 명제의 전체가 진실이라고 단언하고 싶지는 않다. 그러나 나는 수학적 명제에 대한 자명성의 느낌이 그것들이 외부 관찰과 같은 세계의 속성이 드러나는 것이 아니라 상징의 의미에 관심을 갖는다는 사실과 관련이 있다고 말하고 싶다.

유사한 고려 사항이 한 번에 두 장소에 있는 것 또는 두 가지가 동시에 한곳에 있을 수 없는 경우에도 적용된다. 이러한 불가능은 논리적으로, 만약 내가 틀리지 않았다면 한 사물과 한 장소에 대한 정의에서 비롯된다. 즉, 그것들은 물리 법칙이 아니라 우리가 물리학을 조작하기 위해 만든 지적 장치의 일부일 뿐이다. 만약 그렇다면 그들의 자명성은 단지 물리적 사물의 속성이 아니라 단어 사용에 대한 우리의 결정을 나타낸다는 사실에 있는 것으로 보인다.

"이 버터컵은 노란색이다"와 같은 지각의 판단은 논리의 판단과는 전혀 다른 입장이고 그것의 자명성은 다른 증거를 가지고 있어야 한다. 그러한 판단의 핵심에 도달하기 위해 우리는 가능한 한 현재의 사실을 넘어서는 단어, 예를 들어 '버터컵'과 '노란색'을 사용하지 않을 것이다. 버터컵이 노란색이라는 지각의 기초가 되는 가장 간단한 판단의 종류는 동시에 보이는 두 가지 색상의 유사성에 대한 인식인 것 같다. 만약 우리가 두 개의 버터컵을 보고 있고, 우리는 그것들의 색깔이 비슷하다는 것을 인식한다고 가정하자. 이러한 유사성은 기호나 단어의 문제가 아니라 물리적 사실이고, 많은 판단이 그렇지 않은 방식으로 확실하게 의심 할 수 있는 것처럼 보인다.

그러한 판단과 관련하여 가장 먼저 관찰해야 할 것은 그들이 처한 상황으로는 여전히 모호하다는 것이다. 유사하다는 말은 유사성의 정도가 있고, 유사성이 끝나고 유사성이 시작되는 곳은 아무도 말할 수 없기 때문에 애매한 단어다. 두 버터컵의 색깔이 완전히 똑같지는 않을 것 같고, 만약 그것들이 그랬더라면 우리는 모두 자명성의 영역 밖에서 판단해야 했을 것이다. 우리의 명제를 좀 더 정확하게 하기 위해서 우리가 동시에 빨간 장미도 보고 있다고 가정하자. 그러면 우리는 버터컵의 색깔이 장미 색깔보다 서로 더 비슷하다고 판단할 수 있다. 이 판단은 더 복잡해 보이지만 정확성은 확실히 높아졌다. 그러나 지금도 유사성은 일차적으로 측정할 수 없기 때문에 완전한 정확성에 미치지 못하며, 유사성이 더 크거나 덜 비슷하다는 것이 무엇을 의미하는지 결정하는 데 많은 논의가 필요할 것이다. 정확성을 추구하는 이 과정에는 엄격한 제한이 없다.

다음으로 관찰해야 할 것은 (개인적으로 우리의 지각에 대한 판단의 대부분이 사실이라는 것을 의심하지는 않지만) 본질적인 특성에 의해 알 수 있는 그러한 판단의 어떤 부류도 항상 오류로부터 면제되는 것은 매우 어렵다는 점이다. 우리의 지각에 대한 대부분의 판단은 어떤 소음이 지나가는 수레의 소음이라고 판단할 때와 같이 상관관계를 포함하고 있다. 그러한 판단은 명백히 오류를 범하기 쉬운데, 우리가 그것이 불변이라고 확신할 권리가 있는 상관관계는 없기 때문이다. 우리가 "이것은 버터컵" 혹은 "이것은 노란색"이라고 말할 때처럼 지각의 다른 판단들은 인지에서 파생된다. 그러한 모든 판단은 때로는 아주 작은 것일 수도 있지만 약간의 오류의 위험을 수반한다. 버터컵처럼 보이는 어떤 꽃들은 금색이고, 어떤 꽃들은 노란색이나 오렌지색이라고 부를 수도 있다. 우리의 주관적인 확신은 대개 습관의 결과며, 우리가 알지 못하는 특이한 상황에서 우리를 빗나가게 할 수도 있다.

그러한 이유로 어떤 형태의 자명성도 절대적인 진실의 기준을 감당할 수는 없다. 그럼에도 주관적인 확실성이 높은 판단은 다른 판단보다 더 사실일 수 있다. 그러나 이런 경우라면 그것은 증명되어야할 결과이지 진실과 거짓을 규정하는 것에서 출발해야 할 전제가 아니다. 따라서 최초 보장으로서 자명성이나 주관적 확실성은 적절하다고 인정할 수 없다.

(2) 일관성 Coherence

참의 정의로서의 일관성은 관념론자들, 특히 헤겔을 따르는 사람들에 의해 옹호된다. 그것은 요아킴Joachim의 저서 〈진실의 본성The Nature of Truth〉

러셀, 마음을 파헤치다

에 명시되어 있다. 이 관점에 따르면 전체로서의 참을 제외한 모든 명제들은 내부적으로는 일관성이 없다는 순전히 논리적인 근거로 비난받을 수 있다. 하나의 명제가 일반적으로 거짓이라고 부르는 것이면 그 자체로 회복할 수 없이 모순인 반면, 그것이 우리가 일반적으로 참이라고 부르는 것이라면 그것은 우리가 다른 명제를 인정하도록 강요하여 진리 전체에 헌신 할 때까지 또 다른 명제로 이어지는 의미가 있다. 간단한 예를 들어보자. 내가 "아무개는 유부남이다"라고 말한다면 그것은 자기자존적인 분석 명제가 아니다. 우리는 이 명제가 전제를 필요로 하지 않는 세계를 논리적으로 생각할 수 없다. 이 명제는 유부녀이면서 해당 남성과 결혼한 사람이 있어야 성립되는 명제이기 때문이다. 결국 우리가 고려하고 있는 견해는 어떤 한 대상에 대해 말할 수 있는 모든 것을 '유부남'과 같은 상대적인 것으로 간주한다. 하지만 이 견해에 따르면 모든 것은 상대적이다. 그래서 한 가지 진실로부터 전체를 추론할 수 있는 것이다.

이 견해에 대한 근본적인 반대는 논리적이며, 관계에 대한 그것의 원칙에 대해 비판적으로 구성되어 있다. 내가 다른 곳에서 발전시킨 이 논쟁은 생략하겠다.[127] 잠시 동안 나는 논리의 힘이 이 이론이 생각하는 것보다 훨씬 적게 보인다고 말하는 것으로 내 자신을 만족시킬 것이다. 만

---

127 "Proceedings of the AristotelianSociety", 1906-7의 재판인 "Philosophical Essays"(Longmans, 1910)에서 "The Monistic Theory of Truth"를 발췌했다.

약 그것이 심각하게 받아들여진다면, 그것의 옹호자들은 어떤 하나의 진실도 논리적으로 불가해하다고 주장해야 한다. 예를 들어, 카이사르가 갈리아를 정복했다는 사실은 적절하게 고려된다면, 우리가 내일 날씨가 어떻게 될 것인지를 알 수 있게 해줄 것이다. 그러나 그러한 주장은 실제로 제시되지 않으며, 경험적 관찰의 필요성은 부인되지 않지만 이론에 따르면 그렇게 되어야 한다.

또 다른 반대는 우리가 소설에서처럼 부분적으로 또는 전체적으로 잘못된 명제들로 구성된 일관된 전체를 형성할 수 없다는 것을 보여주기 위한 노력이 이루어지지 않는다는 것이다. 가능한 많은 세계에 대한 라이프니츠의 개념이 현재 보편화된 현대 논리와 실제 경험론에 훨씬 더 잘 부합되는 것 같다. 순수하게 생각만으로 세상을 추론하려는 시도는 매력적이며, 예전에는 대체로 성공할 수 있다고 여겨졌다. 그러나 오늘날 대부분의 사람들은 믿음이 단지 다른 믿음과 조화를 이룬다는 사실만이 아니라 관찰에 의해 시험되어야 한다는 것을 인정한다. 일관된 동화가 아무리 정교해도 사실과 다르다. 그러나 이 주제를 탐구하는 것은 우리를 어려운 기술들로 이끌 것이다. 그러므로 나는 더 이상의 논쟁 없이 일관성이 진실의 정의로서 충분하지 않다고 가정할 것이다.

III. 믿음의 검증 가능성과 관련하여 많은 어려운 문제가 발생한다. 우리는 다양한 것들을 믿으며, 우리가 그것들을 믿는 동안 그들을 안다고

러셀, 마음을 파헤치다

생각한다. 하지만 가끔 우리가 잘못 알고 있거나, 어쨌든 우리가 잘못 알고 있다고 생각하게 되는 경우가 있다. 우리는 이전 의견이나 이후의 철회 중 어느 쪽이든 틀려야 한다. 그러므로 우리의 믿음이 모두 옳은 것은 아니며, 지식의 사례가 아닌 믿음의 사례도 있다. 검증가능성의 문제는 우리가 결코 틀리지 않은 어떤 믿음의 집합이나 적용가능성에 해당될 때, 우리가 항상 진실한 믿음과 거짓된 믿음을 구별할 수 있게 해주는 어떤 시험을 발견할 수 있는가의 여부이다. 폭넓고 추상적으로 말하면, 대답은 부정적일 수밖에 없다. 지금까지 오류의 위험을 완전히 제거하는 것을 발견할 수 있는 방법은 없으며, 어떤 오류도 없는 기준은 없다. 만약 우리가 기준을 찾았다고 믿는다면, 이 믿음 자체가 잘못일 수 있다. 만약 우리가 그 기준을 적용함으로써 그 기준을 시험하려고 한다면 우리는 그 질문을 구걸해야 할 것이다.

그러나 절대적 기준의 개념이 황당무계함에도 불구하고, 진실의 확률을 높이는 상대적인 기준은 있을 수 있다. 이는 상식과 과학의 영역이다. 가장 명백한 검증 사례 중에 하나는 바로 예상되는 일이 발생하는 것이다. 여러분은 특정한 시간에 기차가 있을 것이라고 믿고 역으로 간다. 여러분은 기차를 발견하고 그것을 타게 된다. 그리고 이것은 검증에 해당하며 완벽하게 확실한 경험이다. 어떤 의미에서 그것은 먼저 감각을 가지고 그 다음에 믿음과 동반되는 이미지를 갖는 일반적인 기억의 역행이다. 우리는 먼저 이미지를 믿음과 수반한 뒤 비로소 감각을 동반한다. 시간 순서와 그에 수반되는 느낌에 대한 차이 외에도 이미지와 감각의 관계는 기억과 기대의 두 경우에서 매우 유사하다. 그것은 유사성의 관계며, 인과적 효율에 대한 차이다. 일반적으로 이미지는 감각의 심리적 효과는 있지만 신체적인 영향은 없다. 기대-믿음이 동반된 이미지가 이미지의 '의미'인 감각에 의해 성공했을 때, 우리는 기대-믿음이 검증되었다고 말한다. 이런 의미에서 검증의 경험은 매우 친숙하다. 익숙한 활동들이 놀랍지 않은 결과를 가져올 때마다 일어나는데, 그것은 먹거나 걷고 말하고 살아가는 우리의 모든 일상적 추구다.

그러나 문제의 경험이 일반적이지만, 그것에 대한 이론적 설명을 하는 것은 완전히 다른 일이다. 느낌이 이전 이미지와 유사하다는 것을 어떻게 알 수 있을까? 그 이미지는 우리가 둘을 비교할 수 있도록 감각의 존재에도 지속되는가? 그리고 어떤 이미지가 지속되더라도 이전 이미지가 변경되지 않았다는 것을 어떻게 알 수 있는가? 이 조사방법은 이렇게 성공적인 문제에 대한 많은 희망을 주지는 않는 것 같다. 나는 기대와 예상 발생의 관계에 대해 좀 더 외부적이고 인과적인 관점을 취하는 것이 더 낫다고 생각한다. 만약 그 사건이 일어났을 때 우리에게 기대감이라는 느낌을 주고, 그 기대가 사전에 우리가 그 사건에 적절하다고 증명되는 방식으로 행동할 수 있었다면, 그것은 검증의 최대치를 구성하기 위해 열려야 한다. 우리는 처음에는 기대를 하고, 다음에는 기대에 대한 기억과 관련된 기대감으로 감각을 일으킨다. 이 모든 경험은 그것이 일어날 때 검증으로 정의될 수 있고, 기대의 진리를 구성하는 것으로 정의될 수 있다. 예상 기간 동안 적절한 조치가 추가 검증으로 간주될 수 있지만 필수적인 것은 아니다. 이 모든 과정은 친숙한 인용구를 찾아보고, 그것을 예상 단어와 책의 예상 부분에서 발견함으로써 설명될 수 있는 것과 같다. 이 경우 우리는 우리가 찾기를 기대하는 단어를 미리 적음으로써 검증을 강화할 수 있다.

나는 모든 검증이 궁극적으로 위와 같은 종류라고 생각한다. 우리는 미래에 대한 결과를 추론함으로써 과학적인 가설을 간접적으로 검증하고, 이후 경험을 통해 이를 확인한다. 만약 누군가 카이사르가 루비콘 강을 건넜는지 의심한다면 검증은 미래에서나 가능할 것이다. 우리는 카이사르가 이런 식으로 행동했다고 하는 우리의 역사적 개념에 대한 기록물을 계속 전시할 수 있었다. 우리는 그 기록물의 질감, 색등으로부터 고대의 원고를 증명하기 위해 미래의 경험에 의해 검증될 수 있는 주장을 진전시킬 수 있다. 우리는 역사학자와 다른 점에서 일치하고 그의 일반적인 정확성을 보여주는 경향이 있는 비문을 발견할 수 있었다. 우리의 주장이 가정할 인과 법칙은 그것들을 통해 추론된 사건의 미래 발생에 의해 검증될 수 있다. 인과법칙의 존재와 지속성은 사실이며, 그것이 언제까지 계속될지 알 수 없는 행운의 우연으로 여겨져야 한다. 한편 검증은 현실적으로 가능한 경우가 많다. 그리고 그것이 때때로 가능하기 때문에, 우리는 차츰 어떤 종류의 믿음이 경험에 의해 검증되는 경향이 있는지, 어떤 종류의 믿음은 거짓인지 발견할 수 있다. 전자의 종류의 믿음은 우리가 동의하는 정도를 증가시키고, 후자의 믿음은 감소시키는 정도를 준다. 그 과정은 절대적인 것은 아니지만, 믿음을 선별하고 과학을 발전시킬 수 있는 것으로 밝혀졌다. 그것은 논리적으로 설득력이 없는 입장을 유지해야 하는 회의론에 대한 이론적 반박을 하지 않지만, 만약 완전한 회의론이 거부된다면 그것은 우리의 믿음 체계가 흠잡을 데 없는 지시의 이상을 향해 점진적으로 성장하는 실용적인 방법을 제공한다.

IV. 이제 믿음의 참이나 거짓에 대해 순수하고도 공식적인 정의에 도달한 것 같다. 이 정의를 위해서는 무엇보다도 명제의 구성요소인 단어 또는 이미지의 의미로부터 객관적 참조의 도출을 고려할 필요가 있다. 말이 의미를 가지듯이 명제에도 객관적인 참조가 있다. 명제의 객관적 참조는 그 구성 단어의 의미에 대한 함수다. 그러나 객관적인 참조는 참과 거짓의 이중성을 통과하는 단어의 의미와 다르다. 여러분은 "오늘은 화요일이다"라는 명제를 사실 오늘이 화요일일 때나 오늘이 화요일이 아닐 때에도 모두 믿을 수 있다. 오늘이 화요일이 아니라면, 이 사실은 오늘이 화요일이라는 당신 믿음의 객관적 지표다. 하지만 분명히 당신의 믿음과 사실과의 관계는 오늘이 화요일인 경우와 다르다. 우리가 은유적으로 말할 수 있는 것은 오늘이 화요일일 때, 화요일이라는 여러분의 믿음은 사실을 향해서 가까워지는 반면 화요일이 아닌 날은 사실에서 멀어

러셀, 마음을 파헤치다

진다고 할 수 있다. 그러므로 믿음의 객관적인 참조는 사실만으로 결정되는 것이 아니라, 사실에 대한 믿음의 방향이나 그 사실로부터 떨어져 나가는 것에 의해 결정된다.[128] 즉, 화요일이 화요일이라고 믿는 사람과 화요일이 아니라고 믿는 사람이 있다면 그들의 믿음은 같은 객관성을 가지고 있고, 진짜 믿음은 사실을 가리키는 반면 거짓 믿음은 사실에서 먼 곳을 가리키는 것이다. 그러므로 명제의 참조를 정의하기 위해서 우리는 객관성뿐만 아니라 참인 명제의 경우 객관성을 향해, 거짓 명제의 경우 그것으로부터 멀어지는 방향이라는 점을 고려해야한다.

　명제의 객관적 참조의 성격을 진술하는 이러한 방식은 참되고 거짓된 '명제'는 있지만 참되고 거짓된 '사실'은 없다는 상황에 필요하다. 오늘이 화요일이라면 '오늘은 화요일이 아니다'라는 그릇된 사실의 객관성이 없는데, 이는 '오늘은 화요일이 아니다'라는 그릇된 믿음의 객관성이 될 수는 있다. 서로의 모순인 두 믿음이 같은 목적을 갖는 이유다. 그러나 실제적인 불편, 즉 그 명제가 참인지 거짓인지 우리가 알지 못하는 한 이 정의에 따라 명제의 객관적인 참조를 결정할 수 없다는 점이 있다. 이러한 불편을 겪지 않으려면 다음과 같이 약간 다른 표현을 사용하는 것이 좋다. '오늘은 화요일'이라는 명제의 '의미'가 사실이라면 '오늘은 화요일'이라는 '사실'을 가리키거나, '오늘은 화요일이 아니다'라는 '사실'에

128　나는 이 문제를 바라보는 방식에 대해 내 동료 루트비히 비트겐슈타인Ludwig Wittgenstein에게 빚지고 있다.

서 벗어나는 것이다. "오늘은 화요일이 아니다"라는 명제의 '의미'는 정반대가 될 것이다. 이 가상의 형태에 의해 우리는 그것이 참인지 거짓인지 알지 못하더라도 명제의 '의미'는 말할 수 있다. 이 정의에 따르면, 우리는 명제가 참인지 거짓인지를 알 수 없어도 무엇이 그것을 참되게 하고 거짓으로 만들 것인지를 안다.

명제의 의미는 구성 단어의 의미로부터 파생된 것이다. 명제는 쌍으로 이루어지며, 'not'이라는 단어의 부재 또는 존재에 의해 구별된다. (단순한 경우) 그러한 두 가지 명제는 같은 목적이지만 반대되는 의미를 가지고 있다. 하나가 진실이면 다른 하나는 거짓이다.

참과 거짓에 대한 순수한 공식적인 정의는 어려움을 거의 제공하지 않는다. 필요한 것은 명제가 그것의 객관성을 향할 때 참이거나 거짓이라는 사실에 대한 공식적인 표현이다. 이것에 대해 아주 간단한 설명을 할 수 있다. 우리는 참인 명제는 거짓 명제가 아닌 방식으로 그들의 객관성과 실제로 닮았다고 말할 수 있다. 그러나 이러한 목적을 위해서는 단어 명제 대신 이미지 명제로 되돌리는 것이 필요하다. 익숙한 방의 기억 이미지를 다시 한 번 예로 들어 보겠다. 이미지 안의 창문이 문 왼쪽에 있다고 가정해 보자. 실제로 창문이 문의 왼쪽에 있는 경우 이미지와 객관성 사이에 대응되는 내용이 있다. 창문과 문은 창문의 이미지와 동일한 관계가 있다. 이미지 기억은 문의 이미지 왼쪽에 있는 창의 이미지로 구성된다. 이것이 참일 경우 객관적 지표(창문 및 문)의 용어와 이를 의미하는 이미지와 동일한 관계가 성립된다. 이 경우 진리를 구성하는 일치사항은 매우 간단하다.

우리가 방금 고려했던 경우 객관성은 특정 관계(쾌위)를 가진 두 부분으로 구성되며, 명제는 매우 동일한 관계를 가진 이러한 부분의 이미지로 구성된다. 만약 그것이 거짓이라면 같은 명제는 그것의 객관성과 덜 간단한 공식적인 관계를 가질 것이다. 이미지 명제가 문의 왼쪽에 있는 창의 이미지로 구성되는 경우, 실제로 창이 문 왼쪽에 있지 않으면 이러한 명제는 전형적 모습을 위한 이미지의 단순한 대체에 의한 객관적 결과가 아니다. 따라서 비정상적으로 간단한 경우 우리는 참된 명제는 거짓 명제가 아닌 공식적인 의미에서 그것의 목적에 "맞는다"고 말할 수 있다. 아마도 공식적인 일치의 개념을 더 광범위하게 적용할 수 있는 방법으로 수정할 수 있겠지만, 만약 그렇다면 요구되는 수정은 결코 경미하지 않을 것이다. 그 이유를 이제 알아보자.

우선 우리가 보여 온 단순한 유형의 대응은 단어가 이미지를 대신할 때는 거의 일어날 수 없는데, 단어 명제에서 관계는 보통 그 자체가 관계가 아닌 단어로 표현되기 때문이다. "소크라테스는 플라톤보다 앞선다"와 같은 명제를 생각해보자. 여기서 '앞선다'라는 단어는 '소크라테스'와 '플라톤'이라는 단어만큼 견고하다. 그것은 관계를 '의미'하지만 관계 자체는 아니다. 따라서 우리의 명제를 참으로 만드는 객관성은 그들 사이의 관계를 가진 '두 개'의 항으로 구성되는 반면, 우리의 '명제'는 그들 사이의 질서의 관계를 가진 '세 개'의 항으로 구성된다. 물론 이론적으로 몇 개의 선택된 관계를 나타내는 것은 완벽하게 가능할 것이다. 단어에 의해서가 아니라 다른 단어들 사이의 '관계'에 의해서 말이다. '소크라테스-플라톤'은 '소크라테스가 플라톤보다 먼저'라는 뜻으로, '플라톤-소크라테스'는 '플라톤이 소크라테스보다 먼저 태어나서 그의 뒤에 죽었다'는 뜻으로 사용될 수 있다. 그러나 그러한 방법의 가능성은 매우 제한적일 것이다. 내가 아는 바로는 그렇게 사용하는 언어는 있을 수 있지만, 그것들이 내가 사용할 수 있는 언어는 아니다. 그리고 어떤 경우에도 우리가 표현하고자 하는 관계의 다양성에 비추어 볼 때, 어떤 언어도 관계에 대한 단어 없이는 멀리 나아갈 수 없다. 하지만 우리가 관계에 대한 단어를 갖게 되는 순간, 단어 명제는 그들이 언급하는 사실보다 더 많은 용어를 가지게 되고, 따라서 이미지 명제가 할 수 있는 것처럼 단순히 그들의 목표와 일치할 수는 없다.

부정적인 명제와 부정적인 사실에 대한 고려는 더 많은 복합적 문제를 야기한다. 이미지 명제는 반드시 긍정적이다. 우리는 문 왼쪽이나 문 오른쪽의 창문을 이미지화 할 수 있지만, 우리는 '문 왼쪽이 아닌 창'과 같은 부정적인 이미지를 형성할 수 없다. '문 왼쪽의 창'으로 표현된 이미지 명제를 우리는 믿을 수 없으며, 만약 창문이 문 왼쪽에 없다면 우리의 불신은 사실일 것이다. 하지만 우리는 창문이 문 왼쪽에 있지 않다는 사실을 상상할 수는 없다. 그러한 부정적인 사실들을 부인하려는 시도가 종종 있어왔지만, 다른 곳에서 내가 말한 이유들로 인해[129] 나는 이러한 시도들이 잘못된 것이라고 믿고 있으며, 부정적인 사실들이 있다고 가정할 것이다.

이미지 명제와 같은 단어 명제는 항상 긍정적인 사실이다. 소크라테스가 플라톤보다 앞선다는 사실은 '소크라테스'와 '플라톤'이라는 단어 사이에 '앞선다'라는 단어가 생긴다는 사실 때문에 일상 언어로 상징될 수 있다. 그러나 우리는 '플라톤'과 '소크라테스' 사이에 '앞선다'라는 단어를 넣지 않음으로써 플라톤이 소크라테스보다 앞서지 않는다는 사실을 상징할 수는 없다. 부정적인 사실은 이치에 맞지 않으며, 의사소통을 목적으로 하는 언어는 이치에 맞아야 한다. 그러므로 우리는 '플라톤'과 '소크라테스' 사이에 '앞서지 않는다'라는 말을 넣음으로써 플라톤이 소크라테스보다 앞서지 않는다는 사실을 상징한다. 그러므로 우리는 '소크라테스가 플라톤보다 앞선다'라는 말만큼이나 긍정적인 사실의 일련의 단어들을 얻는다. 부정적인 사실을 주장하는 명제들은 그 자체가 긍정적인 사실일 뿐이다. 그들은 긍정적인 사실을 주장하는 명제들과 다른 긍정적인 사실일 뿐이다. 따라서 우리는 사실, 이미지 명제 또는 단어 명제를 다룰 때 긍정적인 것과 부정적인 것의 반대와 관련하여 다음과 같은 세 가지 다른 종류의 이중성을 가지고 있다.

---

[129] "Monist", January, 1919, p. 42 ff.

⑴ 긍정적인 사실과 부정적인 사실

⑵ 믿거나 불신할 수 있지만, 긍정적 사실과 부정적인 사실에 상응하는 내용의 이중성을 허용하지 않는 이미지 명제

⑶ 언술 명제: 항상 긍정적인 사실이지만, 두 가지 종류가 있다. 하나는 긍정적인 객관성에 의해, 다른 하나는 부정적인 객관성에 의해 검증된다.

이러한 복합적 문제 때문에 부정적인 사실이나 부정적인 명제가 개입될 때 가장 단순한 유형의 대응은 불가능하다.

둘 다 이미지화된 두 용어 사이의 관계에 국한할 때조차도 용어의 관계가 이미지의 동일한 관계에 의해 표현되는 이미지 명제를 형성하기는 불가능할 수 있다. 우리가 "카이사르가 포슈보다 2000년 전에 있었다"고 말한다면, 우리는 카이사르와 포슈 사이의 어떤 시간적 관계를 표현하는 것이다. 그러나 우리는 카이사르에 대한 우리의 이미지와 포슈 이미지 사이에 2000년이 사라지는 것을 용납할 수 없다. '2000년 전'은 직접적인 관계가 아니기 때문에 이것은 아마도 공정한 예가 아닐 것이다. 그러나 관계가 직접적인 경우, 예를 들어 "태양이 달보다 더 밝다"라고 말해보자. 우리는 햇살과 달빛의 시각적 이미지를 형성할 수 있고, 햇빛에 대한 우리의 이미지가 둘 중 더 밝다는 것은 일어날 수 있지만, 이것은 결코 필요하거나 충분하지 않다. 우리의 판단에서 암시되는 비교의 행동은 두 이미지가 단순히 공존하는 것 이상의 무엇이며, 그 중 하나

는 실제로 다른 이미지보다 더 밝다. 우리가 이러한 판단을 내릴 때 실제로 어떤 일이 일어나는지 질문으로 들어간다면 우리의 주요 주제에서 너무 멀어질 것이다. 그 믿음과 그 목적의 대응은 이 경우에 있어 문 왼쪽에 있는 창문의 대응보다 더 복잡하다는 것을 충분히 보여주었고, 이것이 증명되어야 하는 전부였다고 나는 생각한다.

이러한 복잡함에도 불구하고, 참을 만드는 공식적인 일치의 일반적인 특성은 우리의 예로부터 명확하다. 더 간단한 종류의 명제들, 즉 내가 '원자적' 명제라고 부르는 경우나 관계를 표현하는 단 하나의 단어만 있을 때, '아니다'라는 단어가 없다고 제한하면 우리의 명제를 검증할 객관성은 각각의 단어를 이 관계에 의해 대체되는 것을 의미하는 단어로 대체함으로써 얻어진다. 예를 들어 명제가 '소크라테스는 플라톤에 앞선다'라면 그것을 검증하는 목적은 소크라테스의 '소크라테스'라는 단어, 플라톤의 '플라톤'이라는 단어, 그리고 소크라테스와 플라톤 사이의 선행의 관계에 의해 '앞서다'라는 단어를 대체하는 것에서 비롯된다. 이 과정의 결과가 사실이라면 명제는 참이고, 그렇지 않다면 거짓이다. 우리의 명제가 '소크라테스는 플라톤보다 앞서 있지 않다'라고 할 때, 진실과 거짓의 조건은 정확히 뒤바뀌어 있다. 더 복잡한 명제들도 같은 방법으로 처리될 수 있다. 사실 이 마지막 절에서 우리를 사로잡았던 순수한 형식적 질문은 그리 어려운 문제를 제시하지 않는다.

나는 위의 형식적인 이론이 사실이 아니라고 믿지 않지만, 불충분하다고 생각한다. 예를 들어 그것은 거짓된 믿음보다는 참된 믿음에 대한 우리의 선호에 빛을 던지지 않는다. 이러한 선호는 믿음의 인과적 효과와 참된 믿음에서 비롯되는 반응의 더 큰 적합성을 고려해야만 설명할 수 있다. 그러나 적절성은 목적에 따라 달라지며, 따라서 목적은 지식 이론의 필수적인 부분이 된다.

XIV

감정과 의지

이번 강의의 두 주제인 감정과 의지에 관한 독창적 견해는 없다. 따라서 이 강의에서는 모든 심적 현상은 감각과 이미지만으로 구성된다는 주장에 대한 논의를 완료하는 주제를 다룰 것이다.

심리학자들은 전통적으로 감정을 별개의 심적 발생 부류로 간주한다. 물론 감정이라는 주제가 별도의 조사를 필요로 할 만한 특성을 가지고 있긴 하지만, 현재 우리가 관심을 기울이고 있는 것은 (개개의 감정들에 대한 조사가 아닌 일반적) 감정에 대한 분석이다. 감정이 본질적으로 복잡하다는 것은 분명하고 우리는 그것이 감각이나 이미지, 그리고 그 관계들로도 환원할 수 없는 어떤 비생리적 요소를 담고 있는지 물어야 한다.

비록 우리가 지금 집중하는 것이 감정의 분석이지만, 더 중요한 주제는 (이와 관련된) 생리학적 인과관계라는 것을 알아야 한다. 감정에 대한 생리학적 인과관계에 대해서 가치 있고 흥미로운 연구가 많이 이루어진 반면, 감정에 대한 단순한 분석은 다소 미흡한 것으로 판명되었다. 우리가 생리적 인과관계에 의해 정의한 지각, 감각, 이미지에 대한 관점을 바탕으로 볼 때, 감정의 분석에 대해 우리가 다루어야할 문제가 생리적 인과관계와 관련이 있다는 것은 명백하다.

감정의 인과관계에 대한 현대적 관점은 '제임스-랑게James-Lange 이론'이라고 불리는 견해로, 제임스는 자신의 저서에서 다음과 같이 설명한다.[130]

"날것의 감정, 슬픔, 두려움, 분노, 사랑은 어떤 사실에 대한 정신적 지각이 감정이라는 정신적 효과를 불러일으킨 것이고, 이 마음 상태가 신체적 표현을 낳는다는 것이 우리의 자연스러운 사고방식으로 여겨져 왔다. 그러나 반대로 내 이론은 '신체적인 변화가 자극하는 사실의 지각을 직접 따르고, 그러한 변화에 대한 우리의 느낌이야말로 감정'이라는 것이다. 상식에 따르면 우리는 재산을 잃고 슬퍼하며 운다. 그리고 곰을 만나면 겁에 질려 달려가고, 경쟁자에게 모욕을 당하면 분노하고 파업한다. 여기서 옹호해야 할 가설은 이러한 순서가 올바르지 않다는 것, 한 정신 상태가 다른 정신 상태에 의해 즉시 유도되지 않는다는 것, 신체적 표현이 먼저 그 사이에 개입되어야 한다는 것이며, 그리고 더 합리적인 진술은 우리가 울고 때리기 때문에 화를 내고, 떨기

---

130 "Psychology," vol. ii, p.449

때문에 두려워하는 것이지 경우에 따라 미안하고 화나거나 두려워서, 울거나 때리거나 떨지 않는다는 것이다. 지각을 따르는 신체 상태가 없다면, 후자는 형태면에서 순전히 인지적이며, 창백하고, 무색이며, 감정적 따뜻함이 결여되어 있을 것이다."

이 가설을 바탕으로 매우 방대한 연구가 수행되었다. 초기 비평의 승승장구한 역사와 셰링턴Sherrington과 캐넌Cannon의 현대적 실험에서의 어려움이 제임스 R. 앤젤James R. Angell의 〈최신 비평에 비추어 본 제임스의 감정 이론에 대한 재고〉라는 투고에 잘 설명되어 있다.[131] 이 기사에서 앤젤은 제임스의 이론을 변호하는데, 이는 전체적으로 성공적인 것으로 보인다.

셰링턴은 개에 대한 실험을 통해 경추 하부의 척수를 절단하여 내장이 뇌와의 모든 연결이 차단된 경우에도 행동에 일반적인 감정의 표시가 있음을 보여주었다. 특정 뇌신경을 통해 그는 척추 수술이 이루어지기 전에 동물이 우리에게 보여준 것처럼 생생한 감정의 존재를 나타내는 데 기여한 다양한 징후를 언급한다. 그는 내장의 생리적 조건이 감정의 원인이 될 수 없다고 추론하며 다음과 같이 언급한다.

"특정한 심리적 상태에서 발생하는 대뇌 작용에 대해, 우리의 감정의 본능적

---

131 "Psychological Review," 1916.

표현은 이차적인 가능성으로 물러나야 한다. … 제임스가 그랬던 것처럼 우리는 본능적이고 유기적인 감각과 기억, 그것들의 연합을 원시적 감정에 기여하는 것으로 간주하지만, 그것들이 정신병을 유발한다기보다 오히려 (이미 발생한 것에 대한) 강화제로 간주해야 할 것이다."[132]

앤젤은 그러한 경우에 감정의 표시가 과거 경험에 기인할 수 있으며, 단지 대뇌 반사 전기신호의 자극만이 필요한 습관으로 생성될 수 있다고 제안한다. 하지만 분노와 일부 형태의 두려움은 뇌 없이도 표출될 수 있다고도 생각했다. 분노와 공포는 특히 캐넌이 가장 중요하게 연구한 분야인데 그의 연구 결과는 그의 책 〈고통, 굶주림, 공포와 두려움에 따른 신체 변화Bodily Changes in Pain, Hunger, Fear and Rage〉에 나와 있다.

캐넌의 저작에서 가장 흥미로운 부분은 에피네프린 분비에 의해 생성되는 효과에 대한 연구다. 에피네프린은 부신에서 혈액으로 분비되는 물질로 이것은 생리학 및 감정과 관련된 기능이 최근 몇 년 동안에야 알려지게 된 도관이 없는 분비선 중 하나다. 캐넌은 통증, 두려움, 분노의 감정은 에피네프린 공급이 영향을 미치는 상황에서 발생하며, 에피네프린을 인공적으로 주입하면 모든 공포 증상을 유발할 수 있다는 사실을 발견했다. 그밖에도 그는 신체의 여러 부분에 대한 에피네프린의 영향을 연구

---

132 앤젤의 투고에서 발췌했다.

러셀, 마음을 파헤치다

했는데 에피네프린이 동공을 확장하고, 털을 곤두서게 하고, 혈관을 수축시키는 등의 원인이 된다는 것을 발견했다. 이러한 효과는 문제의 부분을 신체에서 제거하고 인위적으로 유지한 경우에도 여전히 발생했다.[133]

제임스에 대한 캐넌의 주요 주장은, (내가 그를 올바르게 이해했다면) 우리 내부의 유사한 감정이 다른 감정, 특히 두려움과 분노를 동반할 수 있다는 것이다. 다양한 감정이 우리를 울게 할 수 있기 때문에 (우리는 때때로 기쁠 때 울기도 한다) 제임스의 말처럼 "울기 때문에 미안하다"는 주장은 사실이 아니라는 것이다. 그러나 이 주장이 제임스에 대해 결정적인 반박은 아니다. 왜냐하면 (울게 만드는) 서로 다른 감정에 대한 본질적인 차이가 없다는 것을 보여줄 수 없고 실제로 그럴 가능성도 낮기 때문이다.

앤젤이 말했듯이 "두려움과 기쁨은 둘 다 심장의 두근거림을 유발할 수 있지만, 한 경우에는 골격근의 높은 긴장이, 다른 경우에는 이완과 전반적인 약화가 발견된다."

셰링턴과 캐넌의 실험을 논의한 후의 앤젤의 결론은 다음과 같다.

"이 두 심리학자의 비판적 제안에 관한 한, 제임스의 본질적인 주장이 실질적으로 영향을 받는 것 같지는 않다."

---

133 캐넌의 연구 성과는 많은 실험의 결과로 "감정의 자리는 교감신경계에 있다"고 주장하는 모소Mosso의 작업과는 별도로 진행된 것이다. 이 두 사람의 연구에 대한 설명은 고더드Goddard의 "Psychology of the Normal and Sub-normal"(Kegan Paul, 1919) chap. viiand Appendix에서 찾을 수 있다.

이 언급에 대해 내가 편을 들 필요가 있다면, 나는 이 결론에 동의해야 할 것 같다. 그러나 감정의 분석에 관한 내 생각은 몇몇 생리학적 문제의 의심스러운 부분에 대해 성급한 결론에 이르지 않고도 유지될 수 있다고 생각한다.

우리가 내린 정의에 따라, 만약 제임스가 옳다면 감정은 그것의 인과 관계에 관련된 신체 내부기관들에 대한 혼란스러운 인식을 포함하는 것으로 간주될 수 있는 반면, 셰링턴과 캐넌이 옳다면, 감정은 그것의 외부 자극에 대한 혼란스러운 인식을 포함하는 것이 될 것이다. 이것은 우리가 강의 VII에서 말한 바 있는 내용으로, 우리는 지각이 불규칙하기는 하지만 뇌 밖에 있는 하나 이상의 물체의 외관에 대한 것이라고 정의했었다. 그리고 그 물체가 (지각적으로) 인식되기 위해서는 그 물체에 대한 (지각적) 문제의 발생[134]이 연속적인 인과로 연결되어야 하고 그것들을 지각하는 임계점, 역치를 넘어서야 비로소 지각한다. 따라서 어떤 정신적 사건이 지각이라고 불릴 수 있는지에 대한 질문은 뇌 밖의 원인에 대해 어떤 것이 추론될 수 있는지에 대한 질문에 달려있다. 만약 그러한 추론이 가능하다면 문제의 사건은 인식의 정의 내에 들어올 것이다. 그리고 그 경우에, 정의에 따라 강의 VIII에서 언급했던 비기억적 요소가 감각이 되는 것이다. 따라서 감정이 내부기관의 변화에 의해 발생하든 감각 대상에

---

134 감각적으로 입력되는 물체의 동적 변화 혹은 정태적인 모습 등을 말한다. (옮긴이)

의해 발생하든, 우리의 정의에 따르면 감정인 요소를 포함하고 있다.

물론 감정 전체는 지각보다 훨씬 더 복잡한 것이다. 감정은 본질적으로 하나의과정이며, 제임스의 입장에 따라 신체 상태에 대한 지각으로서의 단면이 될 수도, 반대의 경우 (특정한 경우에) 외부 대상의 단면이라고 부를 수 있을 것이다. 감정은 전체적으로 운동 충동, 욕망, 쾌락 및 고통과 같은 동적 요소를 포함한다. 우리가 강의 Ⅲ에서 채택한 이론에 따르면, 욕망과 쾌락과 고통은 별개의 요소가 아니라 과정의 특성 중에 하나일 뿐이다. 예를 들어 분노와 같은 감정은 지각과 (일반적으로) 신체 움직임으로 구성된 특정 종류의 과정이다. 욕망과 쾌락과 고통은 이러한 과정의 속성들일 뿐이며 감정 자체를 구성하는 원초적 개별 항목이 아니다. 만일 우리의 분석이 옳다면 감정의 동적 요소는 우리가 강의 Ⅲ에서 고려한 과정에 포함된 요소 이외의 다른 것을 포함하지 않을 것이다. 즉, 감정의 구성요소는 감각과 이미지, 그리고 일정한 패턴에 따라 이어지는 몸의 움직임일 뿐이다. 이 결론으로 비로소 우리는 감정을 떠나 의지에 대한 고려로 넘어갈 수 있다.

우리가 의지를 다룰 때 가장 먼저 정의되어야 할 것은 그것이 '자발적인 운동'이라는 사실이다. 우리는 이미 운동에 대해 정의했고, 행동주의의 관점에서는 어떤 운동이 반사적인 것이고 또는 자발적인 것인지 구별하는 것이 불가능하다고 주장했다. 그럼에도 불구하고 그 둘 사이에는 확실한 구별이 있다. 우리가 아침에 일어날 시간이라고 결정할 때, 우리의 움직임은 자발적이다. 반면에 심장의 박동은 비자발적이다. 우리는 간접적인 경우(예를 들어 약물에 의한 경우)를 제외하고, 우리 자신의 결정으로 그 것을 유발하거나 예방할 수 없다. 호흡은 둘 사이의 중간으로 보인다. 우 리는 보통 의지의 도움 없이 호흡하지만, 우리가 원한다면 호흡을 바꾸 거나 멈출 수 있기 때문이다.

제임스는 그의 저서 〈심리학〉에서 자발적 행동의 유일한 특징은 그것 이 수행될 운동에 대한 관념을 포함한다는 것이며, 우리가 이전에 같은 움직임이 일어났을 때 가졌던 운동 감각에 대한 기억으로 구성되어 있다 는 것이라고 주장한다. 그는 이러한 관점에서 이전에 비자발적으로 일어 난 적이 없는 한, 어떠한 움직임도 자발적으로 만들어질 수 없다고 지적 한다.[135]

이 견해의 정확성을 의심할 이유는 없다. 그래서 우리는 운동감각과 동반되는 움직임은 그러한 감각의 이미지에 의해 야기되는 경향이 있으 며, 그렇게 야기되는 경우를 자발적이라 부르는 것이다.

물론 숙고하자면 강한 의미에서 의지는 자발적인 움직임 이상의 것을 포함한다. 자발적인 움직임은 의지의 일부이지만 전체는 아닐 것이다. 움직임 외에도 "이것이 내가 할 일이다"와 같은 판단이 있다. 또한 의심 하는 동안 긴장감이 감돌고, (의지를 가지고) 결정하는 순간에는 다른 감각이

---

135 "Psychology," Vol. ii, pp.492-3.

뒤따른다. 그러나 이런 경우에도 특별히 새로운 성분이 있다고 생각할 이유가 없다고 본다. 감각과 이미지는, 그들의 관계와 물리적 인과관계 법칙과 함께 의지를 분석하는데 필요한 것으로 보이는 모든 것을 만들어 내기 때문이다. 운동 감각적 이미지는 그것들이 연결된 움직임을 일으키는 경향이 있다는 사실이 있을 뿐이다. 가령 욕망의 충돌과 같은 경우도 물론 강한 의지의 인과관계에 필수적 사건인데, 이는 양립할 수 없는 움직임의 이미지에 이어서 (의지에 의한) 의도된 움직임의 독점적 이미지가 장시간 운동성을 가지는 것이라고 볼 수 있다. 결국 마음의 분석에 새로운 환원 불가능한 요소는 없는 것 같다.

XV

심적 현상의 특성

우리의 여정이 끝나가는 이쯤에서 우리의 첫 질문으로 돌아가보자. 물질이 아닌 마음을 특징짓는 것은 무엇인가? 이를 다른 용어로 표현하면 '심리학은 물리학과 어떻게 구별되는가?'이다. 우리가 이 탐구를 시작할 때 잠정적으로 제시한 대답은 심리학이나 물리학은 주체가 아닌 인과법칙의 성격으로 구분된다는 것이었다. 동시에 오직 심리학적 인과법칙만이 적용되는 특정한 주제, 즉 이미지가 있다고 논구했고 따라서 이 주제는 심리학에만 할당되는 것이었다. 그러나 우리는 인과관계를 통해 이미지를 정의하는 방법은 찾지 못했다. 그 본질적인 성격에서 이미지는 감각과 구별될 수 있는 보편적인 표시가 없는 것처럼 보였다.

마지막 강의에서는 마음과 물질을 구별하기 위해 제안된 다양한 방법을 검토할 것을 제안할 것이다. 그리고 마음과 물질 양자 모두가 심리학과 같은 이중성을 가지고 있지 않지만 물리학과 심리학이 모두 구축되는 중립적인 것으로 보이는 진정한 형이상학, 기초 과학의 본질을 간략히 그려보겠다.

'심적 현상'의 정의를 찾기 위해 먼저 흔히 마음의 본질이라고 생각되는 '의식'부터 논의를 시작해보자. 첫 번째 강의에서 나는 의식이 기본이라는 견해에 반대하는 다양한 주장을 펼쳤지만, 의식이 무엇인지 말하려고 시도하지는 않았다. 우리는 그것이 근본적인 것이 아니라고 결정하는데 있어서 안전함을 느끼려면 그것에 대한 정의를 찾아야 한다. 그리고 그것이 무엇인지 결정하기 위해 우리가 지금 노력해야 하는 것은 근본적이 아니라는 증거를 찾는 일이다.

'의식'은 그것을 근본적이라고 여기는 사람들에 의해 감각과 이미지, 기억, 믿음, 욕망과 구별되는 것으로서 우리의 심적 생활 전반에 퍼진 특성으로 받아들여지지만, (실은) 그 모든 것에 존재한다. 이와 관련해 내가 강의 III에서 감각과 순수 생리학적 발생을 구별하면서 인용했던 헨리 헤드는 다음과 같이 말한다.[136]

"감각은 엄밀한 의미에서 의식의 존재를 요구한다."

---

136 강의 VI를 참조하라.

이 진술은 일견 우리가 동의하고 싶은 내용이지만, 만약 그렇게 한다면 우리가 잘못 알고 있는 것이다. 감각은 우리가 의식'할 수 있는' 종류의 것이지만, 우리가 의식'해야만' 하는 것은 아니기 때문이다. 우리는 탐구 과정에서 무의식적인 믿음과 무의식적인 욕망을 인정했다. 내가 볼수 있는 한 우리가 항상 의식하고 있는 어떤 종류의 정신적이거나 다른 사건은 존재하지 않는다.

가장 먼저 주목해야 할 것은 의식이 '무엇(어떤 것)에' 있다는 것이다. 이런 관점에서 '의식'을 우리가 강의 XI에서 정의한 대상과 단어의 이미지가 '의미'로 연결되는 관점에서 정의해 보자. 어떤 감각 뒤에 그것의 '복사본'인 이미지가 뒤따를 때, 그 이미지의 존재는 우리가 그것을 성찰할때 그 이미지가 그 자신이 아닌 다른 무언가의 '기호'라고 느끼게 하는 그런 종류의 믿음이 수반된다면 감각의 의식을 구성한다고 말할 수 있다. 이것은 기억의 경우에 우리가 '이것이 일어났다'는 단어로 표현하거나 지각을 판단하는 경우, 촉각과 시각이 상관관계가 있는 것처럼 마치 현재의 감각과 관련되었다고 믿게 하는 믿음의 종류다. 이와 달리 단순한 상상력은 어떤 것에 대한 의식을 수반하지 않지만, '어떤 것에 대한' 의식이 아닌 것은 있을 수 없기 때문에 믿음의 일부 요소를 추가하는 것이 필요한 것으로 보인다. 만약 이미지만이 원형의 의식을 구성한다면, 실제로 원형이 있는 것과 같은 상상-이미지는 의식에 대한 의식을 포함할 것이다.[137] 그러나 그렇지 않기 때문에 의식을 정의하는 데 있어서 믿음의 요소가 이미지에 추가되어야 한다. 그리고 믿음은 과거든 현재든 객관적인 참조를 구성하는 종류의 것이어야 한다. 이미지는 이러한 종류의 믿음과 함께 그 원형에 대한 의식을 구성한다.

그러나 우리가 감각의 의식에서 지각 대상에 대한 의식으로 넘어갈 때, 우리의 기존 정의에 추가를 요구하는 특정한 지점들이 발생한다. 지각의 판단은 감각과 이미지가 분석하기 어려운 방식으로 언급되는 물체의 현존재에 대한 믿음과 함께 감각의 핵심과 관련된 이미지로 구성된다. 아마도 우리는 그 믿음이 근본적으로 어떤 현존재에 있는 것이 아니라 일종의 기대의 성격이라고 말할 수 있을 것이다. 예를 들어 우리가 물체를 보았을 때, 우리는 그 물체를 만진다면 어떤 특정한 감각이 나타날 것이라고 예상한다. 그러면 지각은 미래의 감각에 대한 기대와 함께 현재의 감각으로 구성될 것이다. (물론 이는 지각이 확인되지 않은 내성을 통해 나타나는 방식에 대한 설명이 아니라 성찰 자체에 대한 분석이다.) 그러나 그러한 기대는 정상적이지만 불변은 아닌 상관관계를 기반으로 하기 때문에 오류가 발생하기 쉽다. 예를 들어 우리가 '실제'라는 인상만으로 거울에 비친 내 모습을 만지려고 한다면, 그러한 상관관계는 특정한 경우에 우리를 오도할 수 있다. 기억 또한 틀릴 수 있기 때문에 과거의 사물에 대한 의식과 관련해서도 비슷

---

137 이것이 허용된다면 '의식의, 의식의, 의식의, 의식' 같은 무한퇴행이 가능하다. (옮긴이)

　　　　　　　　　　　　　　　러셀, 마음을 파헤치다

한 어려움이 발생한다. 우리가 존재하지 않는 것에 대해 '의식'을 가질 수 있다고 말하는 것은 이상하게 보일 것이다. 이 어색함을 피하는 유일한 방법은 의식에 관련된 믿음이 '참'이어야 한다는 단서를 우리의 정의에 추가하는 것이다.

두 번째로 우리가 (과연) 이미지를 의식할 수 있는지에 대한 의문이 생긴다. 우리의 정의를 이 경우에 적용하는 것은 이미지의 이미지를 요구하는 것과 같다. 예를 들어 고양이의 이미지를 의식하기 위해서는 (우리의 정의에 따라) 고양이의 이미지를 복사하고 원형으로 이 이미지를 가진 이미지가 필요하다. 그러나 관찰의 문제로서 감각의 이미지와 반대되는 이미지의 이미지가 있을 가능성은 거의 없어 보인다.[138] 따라서 우리는 다음과 같은 상황에서 양자택일을 해야 한다. 이미지의 의식을 과감하게 부인해서 난점을 해소하거나 아니면 수반되는 다른 믿음을 통해 이미지가 그것의 원형을 의미하지 않고, 동일한 원형의 역할을 하는 다른 이미지를 의미할 수 있는 감각을 발견함으로써 난점을 수용해야하는 것이다.

이미지에 대한 의식을 부정하는 첫 번째 대안은 강의 VI에서 내성에 대해 다룰 때 이미 논의한 바 있다. 그리고 이를 통해 어떤 의미에서는 이미지에 대한 의식이 있어야 한다고 결정한 바 있다. 그러므로 우리는 이미지에 대한 논의를 두 번째 제안된 방법으로 논구해야 할 것이다. 두

---

138 이미지의 이미지는 내부 참조로 오류를 판단하기 때문에 오류가 생길 수 없다. (옮긴이)

번째 가설에 따르면 같은 원형에 대한 두 개의 이미지가 있을 수 있는데, 그 중 하나는 원형을 의미하는 대신 다른 것을 의미한다. 즉, 단어나 이미지가 대상과 같은 연합을 가질 때 우리는 이 연합을 통해 '의미'를 정의했다는 것을 기억할 것이다. 그러나 이 정의를 너무 절대적으로 해석해서는 안 되는 게, 단어나 이미지가 의미하는 것과 대상이 모두 동일한 연합을 갖는 것은 아니기 때문이다. '고양이'라는 단어는 '매트'라는 단어와 연관될 수 있지만, 고양이가 매트와 연합되는 것은 우연이 아닌 한 일어나지 않을 것이다. 그리고 이와 마찬가지로 이미지는 원형에는 없는 특정한 연합성을 가질 수 있다. (예를 들어 '이미지'라는 단어와 심적 이미지의 연관성을 생각해보라.) 이러한 연합이 활성화되면 이미지는 원형 대신 이미지를 '의미'한다. 만약 내가 주어진 원형의 이미지를 여러 유형으로 가지고 있다면 시간과 장소 또는 그 한 경우의 다른 독특한 연관성을 상기함으로써 이것들 중 하나를 '의미'할 수 있다. 예를 들어 어떤 장소가 그 장소에서 내가 이전에 가졌던 어떤 생각을 떠올리게 만들 때, 혹은 그것이 언급했던 것과 반대되는 생각을 기억할 때에 이런 일이 일어난다. 따라서 우리는 A와 관련된 상황에 대한 회상과 유사한 이미지 B가 있을 때만 이미지 A를 생각한다고 말할 수 있을 뿐, 정작 A의 원형이나 동일한 원형의 다른 이미지로는 이미지 A를 생각하는 것이 아니다. 이런 식으로 우리는 새로운 심적 내용의 저장소가 필요 없이 단지 새로운 연관성의 도움만으로 이미지를 인식하게 된다. 내가 보기에 이 이론은 내성에서의 지식의 문제를 해결하는 데 있어, 강의 VI에서 나이트 던랩이 제안한 것과 같은 영웅적인 조치들을 요구하지 않는다는 장점이 있다.

지금까지 우리가 말해온 것에 따르면, 감각 자체가 의식의 예시는 아니지만, 그것이 성공하기 쉬운 즉각적인 기억은 예시가 될 수 있다. 기억되는 감각은 기억되기 시작하자마자 의식의 대상이 되는데, 일반적으로는 그것이 발생한 직후에 그렇다. 그러나 만약 그것이 어떤 친숙한 사람에 대한 인식의 일부라면, 우리는 그 사람이 인식되는 것은 (의식 자체가 아니라) 의식의 '대상'이라고 말할 수 있다. 이 경우에 감각은 기억 이미지가 기억된 물체의 '지표'인 것과 거의 같은 방식으로, 지각된 물체의 지표가 되는 것이다. '의식'과 '생각'의 본질적인 실제 기능은, 비록 현재 우리의 감각을 자극하지 않더라도 시공간에서 멀리 있는 것을 참조하여 행동할 수 있게 해주는 것이다. (지금, 여기) 없는 물체에 대한 이러한 참조는 연합과 습관을 통해 가능하다. 그러므로 실제 감각은 그 자체로 의식의 경우가 아니다. 감각이 없는 것에 대해 이러한 참조를 불러오지는 않기 때문이다. 그러나 감각과 의식의 관계가 즉각적인 기억과 감각을 지각으로 바꾸는 상관관계를 통해 매우 밀접한 것은 틀림없는 사실이다.

나는 의식이 근본적인 특성으로 받아들여지기에는 너무 복잡하고 우연적이라는 것을 충분히 보여주었다고 생각한다. 우리는 (충분히 별도로 논의되어야 할) 믿음과 이미지가 모두 (단순화되어) 의식으로 들어가는 것을 보았기 때문이다. 이전 강의에서 보았듯이 믿음은 자체로도 복잡하다. 또한 이미지로 말하자면 우리의 의식에 대한 분석을 통해 마음에 대한 정의가 제시된다면, 이미지는 자연스럽게 암시될 것이다. 그러나 우리는 이미지가 인과적으로만 정의될 수 있다는 것을 발견했기 때문에 물리적 인과 법칙과 심리적 인과 법칙의 차이를 논하는 일을 제외하고는 이 사안을 다룰 수 없다.

이제 나는 기억 인과 관계에서 발생하는 심적 현상의 특성을 논하는 데에 도달한 것 같다. 감각적으로 현존하지 않는 것과 관련되어 나타날 수 있는 행동의 가능성은 심적 현상을 특징짓는 것으로 여겨질 수 있는 것 중 하나일 것이다. 먼저 아주 기본적인 예를 들어보자. 당신이 익숙한 방에 있는데 갑자기 불이 꺼졌다고 가정해 보자. 머릿속에 그려둔 방의 그림을 통해 큰 어려움 없이 문으로 가는 길을 찾을 수 있을 것이다. 이 경우 이미지는 다소 불완전하게나마 시각적 감각이 사용될 수 있는 대상을 제공한다. 시각적 이미지 생성의 자극은 방에서 나가고자 하는 욕구이며, 강의 III의 내용에 따르면 이는 본질적으로 현재의 감각과 그로 인한 운동 자극으로 구성된다. 다시 말하지만 (과거에) 듣거나 읽은 단어들은 당신이 (현재) 문제들에 대해 행동할 수 있게 해주는 것처럼, 과거에 형성된 습관 덕분에 현재의 감각적 자극은 당신이 감각적으로 존재하지 않는 대상에 적절한 방식으로 행동할 수 있게 만드는 것이다. '사유'의 실제적 효율성에 대한 본질은 기호에 대한 민감성에 있다. 말words은 최고의 예인데, 그 이유는 기호로서의 그 효과는 어마어마하지만 그 자체로는 의미 있는 사건으로서의 본질적인 관심을 가지기가 매우 어렵기 때문이다. 기호의 작동은 의식을 동반할 수도 있고 동반하지 않을 수도 있다. 감각적 자극 A가 B의 이미지를 불러일으키고 우리가 B를 참조하여 행동한다면, 우리는 B의 의식이라고 부를 수 있는 것을 갖게 된다. 그러나 습관은 A가 나타나자마자 B의 이미지가 미처 갖추어지기도 전에 적절한 방식으로 행동할 수 있게 해준다. 그리고 이 경우 A는 기호로 작동하지만 의식의 도움 없이 작동한다. 광범위하게 말하자면, (잘 확립된 습관에서) 매우 친숙한 기호는 이러한 방식으로 직접 작동하는 경향이 있으며, (반대로) 의식의 개입은 불완전하게 확립된 습관을 방증하는 것이다.

사람과 동물을 특징짓는 경험 획득의 힘은 기억 인과관계에서, 인과의 단위가 하나의 사건이 아니라 두 번 이상 일어난 사건에서 발생되는 일반법칙의 예라고 할 수 있다. 예를 들어 불에 데여본 아이는 불을 두려워한다. 즉, 불타는 듯한 느낌을 받은 아이와 그렇지 않은 아이에게는 다른 영향을 미친다. 더 정확히 말하면 불에 덴 아이를 불 근처에 두어서 관찰한 결과는 단지 옆에 있어서 느끼는 열기 따위의 원인이 있을 뿐만 아니라, 그 이전의 화재경험도 같은 원인이라고 할 수 있는 것이다. 동물이 어떤 사건 A를 통해 경험을 쌓은 뒤, 미래의 어느 시점에 B가 발생했을 때 A를 통한 경험이 있는 동물은 그렇지 않은 동물과 다르게 행동한다는 것이 일반적인 공식이다. 따라서 A와 B가 (직접적으로) 동물의 신경조직을 변화시키는 효과를 고려하지 않는 한, A와 B가 함께 동물의 행동의 원인으로 간주되어야 한다. 이 가능성으로 우리는 인과 법칙으로 돌아갈 수 있으며, 본질적으로 정신적으로 보이는 많은 것들이 사실은 신경적이라는 주장이 가능할 것이다. 그리고 아마도 그 주장의 주된 논제는 마음보다 경험을 쌓는 신경이 아닐까 한다. 그렇다면 경험을 쌓을 가능성은 마음을 규정하는 데 사용할 수 없을 것이다.[139]

이는 기억이 마음의 본질로 받아들여진다면 그곳에도 매우 유사하게 적용된다. 기억은 지금 일어나고 있는 어떤 것에 의해 유발되지만, 만약 기억된 사건이 일어나지 않았다면 지금 일어났을 효과와는 다를 것이다. 이것은 특정한 과거 사건이 뇌에 미치는 물리적 영향에 의해 설명될 수 있으며, 만약 다른 경험에서 비롯되었을 뇌와는 다른 도구로 만들 것이다. 그러므로 기억의 인과적 특성에는 생리적 설명이 있을 수 있다. 모든 특별한 종류의 심적 현상과 함께 이 가능성은 우리에게 새로운 시각을 준다. 만약 심리학이 전혀 별개의 과학이 되려면 우리는 지금까지 우리가 고려해왔던 그 어떤 과학보다도 그것의 분리를 위한 더 넓은 기반을 찾아야 할 것이다.

여태까지 우리는 심적 현상을 특징짓는 '의식'이 너무 좁고, 기억 인과 관계는 너무 넓다는 것을 발견했다. 정의하기 어렵지만 이제 우리는 주관성에 훨씬 가까이 도달한 것 같다.

---

139 강의 IV를 참조하라.

심적 현상의 특징으로서 주관성은 지각의 정의와 관련하여 강의 VII에서 고려한바 있다. 우리는 물리세계를 구성하는 세부 사항들을 두 가지 방법의 집합으로 모을 수 있다고 언급했다. 하나는 '다른 장소'에서 '주어진 사물'의 외양인 모든 특징들을 묶는 것이고, 다른 하나는 '주어진 장소'에서 '다른 사물'의 외양인 모든 특징들을 묶는 것이다. 이러한 후자의 묶음은 '관점적'이라 불리며, 일정 기간 동안 행해진다. 주관성은 이러한 '관점'과 '전기'의 특성으로 특정한 장소에서 세상을 보는 시각을 주는 특성이다. 우리는 강의 VII에서 이 특성이 의식, 경험, 기억과 같이 일반적으로 정신 현상과 관련된 다른 특징들과 관련이 없다는 것을 보았다. 우리는 사실 그것이 사진 건판에 의해, 엄밀히 말하면 강의 VII에서 정의된 것과 같은 '수동적' 위치를 가진 것들과 결합되어 보이게 된다는 것을 발견했다. 하나의 관점을 형성하는 특징들은 주로 동시성을 통해 연결되며, 하나의 전기를 형성하는 것들은 주로 그들 사이에 직접적인 시간 관계의 존재에 의해 연결된다. 바로 여기에 관점의 법칙에서 파생될 수 있는 관계가 추가되는데, 이 모든 면에서 우리는 분명히 일반적으로 이해되는 심리학의 영역에 있지 않다. 그러나 우리는 또한 물리학의 영역에도 있지 않다. 그리고 관점과 전기의 정의는 비록 그것이 일반적으로 '정신적'이라고 불릴만한 어떤 것도 아직 만들어내지 못했지만, 기억 인과관계 같은 심적 현상에서 충분히 전제된다. 세몬이 말한 엔그램을 발생시키는 기억 인과 관계의 인과 단위는 어쩌면 하나의 관점 전체인 것이다. 물론 여기서의 관점은 (어떤 인격체의) 관점이 아니라 신경조직이 있는 곳이나 생체 조직 같은 곳에서의 (우리가 앞서 정의한) 관점이다. 따라서 우리가 본 것처럼 지각 또한 그러한 관점으로만 정의될 수 있다. 따라서 주관성의 개념, 즉 특정한 위치에서의 '수동성'은 정신을 정의하기에 충분하지는 않지만 분명히 필수적인 요소라고 할 수 있다.

나는 이 강의를 통해 심리학의 자료가 물리학의 자료와 본질적인 특성이 다르지 않다고 주장했다. 감각은 심리학과 물리학을 동등하게 위한 자료인 반면, 어떤 의미에서는 배타적으로 심리학적인 자료일 수도 있는 이미지를 그 자체로 어떤 것으로 정의내리기 보다는 그것이 상관관계로만 감각과 구별될 수 있다고 주장했던 것이다. 그러나 이제는 '자료'의 개념을 검토하고 가능하다면 이 개념의 정의를 얻는 것이 필요한 시점이다.

'자료'라는 개념은 과학 전반에 걸쳐 친숙하며, 일반적으로 과학자들에 의해 명확한 것처럼 취급된다. 반면에 심리학자들은 그 개념에 큰 어려움을 느낀다. 자료는 다른 명제를 증명하기 위한 전제로서 사용될 수 있도록 증명 없이 진리값이 알려진 명제다. 게다가 어떤 것의 존재를 주장하는 자료로 이루어진 명제를 우리는 그 어떤 것이 자료라고, 그리고 그것의 존재를 주장하는 것이 명제라고 (분리하여) 말한다. 따라서 우리가 지각을 통해 존재를 확신하는 대상을 자료라고 부르는 실정이다.

그러므로 애초에 믿음 외에 어떤 자료도 있을 수 없다는 것은 분명하다. 오고가는 감각은 자료가 아니다. 기억될 때만 자료가 된다. 마찬가지로 지각에서, 우리는 지각에 대한 판단이 없다면 자료를 갖지 못한다. (명제와 분리되는) 대상이 자료라는 의미에서, 우리가 의식하고 있는 대상들이 자료라고 말하는 것은 당연해 보일 것이다. 하지만 우리가 본 것처럼, 의식은 지각과 기억력에 필요한 기억 현상뿐만 아니라 믿음을 포함하는 복잡한 개념이다. 따라서 (자료가 의식에 독립적이라는 관점은) 이론적으로 확실한 근거가 없다. 그리고 모든 근거는 기억과 이미지의 의미에 항상 약간의 모호함이 있기 때문에 더 크거나 덜 애매하다는 정도의 차이일 뿐이다.

그렇게 본다면 자료는 우리의 의식이 형성되는 최초의 순간에 주어진 것이 아닐 것이다. 우리가 생각을 할 수 있게 된 후의 삶의 매 순간, 우리의 믿음 중 일부는 추론에 의해 얻어지는 반면, 다른 것들은 그렇지 않다. 믿음은 이 두 부류 중 하나에서 다른 부류로 전달될 수 있으며, 따라서 자료를 제공하는 믿음이 될 수도 있고 중단될 수도 있는 것이다. 여기서 내가 말하는 자료는, 나는 과학적인 연구가 시작되기 전에 우리가 확신하는 것들을 말하는 것이 아니라, 과학이 잘 발달했을 때 관찰을 제외한 어떤 근거에서도 그들 자신을 믿지 않고 과학의 다른 부분에 대한 충분한 근거로 보이는 것들을 말한다. 예를 들어 훈련된 관찰자는 분석적인 주의력을 가지고 있고 그 자신이 어떤 종류의 것을 찾고 있는지 알고 있으며, 어떤 종류의 것이 중요한 것인지 안다. 그가 도달한 과학의 단계에서 관찰하는 것은 그의 과학적 자료다. 훈련된 습관과 많은 연습만이 인간이 과학적으로 밝혀질 수 있는 종류의 관찰을 할 수 있게 하기 때문에, 그것은 그의 기초가 되는 이론만큼이나 정교하다. 그럼에도 일단 그것이 관찰되면 그것에 대한 믿음은 추론에 기초하지 않고 단지 그것이 드러낸 것에 기초한다. 이런 식으로 자료의 논리적 지위는 그것을 바탕으로, 수단을 통해 증명된 이론들의 지위와는 다르다.

심리학이 아닌 어떤 과학에서든 자료는 기본적으로 지각적이며, 감각적인 핵심만이 궁극적으로 그리고 이론적으로 자료가 되지만, 감각을 지각으로 바꾸는 것을 실질적으로 피할 수 없다. 하지만 우리가 이상적인 관찰자를 가정한다면, 그는 감각을 격리시킬 수 있을 것이고, 이것을 하나의 자료로 취급할 수 있을 것이다. 그러므로 우리가 마땅히 분석해야 할 만큼만 분석한다면, 심리학 외부의 자료는 감각만으로 구성되며 그 안에는 어떤 공간적, 시간적 관계가 포함된다고 말할 수 있는 중요한 의미가 있을 것이다.

이 말을 생리학에 적용하면 신경과 뇌는 물리적인 객체로서의 진정한 자료가 아니다. 그것들은 과학의 이상적인 구조에서 생리학자가 그것들을 지각하는 감각으로 대체되어야 한다. 즉, 감각으로부터 신경과 뇌로 진행하는 단계는 물리 이론의 초기 단계에 속하여 관찰되어야 하는 부분이 아니라 단지 추론된 부분이다. 우리가 신경을 본다고 말하는 것은 나이팅게일이 지저귀는 소리를 들었다고 말하는 것과 같다. 둘 다 편리하긴 하지만 부정확한 표현이다. 우리는 나이팅게일과 인과적으로 연결되어 있다고 '믿는' 소리를 듣고, 우리는 신경과 인과적으로 연결되어 있다고 '믿는' 광경을 보지만, 각각의 경우를 엄밀히 말하면, 그것은 자료라고 불러야 할 감각이다. 감각은 확실히 심리학의 자료 중에 있다. 따라서 물리학의 모든 자료 또한 심리학적 자료인 것이다. 반대로 심리학의 모든 자료가 물리학, 특히 생리학에 대한 자료인지에 대해서는 의문이 남는다.

우리가 마음에 대한 분석을 제대로 했다면 심리학의 궁극적인 자료는 감각과 이미지, 그리고 그들의 관계뿐이다. 믿음, 욕망, 의지 등은 단지 우리에게 다양하게 상호 연관된 감각과 이미지로 구성된 복잡한 현상으로 보인 것이다. (특정 관계를 제외하고) 가장 뚜렷하게 심적이고 물리학에서 가장 멀리 떨어져 있는 것으로 보이는 사건들도, 물리적 대상과 마찬가지로 구성되거나 추론된 것으로서 완성된 과학의 자료라 볼 수 없다. 따라서 양극단의 물리적 자료와 심리적 자료의 차이는 희미해 보인다. 그렇지만 정말 궁극적으로 차이가 없는 것일까, 아니면 이미지는 환원 불가능하고 배타적으로 심리적인 것으로 남아 있을까? 이미지와 감각의 차이에 대한 인과적 정의를 볼 때, 이것은 우리에게 새로운 질문, 즉 심리학의 인과 법칙은 다른 과학과는 다른가, 아니면 정말로 생리적인 것으로 환원가능한가?

이 질문이 적절하게 논의되기 전에 먼저 우리는 특정 모호성을 제거해야 한다.

첫째, 대략적인 근사법칙과 정확한 일반법칙의 차이가 있다. 나는 바로 전자로 돌아갈 것이지만, 내가 지금 논의하고 싶은 것은 후자다.

강의 V의 말미에 정의된 바와 같이 물질은 논리적인 허구며, 인과 법칙을 진술하는 데 편리한 방법을 제공하기 때문에 발명되었다고 설명했다. (경험이 없는) 외적 현상에서 완벽한 규칙성의 경우를 제외하고, 물질의 실제 모습은 위의 질문들에서 언급한 물질로 정의되는 이상적인 규칙적인 모습 체계에 속하지 않는다. 그러나 문제는 결국 물리 법칙을 '검증'하는 데 사용되는 그것이 외적현상에서 추론된다는 데 있다. 따라서 물리학이 경험적이고 검증 가능한 과학인 한 외적현상에서 물질까지의 추론이 일반적으로 정당하다는 것을 가정하거나 증명해야 하며, 우리에게 어떤 외적현상을 기대할지 다소간이라도 말해줄 수 있어야 한다. 내가 옹호하고 있는 물질에 대한 이론으로 설득력 있게 이어지게 하는 것은 검증 가능성과 경험의 적용가능성이라는 질문을 통과하는 것이다. 이 질문을 고려함으로써 물리학은 논리적 환상이 아닌 경험적 과학이라는 점에서, 심리학이 감각이라는 이름으로 고려하는 것과 같은 종류의 세부사항과 관련이 있다는 것을 알 수 있다. 이와 같이 해석되는 물리학의 인과 법칙은 심리학의 법칙과는 다른데, 그렇게 해석된 물리학의 인과 법칙은 '동일한 관점에서 다른 현상'이 아니라 '동일한 물질의 다른 현상'과 특정 항목을 연결한다는 점에서만 심리학의 인과 법칙과 다르다. 즉, 물리학은 동일한 '능동적' 위치를 가진 특성을 그룹화 하는 반면 심리학은 동일한 '수동적' 위치를 가진 세부 사항을 그룹화 하는 것이다. 이미지와 같은 일부 세부 사항에는 '활성적' 위치가 없으므로 독점적으로 심리학에 속한다고 할 수 있다.

이제 우리는 물리학과 심리학의 차이를 이해할 수 있을 것이다. 신경과 뇌는 물질이다. 우리가 볼 때 우리의 시각적 감각 같은 것이 이 문제의 불규칙한 모습을 구성하는 증거라고 생각될 수 있지만, 전체에 대한 반증은 아니다. 심리학은 우리가 보는 사물이 아닌, 우리가 어떤 사물을 볼 때의 감각과 관련이 있다. 우리의 감각에 물리적 원인이 있다고 가정하더라도, 그들의 인과 법칙은 물리 법칙과는 근본적으로 다르다. 감각은 물리학을 검증하기 위해 사용될 때 특정 물질 현상의 신호로 사용된다. 그러나 심리학에 의해 연구될 때 그것은 그 집단으로부터 떨어져 나와 이미지나 자발적인 움직임을 유발하는 매우 다른 맥락에 놓여야 한다. 생리학을 포함한 모든 물리 과학과 반대되는 심리학의 특징은 일차적으로 이러한 다른 분류법이라고 할 수 있다. 두 번째 차이점은 심리학에 속하는 이미지가 물리적인 사물이나 물질을 구성하는 측면들 사이에 쉽게 포함될 수 없다는 것이다.

그러나 여전히 중요한 의문이 남아 있다. 과연 심적인 사건은 반대 의존성이 유지되지 않는 의미에서 물리적 사건에 인과적으로 의존적인가? 우리가 이 질문에 대한 답을 토론하기 전에, 우리는 먼저 우리의 질문이 무엇을 의미하는지 분명히 해야 할 필요가 있을 것 같다.

A가 주어지면 B를 유추할 수 있지만, B가 주어지면 A를 유추할 수 없

을 때, 우리는 A가 B에 종속하지 않는 방식으로 B가 A에 종속한다고 말한다. 논리적으로 말하면 이것은 우리가 A와 B의 다대일 관계many-one relation를 알고 있을 때, B는 이 관계에 있어서 A에 종속한다는 것과 같다. 만약 관계가 인과관계라면 우리는 B가 A에 인과적으로 종속한다고 말하는 것이다. 우리에게 주로 관련된 실례는 물리적 대상의 외적현상의 체계다. 넓게 말해서 가까운 것들로부터 멀리 있는 모습을 추론할 수 있지만 그 반대는 아니듯이, 1야드 떨어진 곳에서 어떤 사람을 보면 1마일 떨어진 곳에서 그가 어떻게 보일지 알 수 있지만, 1마일 떨어진 곳에 있는 사람을 보면 그가 1야드 밖에 있지 않을 때 어떻게 보일지 알 수 없는 것과 같다. 따라서 가까운 시야는 우리에게 더 가치 있는 정보를 제공하고, 먼 시야는 그것에 인과적으로 의존하는 것이다.

가까운 외적현상의 인과적 효력은 물리학이 규칙적인 외적현상의 관점에서 인과적 법칙을 진술하도록 이끌며 현미경이나 망원경에서 도출된 정보를 가치 있게 만든다. 그리고 물리적 대상의 불규칙한 외적 현상으로 여겨지는 우리의 감각은 상대적으로 먼 외적현상에 속하는 인과관계를 공유한다는 것이 명백하다.

그러나 이것이 우리의 질문에서 가장 중요하거나 흥미로운 부분은 아니다. 중요한 문제는 바로 이미지의 인과관계다. 우리는 그것들이 기억 인과의 대상이며, 기억 인과는 신경 조직에서 일반적인 물리적 인과로 축소될 수 있다는 것을 보았다. 이것은 우리의 태도가 유물론이라고 불릴 수 있는 것으로 향해야 하는가에 대한 문제다. 유물론 중 하나는 모든 심적 현상이 위에 정의된 인과 종속성 측면에서 물리적 현상에 인과적으로 종속한다는 견해다. 이것이 사실이든 아니든, 이를 알고 있다고 공언하지 않겠다. 이 질문은 우리가 강의 IV에서 결정하지 않고 고려했던 기억 인과관계가 궁극적인가 하는 질문과 같은 것 같다. 그러나 대부분의 증거들이 유물론적인 대답을 더 개연성 있는 것으로 가리킨다고 생각할 수 있다.

심리학의 인과 법칙을 고려함에 있어 대략적인 일반화와 정확한 법칙 간의 구별이 중요하다. 심리학에는 대략적인 일반화가 (비교적) 많이 있는데, 이는 우리가 서로에게 일상적인 행동을 통제하는 종류뿐만 아니라, 보다 과학적인 종류이기도 하다. 습관과 연합은 그러한 법칙에 속한다. 예를 들어 법칙의 종류를 설명해보자. 어떤 사람이 가까운 시간적 연속성에서 자주 A와 B를 경험했다고 가정하면 연관성이 형성되어 A 또는 A의 이미지가 B의 이미지를 유발하는 경향이 있다. 의문점은 다음과 같다. 연합이 어느 방향으로든 일어나는 것인가, 아니면 이전에 발생한 것부터 나중에 발생한 것까지만 (순차적으로) 일어나는가? 볼게무트가 '연합의 방향성'이라고 부르는 투고[140]에서, 운동기억의 경우 연합은 더 이른 것에서 나중으로만 작동하는 순차적인 성격을 가진 반면, 시각 및 청각적

---

140 "British Journal of Psychology," vol. v, part iv, March, 1913

기억에서는 그렇지 않지만, 두 개의 이웃경험 중 나중의 기억은 앞선 것 뿐만 아니라 더 이른 것을 기억할 수도 있다고 주장한다. 따라서 운동기억은 생리적인 반면, 시각기억과 청각기억은 좀 더 심리적인 것으로 추정된다. 이러한 사례에서 우리가 고찰해야하는 것은 순전히 심리학적 관찰에 의해 확립된 연합의 법칙이 순수한 심리학적 법칙이며, 그러한 법칙을 발견하는 방법으로 무엇이 가능한지를 보여주는 표본이 될 수 있다는 것이다. 그러나 그것은 여전히 대략적인 일반화, 즉 통계적 평균에 지나지 않는다. 주어진 상황에서 주어진 원인에 의해 어떤 결과가 나올지 알 수 없다. 그것은 경향의 법칙이지, 존재를 목표로 하는 물리학의 법칙처럼 정확하고 불변적인 법칙이 아니다.

만약 우리가 경향이나 평균으로 명시된 습관의 법칙에서 더 정확하고 불변적인 것으로 넘어가기를 원한다면, 우리는 신경계로 내몰리는 것처럼 보인다. 우리는 어떤 현상이 어떻게 뇌에 변화를 일으키는지, 그리고 그 반복이 어떻게 점차 주변 경로보다 뇌 속의 전류가 더 쉽게 흐르는지 추측할 수 있다. 이런 방식으로 우리가 더 많은 지식을 가지고 있다면, 반복을 통해 습관화하는 경향이 궁극적으로 습관이 초래될 종류의 수정을 가져오는 각각의 사건의 영향에 대한 정확한 설명으로 대체될 수 있다는 것을 인식할 수 있다. 그것은 신경생리학을 배우는 학생들이 그들의 마음에 대한 형이상학이 무엇이든지 간에 유물론적으로 만드는 사항들이다. 물론 심적 현상에 대한 생리적 설명이나 생리적 현상에 대한 물리적 설명을 얻는 것이 이론적으로 불가능하다고 주장하는 J. S. 홀데인J. S. Haldane과 같은 예외도 있다.[141] 하지만 나는 실제로 전문가의 의견의 대부분은 그 반대편에 있다고 생각한다.

원인이 물리적이지 않으면서 심리적인 측면에서 정확한 인과법칙을 얻을 수 있는지 여부는 세부적으로 조사가 되어야 할 과제이다. 질문의 본질을 분명히 하기 위해 내가 할 수 있는 일은 했지만, 아직은 어떤 확정적인 답변을 하는 것이 가능하다고 믿지는 않는다. 그러나 그것은 결코 풀 수 없는 질문이 아닌 것 같고, 우리는 과학이 한 답을 다른 답보다 훨씬 더 개연성 있는 것으로 간주할 수 있는 충분한 근거를 만들 수 있기를 바랄지도 모른다. 하지만 지금 당장은 어떻게 결정을 내릴 수 있을지 알 수 없다.

하지만 강의 V와 강의 VII에서 설명한 물질 이론에 근거해서, 만약 그것이 확인 가능하다면 세상에서 일어나는 일에 대한 궁극적인 과학적 설명은 우리가 그것들 사이의 결정적 차이점이라고 발견한 것에 있어서 물리학보다는 심리학과 유사할 것이라고 생각한다. 말하자면 그런 이야기는 형식적으로라도 논리적인 허구인 물질이 궁극적인 실재인 것처럼 말하는 것으로는 만족스럽지 않을 것이라고 생각하기 때문이다. 만약 우리의 과학적 지식이 그 과제에 적합하다면 물질 단위의 순간적인 조건을

---

141 그의 책 "The New Physiology and Other Addresses" (Charles Griffin & Co., 1919)을 참조하라.

구성하는 특성들의 상관관계 법칙을 나타낼 것이고, 물질의 관점이 아니라 이러한 특성들의 관점에서 세계의 인과 법칙[142]을 진술할 것이라고 생각한다. 인과 법칙은 심리학이나 물리학에도 똑같이 적용될 수 있을 것이다. 그것이 언급된 과학은 형이상학이 헛되이 시도한 것, 즉 실제로 일어난 일에 대한 통합된 설명, 전부는 아니더라도 완전히 진실처럼 보이는 모든 편리한 허구나 보증할 수 없는 가정으로부터 자유로울 것이다. 특정 사항에 적용할 수 있는 인과법칙은 물질의 규칙적인 외적현상이 그 허구적 체계의 관점에서 기술될 수 있다면 물리학 법칙으로 간주될 것이다. 나는 물질 단위의 복잡성을 실현하고 감각과 유사한 구성요소로 분석하는 것이 철학에 가장 중요하고, 우리의 인식과 세계 사이에 존재하는 마음과 물질 사이의 관계를 이해하는 데 필수적이라고 믿는다. 나는 우리가 고대로부터 내려오는 많은 철학적 혼란에 대한 해결책을 찾아야 한다고 확신한다.

심적 사건 발생의 전체 과학, 특히 초기의 정의와 관련된 과학은 물리학의 물질적 단위를 구성하는 특정 시스템의 인과 법칙보다는 인과 법칙을 추구하는 근본적인 통합 과학의 발전에 의해 단순화될 수 있을 것이다. 그리고 이 기초 과학은 원자 구성 이론이 화학을 물리학으로부터 파

---

142 완전한 과학에서 인과 법칙은 미분 방정식의 형태를 취하거나 양자 이론이 옳다고 증명된다면 유한 차분 방정식의 형태를 취한다.

러셀, 마음을 파헤치다

생시켰던 방식처럼, 물리학을 파생적으로 만들 것이다. 만일 우리가 이 점에서 옳다면 올바른 물질-철학을 사라지게 했던 (잘못된) 심리철학을 야기한 것은 잘못된 물질-철학이라 할 수 있다.

이제 우리가 도달한 결론은 다음과 같이 요약될 수 있다.

I. 물리학과 심리학은 물질에 의해 구별되지 않는다. 마음과 물질은 모두 논리적인 구조다. 그것들이 구성되거나 추론되는 특성들은 다양한 관계를 가지고 있으며, 그 중 일부는 물리학에 의해 연구되고, 나머지는 심리학에 의해 연구된다. 물리학은 능동적인 위치에 따라 특성들을 분류하고, 심리학은 수동적인 위치에 따라 분류한다.

II. 자연스럽게 심리적이라고 부를 수 있는 인과법칙의 가장 본질적인 두 가지특성은 주관성과 기억 인과성이다. 기억 인과 관계의 인과 단위는 주어진 시간에 주어진 수동적 위치를 갖는 세부 사항의 그룹이지만, 이러한 그룹화 방식에 의해 주관성이 정의되기 때문에 양자는 연결되어 있다고 볼 수 있다.

III. 습관, 기억, 사고는 모두 기억 인과관계의 발달이다. 기억 인과관계가 신경 조직 및 다른 기관의 일반적인 물리적 인과관계에서 파생될 가능성이 높지만 확실하지는 않다.

Ⅳ. 의식은 복잡하며 심적 현상의 보편적인 특성과는 거리가 멀다.

Ⅴ. 마음은 정도의 문제이며, 주로 습관의 수와 복잡성으로 예시될 수 있다.

Ⅵ. 물리학과 심리학에서 우리의 모든 자료는 심리적 인과 법칙의 적용을 받는다. 그러나 적어도 전통적인 물리학에서 물리적 인과 법칙은 물질의 관점에서만 기술될 수 있으며, 이는 추론되고 구성되는 것으로, 결코 자료가 아니다. 이 점에서 심리학은 (보다) 실제로 존재하는 것에 더 가까운 학문이다.

러셀, 마음을 파헤치다

옮긴이의 말

이 책은 1920년경 버트런드 러셀이 중국을 방문하여 베이징 대학에서 약 1년간 강의했던 심리 철학 수업의 강의록을 귀국 후 1921년에 〈The Analysis of Mind〉라는 제목의 책으로 엮은 것이다. 6년 후인 1927년에 저술한 〈The Analysis of Matter〉와는 제목에서도 알 수 있듯이, 러셀의 인식론을 양 방면에서 연구한 일련의 저작 이라고 할 수 있겠다.

대중적으로 러셀은 삶의 지혜를 더해주는 경구들로 꽉 찬 에세이로 유명하지만, 수학사에서는 현대 집합론과 수학 기초론을 주창한 거목으로, 철학사에서는 현대 영미의 주류 철학의 방법론인 분석 철학의 시조로서 자취를 남긴 지성사의 총아다. 그 중에서도 분석 철학은 과학 철학, 심리 철학, 언어 철학 등으로 파생되어 철학을 넘어서 관련된 모든 학문에 영향을 미친 '언어적 전회'를 만들어낸 말 그대로의 사상적 조류다.

이 책은 〈The Analysis of Mind〉라는 제목처럼 심리학이나 심리 철학에만 국한된 내용을 다룰 것처럼 보이지만 실상은 뇌 과학은 물론이고 의식, 언어, 감정, 의지, 물리학과 생리학, 인과 관계 그리고 최근에 주류 과학인 데이터 과학에서 다루는 문제까지 관련된 모든 철학적 문제를 건드리고 있다. 지금으로부터 1세기 전에 다음 세기에 씨름할 문제들의 단초를 고민하며 나름의 방법을 제시했다는 측면에서 그의 놀라운 선견지명을 확인할 수 있을 뿐더러, 분화되어 고립되었던 각 학문들이 그의 시대처럼 통합된 모습으로 연구되는 양태를 보노라면 결국 모든 것은 철학이 아닐까 하는 생각이 든다.

러셀의 인식론은 기본적으로 영국 경험론, 가까이로는 J. S. 밀J. S. Mill의 입장을 따라 영국 관념론이라 불리는 흐름 위에 있다고 봐도 무방하다. 거칠게 말하자면 물리적 사물들은 그것들에 대한 우리의 감각적인 자각과 별개로 독립적인 실재성을 지니지 않으며, 물리적 대상이란 결국 '감각지각의 영속적 가능성'이거나, '감각자료로부터 논리적으로 구성해낸 것'이라는 입장이다. 분석 철학의 자연 과학과의 친연성이나 최근 과학 철학자 혹은 심리 철학자들의 연구 성과나 태도만 보아서는 대중들이 깜짝 놀랄만한 일이겠지만 잘못 알려진 대외적 인상이 너무도 만연한 이유는 아마 이 책이 국내에서 처음으로 번역되는 이유와 같다고 생각한다.

그렇다고 러셀이 단순히 관념론자라고 쉽게 분류될 사람은 아니다. 그는 누구보다 유물론적이었고 어느 것보다 논리적인 것들에 가치를 평가

러셀, 마음을 파헤치다

했다. 이 책을 읽는 내내 느껴지는 그의 유물론적 입장이 아이러니한 과학 철학적 입장으로 종결 지어질 때, 그의 유물론에 대한 성실한 자세야 말로 역설로서 그의 주장을 강화시켜주는 역할을 한다.

결국 인과법칙이라는 진리의 우산아래 물리학에 적용되는 측면이 있고, 심리학에만 적용되는 측면이 따로 존재함을 밝힌 뒤 그들이 서로 중첩되는 영역은 물리적 인과관계만으로 충분히 설명될 수 있음을, 그리고 별개로 적용이 되어야 할 영역은 서로 환원 불가능함을 밝혀 놓은 것이 이 책의 요점이다. 이는 상기했듯이 지금도 각 학문의 영역에서 고민되고 있는 주제들이며 일부는 이에 대한 진전이 있긴 하지만 여전히 뜨거운 학문적 논쟁의 주제이기도 하다.

1세기 전의 철현이 마치 지금의 상황을 미리 보기라도 한 것처럼 학제적으로 고찰한 인식적 문제의 흔적을 본다는 것은 또 다른 종류의 기쁨이다. 옮긴이를 포함해 독자들이 이 책을 통해 다가올 1세기를 예견해 보는 것도 좋을 것이다.

러셀, 마음을 파헤치다

초판 1쇄 발행 2022년 1월 14일

지은이	버트런드 러셀
옮긴이	박정환
발행처	북하이브
발행인	이길호
편집인	김경문
편 집	양지우 · 황윤하
마케팅	유병준 · 김미성
디자인	하남선
제 작	김진식 · 김진현 · 이난영
재 무	강상원 · 이남구 · 김규리

북하이브는 (주)타임교육C&P의 단행본 출판 브랜드입니다.

출판등록 2020년 7월 14일 제2020-000187호
주 소 서울특별시 강남구 봉은사로 442 75th AVENUE빌딩 7층
전 화 02-590-9800
팩 스 02-590-0251
전자우편 timebooks@t-ime.com

ISBN 979-11-91239-52-2 (93120)